COURS COMPLET DE DESSIN LINÉAIRE

GRADUÉ ET PROGRESSIF,

CONTENANT

LA GÉOMÉTRIE PRATIQUE, ÉLÉMENTAIRE ET DESCRIPTIVE; L'ARPENTAGE, LA LEVÉE DES PLANS ET LE NIVELLEMENT;
LE TRACÉ DES CARTES GÉOGRAPHIQUES; DES NOTIONS SUR L'ARCHITECTURE; LE DESSIN INDUSTRIEL;
LA PERSPECTIVE LINÉAIRE ET AÉRIENNE; LE TRACÉ DES OMBRES ET L'ÉTUDE DU LAVIS;

Par LOUIS DELAISTRE,

PROFESSEUR DE DESSIN GÉNÉRAL, AUTEUR DU COURS MÉTHODIQUE DU DESSIN ET DE LA PEINTURE, MEMBRE DE PLUSIEURS SOCIÉTÉS SAVANTES,
CORRESPONDANT DE L'ACADÉMIE ROYALE DES BEAUX-ARTS DE NAPLES.

PREMIÈRE PARTIE.

PARIS,

MALLET-BACHELIER, GENDRE ET SUCCESSEUR DE BACHELIER, IMPRIMEUR-LIBRAIRE

DU BUREAU DES LONGITUDES, DE L'ÉCOLE POLYTECHNIQUE, DE L'ÉCOLE CENTRALE DES ARTS ET MANUFACTURES,

Quai des Grands-Augustins, 55.

1855.

COURS COMPLET DE DESSIN LINÉAIRE

GRADUÉ ET PROGRESSIF,

CONTENANT

LA GÉOMÉTRIE PRATIQUE, ÉLÉMENTAIRE ET DESCRIPTIVE; L'ARPENTAGE, LA LEVÉE DES PLANS ET LE NIVELLEMENT;
LE TRACÉ DES CARTES GÉOGRAPHIQUES; DES NOTIONS SUR L'ARCHITECTURE; LE DESSIN INDUSTRIEL;
LA PERSPECTIVE LINÉAIRE ET AÉRIENNE; LE TRACÉ DES OMBRES ET L'ÉTUDE DU LAVIS;

Par LOUIS DELAISTRE,

PROFESSEUR DE DESSIN GÉNÉRAL, AUTEUR DU COURS MÉTHODIQUE DU DESSIN ET DE LA PEINTURE, MEMBRE DE PLUSIEURS SOCIÉTÉS SAVANTES,
CORRESPONDANT DE L'ACADÉMIE ROYALE DES BEAUX-ARTS DE NAPLES.

PARIS,

MALLET-BACHELIER, GENDRE ET SUCCESSEUR DE BACHELIER, IMPRIMEUR-LIBRAIRE
DU BUREAU DES LONGITUDES, DE L'ÉCOLE POLYTECHNIQUE, DE L'ÉCOLE CENTRALE DES ARTS ET MANUFACTURES,
Quai des Grands-Augustins, 55.

1855.

INTRODUCTION.

Parmi les arts qui prêtent à l'industrie leur puissant concours, le Dessin linéaire est, sans contredit, celui dont les applications sont les plus fréquemment et le plus utilement invoquées. En effet, les produits les plus simples des professions usuelles, aussi bien que les combinaisons les plus compliquées de la mécanique moderne, avant de revêtir une forme matérielle et définitive, reçoivent une première réalisation dans un dessin, dans un plan, traduction claire et fidèle de l'idée de leur inventeur. Plus éloquente que la parole, cette image permet d'embrasser d'un seul regard un vaste système d'opérations que la description verbale la plus lucide ne parvient pas toujours à faire comprendre. D'un autre côté, pour apprécier à leur juste valeur les éléments d'une création, pour en calculer les proportions, corriger les défauts, juger l'ensemble et vérifier les conditions de succès, le moyen le plus rapide et le plus sûr est de lui donner la forme linéaire : c'est la marche dictée par le bon sens et confirmée par l'expérience de tous les siècles.

Si, à toutes les époques, le Dessin linéaire a rendu d'incontestables services aux arts qui sont la base de la vie sociale, à la Géodésie, à l'Architecture, à la Mécanique, les développements toujours croissants de l'industrie moderne ouvrent un champ plus vaste et plus fécond encore à la variété infinie de ses applications. La presque totalité des professions mécaniques et des arts industriels a pour point de départ la science du Dessin et lui demande chaque jour de nouveaux services. Cette science est donc appelée à jouer un rôle important dans le progrès universel.

Cette vérité, déjà établie par les faits, a reçu de la loi une haute et légitime consécration : le Dessin linéaire fait partie de l'enseignement des Écoles primaires et des Lycées. Rendre obligatoire cette branche de l'enseignement, c'était répondre à un besoin impérieux, incontesté, universel ; contribuer, selon la mesure de nos forces, à en populariser l'étude et le goût, c'est faire une œuvre utile, destinée à produire de bons résultats. Tel est le but de la publication de cet ouvrage.

Quant au plan et à l'exécution de notre travail, voici les principes que nous avons pris pour base et pour guide : notre but étant d'être utile à tous, nous avons tenu à donner un ouvrage précis, méthodique, complet, et en même temps à la portée de toutes les intelligences. Une longue expérience de l'enseignement nous a convaincu que la plupart des Traités de Dessin linéaire ne répondent que très-imparfaitement aux besoins des élèves et aux nécessités de l'époque. Les uns, presque exclusivement théoriques, sont peu propres à un enseignement élémentaire ; les autres, purement artistiques, ne donnent qu'une place fort restreinte aux principes de la science ; d'autres enfin ne traitent qu'une branche spéciale du Dessin linéaire.

Nous avons donc tâché d'éviter ces extrêmes. Dans notre Cours, les principes et les applications suivent une marche progressive et parallèle. Pour faciliter l'intelligence du texte et pour rendre notre ouvrage aussi complet et aussi utile que possible, nous n'avons pas reculé devant l'exécution d'un nombre considérable de planches, dues à l'habile graveur M. Dulos, dont nous nous plaisons à reconnaître l'intelligent concours.

Une analyse succincte de notre travail donnera une idée de la marche que nous avons suivie et des matières que nous avons traitées.

Notre Cours comprend quatre grandes divisions.

La *première Partie* renferme les éléments de la Géométrie pratique et descriptive, savoir : 1° la géométrie plane, traitant des figures rectilignes et curvilignes, telles que les angles, les triangles, les polygones, le cercle, l'ellipse et les courbes relatives ; 2° la géométrie dans l'espace, traitant des angles dièdres et trièdres, des solides, tels que les polyèdres réguliers, le prisme, le cylindre, le cône et la sphère. Cette partie se termine par la projection orthogonale des ombres.

La *deuxième Partie*, divisée en deux sections, contient : d'abord, l'Arpentage, la Levée des Plans, le Nivellement ; et en second lieu, des notions sur le Tracé des Cartes géographiques. On trouve dans cette partie la manière de disposer les jalons, d'employer la chaîne, les différents niveaux, l'équerre d'arpenteur et le graphomètre ; le moyen de construire les mappemondes, de tracer les méridiens et les cercles parallèles dans les projections verticales, horizontales et polaires ; enfin la théorie sur laquelle se fonde le tracé des cartes plates destinées exclusivement à la navigation.

La *troisième Partie* comprend l'Architecture, ou, pour mieux dire, fournit des renseignements relatifs à son étude. On y trouvera l'exposé des cinq ordres principaux : le toscan, le dorique, l'ionique, le corinthien et le composite ; la manière de galber les colonnes et de tracer les moulures et les cannelures ; le tracé de la colonne torse, des frontons et des chambranles. On y enseigne les rapports qui existent entre le plan, la coupe et l'élévation ; le tracé des voûtes, soit à plein cintre, soit en ogive, celui des escaliers et des principaux vases.

La *quatrième Partie* traite : 1º du Dessin industriel ; 2º de la Perspective linéaire et aérienne. Elle se termine par l'étude du Lavis.

Le Dessin industriel ne se compose pas ici de dessins de machines se rapportant à une seule branche de l'industrie ; mais il fournit des démonstrations relatives aux parties les plus nécessaires au tracé des principales projections, ce mode nous ayant paru d'une application plus vaste, et comme le seul moyen de suppléer à notre peu d'étendue. C'est ainsi que nous donnons le développement matériel du cylindre, celui du cône et de la sphère, le tracé de la vis et du serpentin, et qu'à l'occasion des engrenages, nous indiquons la définition et le tracé de la cycloïde et de l'épicycloïde qui, résultant elles-mêmes de la développante, en sont les bases constitutives.

A l'occasion de la Perspective, nous démontrons la différence et les rapports du plan géométral au plan perspectif ; la perspective des plans et des élévations ; celle des ombres portées, envisagées sous le rapport scénographique ; enfin la réflexion des objets dans l'eau, en expliquant le principe sur lequel elle se fonde.

Nous complétons nos études par des notions sur le lavis, ainsi que sur la composition des teintes conventionnelles, que l'on est dans l'usage d'employer pour les plans en général et les cartes en particulier ; enfin, pour ajouter un nouvel intérêt à nos études sur le lavis, nous exposons la théorie de la perspective aérienne.

COURS COMPLET DE DESSIN LINÉAIRE

GRADUÉ ET PROGRESSIF.

PREMIÈRE PARTIE.

ÉLÉMENTS DE GÉOMÉTRIE PRATIQUE ET DESCRIPTIVE.

NOTIONS PRÉLIMINAIRES.

1. La Géométrie est la mesure de l'étendue : elle se divise par ce fait en deux parties, savoir : la géométrie plane et la géométrie dans l'espace.

L'étendue a trois dimensions : longueur, largeur, et épaisseur, nommée aussi profondeur ou hauteur.

L'étendue en longueur, se nomme *ligne*, et chaque extrémité de cette ligne se nomme *point*. Ainsi le point n'a aucune étendue.

Lorsqu'elle ne contient que longueur et largeur, elle se nomme *surface* ou *superficie*. Une surface est dite *plane*, *convexe* ou *concave*, suivant sa forme constitutive.

Enfin, lorsque l'étendue réunit les trois dimensions, elle prend le nom de *solide* ou *corps*.

Les surfaces et les solides peuvent être *réguliers* ou *irréguliers*.

GÉOMÉTRIE PLANE.

De la Ligne. (Planche I.)

2. Il n'y a réellement que deux sortes de lignes : la *ligne droite* et la *ligne courbe*; les autres sortes sont des types composés. Ainsi la *ligne brisée* n'est qu'un assemblage de plusieurs droites, et la *ligne mixte* une réunion de droites et de courbes.

3. *De la ligne droite.* — La ligne droite est le plus court chemin d'un point à un autre point. Elle varie de nom, selon sa direction ou son emploi.

Placée dans le sens de l'horizon, c'est-à-dire de niveau, comme AB (*fig.* 1), elle est dite *horizontale*.

Si, comme AB (*fig.* 2), elle est située dans la direction d'un fil à l'extrémité duquel est suspendu un poids quelconque, on la nomme *ligne-aplomb* ou *verticale*; si cette ligne était prolongée, elle irait aboutir au centre de la terre. Ce qui la carac-térise, c'est son contact immédiat avec la ligne d'horizon (*fig.* 3). Lorsqu'une ligne AB (*fig.* 4) en rencontre une autre CD sans incliner davantage vers l'une ou l'autre de ses extrémités, elle est dite *perpendiculaire* ou *normale*. Il en résulte que la *ligne verticale* est une perpendiculaire qui se rapporte spécialement à la ligne d'horizon, tandis qu'au contraire la dénomination de *ligne perpendiculaire* proprement dite est applicable à toute ligne qui forme avec une autre, à droite et à gauche, des angles égaux.

Enfin, une droite AB (*fig.* 5), qui n'est ni dans le sens horizontal comme *a'b'*, ni dans le sens vertical comme *c'd'*, est une *ligne oblique*, qui, ainsi que toute autre ligne, peut déterminer la direction d'un plan.

4. *De la ligne courbe.* — La ligne qui n'est ni droite, ni composée de droites, telle que AB (*fig.* 6), est une *ligne courbe*. Cette ligne reçoit aussi plusieurs déno-minations, selon ses divers degrés de courbure. Lorsqu'elle entoure symétriquement un point, on la nomme *circonférence*; mais si, partant de ce même point, elle se déroule en s'en éloignant graduellement, elle est dite *spirale*. Lorsqu'elle prend une forme allongée, analogue à celle d'un œuf, on l'appelle *ovale* ou *elliptique*; lorsqu'elle tourne à la manière d'une vis, on la nomme *hélice*.

5. *Observations.* — En terminant ces notions sur la ligne, nous dirons que deux droites également distantes l'une de l'autre, et qui pourraient être conduites à l'infini sans jamais se rencontrer, comme AB et GH (*fig.* 7), sont désignées sous le nom de *parallèles*; et que, ce mot peut encore s'appliquer à deux lignes courbes BC et DE (*fig.* 8), pourvu toutefois que ces dernières aient un centre commun; car si les cen-tres étaient différents, comme le centre A pour la courbe BC (*fig.* 9) et le centre A' pour la courbe B'C', ces courbes, abandonnant la normale qui les dirige, au lieu d'être parallèles, se couperaient en un point quelconque D.

Cependant le parallélisme entre les lignes courbes n'est pas aussi complet qu'entre les lignes droites, car deux lignes courbes parallèles ne sauraient avoir la même étendue ni le même degré de courbure, l'une augmentant et l'autre diminuant à mesure qu'elles s'éloignent ou s'approchent du centre.

Pour en revenir aux vraies lignes parallèles (*fig.* 7), qui sont les droites, nous ajouterons que pour les obtenir on tracera d'abord la ligne AB; puis, prenant sur cette ligne deux points à volonté, on s'en servira comme de centre pour décrire, avec une ouverture de compas égale à la distance demandée, les deux arcs de cercle CD et EF, dont les extrémités supérieures serviront à déterminer rigoureusement la ligne GH.

Afin de compléter ces éléments, nous allons indiquer quelques problèmes faciles qui nous seront nécessaires dans le cours de nos opérations.

Problèmes relatifs à l'intersection des lignes.

6. *Diviser une ligne en deux parties égales.* — Soit une droite quelconque AB (*fig.* 10), à diviser symétriquement en deux parties égales par une perpendiculaire. On se servira successivement des points A et B comme centres, et de ces points, avec une ouverture de compas quelconque AD, plus petite que AB, on décrira deux intersections en E et en F, qui détermineront la perpendiculaire demandée. Nous croyons devoir insister sur le mot *intersection*, attendu qu'il se répétera souvent dans le cours de nos leçons. Ce mot signifie le point où deux lignes, venant à se rencontrer, se coupent. Si elles se rencontraient sans se couper, elles seraient dites *en contact*.

7. *Élever ou abaisser des perpendiculaires. Former un carré.* — Soit la ligne AB (*fig.* 11), sur laquelle on propose d'élever une perpendiculaire au point C. On commencera par diviser la ligne AB en deux parties égales; puis, des points A et B comme centres, et avec une ouverture de compas égale à la distance AB, on décrira deux arcs de cercle qui se couperont en un point D. La droite abaissée de D en C sera la perpendiculaire demandée.

Maintenant on propose d'élever une seconde perpendiculaire à partir du point E. Ce nouveau problème est facile à résoudre. On prend la distance de E à C, et on la reporte de E à F. Ensuite, des points C et F comme centre, et avec une ouverture de compas égale à CF, on obtiendra aisément le point d'intersection, G, à l'aide duquel une perpendiculaire s'élevant à chacune des extrémités de AB, on prendra une ouverture de compas égale à CA, et l'on décrira deux portions de cercle ayant D pour centre.

Mais ces deux lignes étant tracées, si l'on voulait établir un carré, rien ne serait encore plus simple. Ouvrant le compas de A à B, on porterait cette mesure sur les deux lignes précédentes, les coupant l'une au point H et l'autre au point I; pour achever le carré, il resterait à conduire une ligne de H à I.

Jusqu'à présent nous n'avons fait que tracer des perpendiculaires en les élevant à partir de la ligne : il s'agit actuellement d'abaisser une perpendiculaire partant d'un point quelconque pris dans l'espace, du point *e* par exemple. De ce point donc comme centre, on décrira une courbe coupant AB aux points *f* et *g*, et de ces

points, également comme centres, on tracera l'intersection *h* donnant avec *e* la direction de la perpendiculaire demandée.

8. *Élever une perpendiculaire à l'extrémité d'une ligne.* — Soit la ligne AB (*fig.* 12), à l'extrémité de laquelle on désire élever une perpendiculaire. On prendra sur cette ligne une ouverture de compas quelconque, AC par exemple, et prenant successivement ces deux points pour centres, on obtiendra l'intersection D. Puis, traçant une droite indéfinie CE partant de C et passant par D, on portera sur cette ligne la distance CD, de D à F. La perpendiculaire cherchée est la ligne menée du point A à l'intersection F.

9. *Diviser symétriquement une courbe par une droite.* — Soit la courbe ou arc AB (*fig.* 13) à diviser par une droite. Joignez le point A au point B, et ouvrant le compas de A à D, égal à BC, tracez les points d'intersection E, F, par lesquels passera la ligne droite demandée.

De la Ligne et des Angles. (Planche II.)

10. *Diviser une ligne en parties égales et en parties proportionnelles.* — Soit AB (*fig.* 14) la ligne à diviser en parties égales, en trois par exemple. Du point A, on trace à volonté une ligne indéfinie AC, sur laquelle on porte trois fois une longueur quelconque, A1 par exemple, de A à 1, de 1 à 2 et de 2 à C. Joignant ensuite le point C à l'extrémité B, et conduisant des lignes parallèles à CB, à partir des points 1 et 2, on obtiendra la division de la ligne AB en trois parties égales.

11. *Diviser, à l'aide d'une seule opération, plusieurs lignes droites proportionnelles en parties égales.* — On tracera une ligne droite AB (*fig.* 15). Puis, ouvrant le compas de la longueur de cette ligne, on obtiendra le point d'intersection C, à partir duquel on tracera les deux lignes latérales AC et BC. On divisera ensuite AB en parties égales, ce qui complétera l'échelle de division, dans toute l'étendue de laquelle on obtiendra des lignes divisées au même nombre que la ligne AB. Ainsi, prenant à l'aide du compas une ouverture CD, et le portant sur la ligne CA au point D et sur la ligne CB au point E, il ne restera plus qu'à tracer la ligne DE pour la trouver divisée dans toute son étendue. Il en sera de même pour la ligne FG que l'on préparera également par les intersections F et G, en partant toujours du point C comme centre.

12. *Emploi de l'équerre et de la règle, du T et de la planchette.* — Ces deux moyens concourent à un même but, c'est-à-dire qu'ils servent à tracer des lignes parallèles, toujours à angle droit.

Lorsqu'on se sert de l'équerre (*fig.* 16), on la fait glisser le long d'une règle, et lorsqu'on emploie le T (*fig.* 17) par rapport à la planchette, on fait également glisser cet instrument selon les quatre directions de cette dernière.

La régularité de ces deux opérations consiste dans la justesse des instruments. Pour bien juger si une équerre est juste, on doit, après s'être assuré que ses côtés sont d'une rectitude parfaite, tracer une ligne AB et sa perpendiculaire AC, puis retourner l'équerre et tracer de nouveau pour voir si les lignes se rapportent. Pour avoir des parallèles, il faut simplement la faire glisser sur la ligne AB : ce qui donne les perpendiculaires D, E, F, G, qui seront toutes parallèles à AC.

Pour éprouver le T et la planchette, on peut former un carré, ou tracer des lignes perpendiculaires qui devront se croiser à angle droit : ce que l'on pourra vérifier, soit à l'aide du compas, soit à l'aide de l'équerre.

13. DES ANGLES. — On nomme *angle* l'espace compris entre deux lignes qui se joignent par l'une de leurs extrémités; le point de contact de ces deux lignes est appelé *sommet.*

On distingue plusieurs angles; les principaux sont : l'*angle droit* (*fig.* 18), l'*angle aigu* (*fig.* 19) et l'*angle obtus* (*fig.* 20). Dans ces trois figures, ainsi que dans les *fig.* 21 et 22, le *sommet* est marqué A, et les côtés AB et AC.

Cela dit, nous passons à la manière de diviser un angle en parties égales, indiquant à ce sujet (*fig.* 21) le mode ancien en deux parties seulement et (*fig.* 22) un mode nouveau, qui nous est particulier, pour diviser un angle en parties égales quelconques.

14. *Diviser un angle en deux parties égales.* — Soit ABC (*fig.* 21) l'angle à diviser en deux parties. On commencera par placer le compas au point A, et l'ouvrant jusqu'à B, on décrira l'arc BC, puis la corde CB; des points B et C comme centres, avec une ouverture de compas plus grande que la moitié de BC, on décrira l'intersection D qui, avec le point A, donnera la division cherchée.

15. *Diviser un angle en trois parties égales.* — Soit ABC (*fig.* 22) l'angle à diviser. Pour résoudre ce problème réputé insoluble, nous avons eu recours au procédé suivant : Considérant BC, ouverture de l'angle, comme ligne ordinaire à diviser, nous nous sommes dit : En portant trois fois sur AB (l'un des côtés de l'angle contigu à cette ligne), à partir du point B, une mesure arbitraire, BD par exemple, de B en D, de D en E et de E en F, il ne faudra, pour avoir la division demandée, que joindre le point F au point C, et tracer, comme pour la *fig.* 14, des parallèles de D en G et de E en H. Joignant le point A aux points de division G et H, on obtient les angles BAG, GAH, HAC égaux entre eux.

On doit concevoir que par ce moyen on pourrait diviser un angle en un nombre quelconque de parties égales, ce qui serait particulièrement nécessaire si l'on avait à obtenir les nombres impairs.

Des Surfaces. (Planche III.)

16. Une surface est dite *plane*, si une ligne droite peut y être appliquée dans tous les sens, et toute surface qui n'est ni plane ni composée de surfaces planes est dite *courbe.*

Les surfaces planes composées de lignes droites, et ayant plusieurs angles et plusieurs côtés, se nomment *figures rectilignes;* celles qui, étant planes, sont composées de lignes courbes, se nomment *figures curvilignes;* et celles qui sont formées de droites et de courbes, sont appelées *figures mixtilignes.*

Pour limiter une surface rectiligne, il faut au moins trois droites; pour une surface curviligne une seule courbe peut suffire, témoin le cercle; et pour une surface mixtiligne, il faut au moins une droite et une courbe.

Parmi les surfaces rectilignes on distingue les triangles et les quadrilatères. Nous allons entrer à ce sujet dans quelques développements.

17. DES TRIANGLES. — On appelle *triangle* une figure qui a trois angles et trois côtés. Elle se compose nécessairement de trois lignes. La ligne sur laquelle le triangle repose se nomme *base;* les autres lignes, *côtés.* Le point de contact de deux côtés se nomme *angle*, et l'angle opposé au côté pris pour base est appelé *sommet.* Une perpendiculaire, abaissée du sommet d'un triangle jusqu'au niveau de sa base, est ce que l'on nomme *hauteur.* La hauteur d'un triangle est également nécessaire pour le construire et pour le mesurer.

On distingue plusieurs sortes de triangles : le *triangle équiangle* ou *équilatéral*, le triangle *isocèle*, le triangle *scalène* et le triangle *rectangle.*

18. Le *triangle équilatéral* ABC (*fig.* 23) a ses trois côtés et ses trois angles égaux. Pour le construire, on trace la ligne de base AB, à l'aide de laquelle on obtient l'intersection C qui donne le troisième point du triangle.

19. Le *triangle isocèle* (*fig.* 24, 27 et 28) a seulement deux côtés égaux. Pour construire ce triangle, après avoir tracé et divisé la ligne de base AB, on élèvera la ligne de hauteur, sur laquelle on prendra le point C qui servira à terminer la figure.

20. Le *triangle scalène* (*fig.* 25 et 29) est celui dont les trois côtés sont inégaux. Ce triangle s'obtient comme le précédent pour la *fig.* 29, et à l'aide du prolongement de la base pour la *fig.* 25.

21. Le *triangle rectangle* (*fig.* 26 et 30) peut avoir deux côtés égaux ou les trois côtés inégaux, mais il possède toujours un angle droit qui le caractérise. Le côté opposé à l'angle droit se nomme *hypoténuse.* L'hypoténuse est invariablement le plus grand des trois côtés. Ce mot vient de deux mots grecs qui signifient *sous-tendre;* parce qu'en effet, lorsqu'on veut inscrire le triangle rectangle dans un cercle, le côté hypoténuse devient le diamètre de ce cercle, le centre étant toujours à son milieu, ainsi qu'on peut le voir en divisant la ligne AC (*fig.* 26), mais surtout dans la *fig.* 30 où l'opération est tracée.

22. *Remarque.* — Pour compléter ces notions, nous ajouterons que, quelle que soit la nature d'un triangle, chacun de ses côtés peut indistinctement lui servir de base, et que tout triangle peut être inscrit dans un cercle, dont le centre se trouvera toujours en faisant passer une perpendiculaire par le milieu de deux de ses côtés; car l'intersection de ces deux lignes sera le point demandé (*fig.* 27, 28 et 29).

23. DES QUADRILATÈRES. — Le quadrilatère est une figure qui a quatre angles et quatre côtés. On en distingue cinq sortes : le carré, le parallélogramme rectangle, le parallélogramme obliquangle ou rhombe, le losange et le trapèze.

24. Le *carré* (*fig.* 31) est celui dont les quatre côtés sont égaux et les quatre angles droits. On obtient cette figure en traçant une ligne AB comme base, et, du milieu de cette base, élevant une perpendiculaire indéfinie CD. Ces deux lignes étant tracées, on élèvera, à partir des points A et B, deux parallèles à CD, et avec une ouverture de compas égale à AB on tracera EF parallèle à cette dernière. Par ce moyen, les côtés AE, EF et FB seront égaux à la base AB, et le carré sera complet.

Pour vérifier l'opération, il ne restera plus qu'à tracer deux lignes AF et BE, lesquelles devront être absolument égales en longueur. Ces lignes, que l'on nomme *diagonales*, traversent obliquement toutes figures rectilignes et quadrangulaires, partant d'un angle quelconque pour aller à l'angle opposé. Nous ajouterons que la diagonale, qui est d'une grande importance, a cela de particulier que, servant à mesurer et à construire des carrés et des parallélogrammes rectangles, elle est elle-même *incommensurable*, c'est-à-dire n'a aucun rapport direct de dimensions, soit avec leurs bases, soit avec leurs côtés.

25. *Le parallélogramme rectangle* ABCD (*fig.* 32) est celui qui a les quatre angles droits sans avoir les côtés égaux. La manière de le construire ressort entièrement de la figure précédente.

26. *Le parallélogramme obliquangle ou rhombe* ABCD (*fig.* 33) est celui qui a les côtés opposés égaux et parallèles, sans avoir les angles droits. Pour construire cette figure, on tracera une ligne indéfinie BE, sur laquelle on portera la distance AB. La distance AB formera la base, et la distance BE fixera l'inclinaison du côté BD, en établissant un angle BED. L'autre côté étant parallèle, il sera facile de terminer la figure, en tenant compte de son obliquité.

27. *Le losange* ABCD (*fig.* 34) est celui qui a les côtés égaux, mais non les angles droits. Pour obtenir cette figure, après avoir tracé deux perpendiculaires AB et CD se coupant en E, du point E comme centre on fera EA égal à EB; puis, prenant EC égal à ED, il ne restera plus qu'à joindre par des droites A à C, C à B, B à D, D à A, et la figure sera construite.

28. *Le trapèze* ABCD (*fig.* 35) est celui dont les quatre côtés sont inégaux et deux seulement sont parallèles. On construira cette figure en traçant une ligne de base AB, sur laquelle on élèvera une perpendiculaire partant du point A sur laquelle on portera la longueur ED déterminant la hauteur. Ensuite, on fera DC parallèle à AB et l'on déterminera sa longueur; il ne restera plus qu'à tracer les deux obliques AC et BD pour compléter l'opération.

Il y a une autre sorte de trapèze, c'est celui qu'on nomme rectangle. Le trapèze rectangle se reconnaît à son angle droit. Il aurait lieu si du point C on abaissait une perpendiculaire touchant AB au point F.

La figure qui approche le plus du trapèze est le *trapézoïde*, qui n'a ni les côtés parallèles, ni les angles égaux.

29. *Propriétés de l'hypoténuse du triangle envisagée comme diagonale du carré.* — La diagonale, qui, ainsi que nous l'avons dit, ne saurait se calculer par rapport au carré, sert néanmoins à construire un carré double du premier, ou deux carrés équivalents si on la divise par moitié. Comme, dans cette circonstance, elle divise aussi le carré primitif en deux triangles rectangles, dont elle devient le plus grand côté, elle a fait donner le nom de *carré hypoténuse* à une opération analogue par ses

résultats à la suivante, qui a pour objet de décomposer le carré en diminuant successivement son étendue et donne par là le moyen de le rétablir :

I. Soit donc ABCD (*fig.* 36) le carré destiné à fournir ces différentes preuves. On le divisera d'abord par ses deux diagonales se coupant au point E, et, pour obtenir sans calcul un carré égal à la moitié du premier, on considérera le côté BD de ce premier carré comme diagonale du deuxième, et ainsi de suite. On conçoit que, si l'on demandait deux carrés équivalents au premier, il faudrait doubler l'opération, et que, s'il s'agissait d'établir un carré double du premier, il faudrait alors considérer la diagonale de celui-ci comme l'un des côtés de ce carré demandé. Pour un carré égal au quart du premier, on prendra pour diagonale le côté BF du deuxième carré, et, pour un carré égal au huitième, le côté HF du troisième carré, dont le côté deviendra à son tour la diagonale du quatrième carré HIFJ, etc. En prolongeant les lignes AH et DJ jusqu'à leur rencontre au point M, on obtiendra un triangle égal à la moitié du premier carré reconstruit sur les lignes BD et DN. C'est ainsi que le carré, après avoir été divisé et subdivisé par le moyen des diagonales, reprendra sa première étendue.

II. La diagonale sert aussi à former des figures inscrites et égales en symétrie à quelque point qu'elles se présentent, comme on le voit (*fig.* 37) par le parallélogramme rectangle ABCD, reproduit en plus petit et à l'intérieur de la figure par les parallélogrammes AMNO et EFGH. Si cependant on tenait à reproduire la figure à égale distance de tous côtés, il faudrait, dans ce cas, renoncer aux diagonales du parallélogramme rectangle AD et BC; et l'on se servirait des diagonales BI et DJ du carré. C'est ce qui arrive généralement lorsque l'on a à établir les moulures d'une porte ou le profil d'un encadrement.

III. La diagonale peut encore servir à transformer un carré en figure à huit pans ou *octogone régulier*.

Soit ABCD (*fig.* 38) le carré donné. On commencera par tracer une de ses diagonales AD, et sur cette ligne on portera la distance AB de A en E. Ensuite, on divisera la partie ED de la diagonale en deux parties égales par une perpendiculaire FG, qui sera la division demandée, c'est-à-dire l'une des huit divisions de l'octogone. Il ne restera plus qu'à porter la distance DG, en CH, CI, AJ, AK, BL, BM, et à joindre les points HI, JK, LM pour terminer l'opération.

Exercices et applications du Triangle et du Carré.
(Planches IV et V.)

30. Les *Pl. IV* et *V* représentent quelques mosaïques, marqueteries ou carrelages tracés à l'aide d'un mode de construction qui nous est particulier, et qui consiste à trouver le générateur de chaque combinaison.

Ainsi, pour la *Pl. IV*, le générateur étant un triangle équilatéral, il suffira de construire cette figure, de la diviser, et de faire passer des droites parallèles par les points de division. Dans les *fig.* 39, 40, 41 et 42, le triangle lui-même indique assez la marche à suivre pour la construction. Les *fig.* 43 et 44 demanderont deux triangles, que l'on obtiendra en traçant une ligne médiane AB, et sur cette ligne un premier triangle, GHB pour la *fig. 43*, et CDB pour la *fig. 44*. Les lettres et les chiffres serviront d'ailleurs à faciliter le tracé en multipliant les points de repère.

Quant à la *Pl. V*, son générateur est le carré ; mais comme ce carré s'emploie de plusieurs manières, nous allons entrer à ce sujet dans quelques explications.

31. Pour la *fig. 45*, le carré sera placé sur l'angle, comme ABCD, et chacun de ses côtés sera divisé en parties égales. Ensuite, par les points de division, on fera passer obliquement des lignes parallèles.

Pour la *fig. 46*, le carré ABCD sera placé sur sa base, et ses diagonales se couperont au point E.

La *fig. 47* est basée sur un carré ABCD divisé en croix par deux perpendiculaires EF et GH, et subdivisé ensuite par ses diagonales AD et BC. Prenant ensuite la distance BE, on la rapportera au point J sur la diagonale BC, et l'on fera de même des points A, C, D pour obtenir I, L, K, ce qui déterminera le petit carreau du centre dont on prendra l'un des côtés pour terminer l'opération.

La *fig. 48* repose absolument sur les mêmes bases que la précédente, à la différence près que, bien que les carrés constitutifs soient de même grandeur, les carreaux produits se trouvent être plus petits. Nous ferons seulement remarquer que le carreau noir est placé sur l'angle, tandis que dans la figure précédente il est placé sur sa base.

Les *fig. 49* et 5o représentent un genre d'ornement nommé *grecque*, souvent employé dans les frises. La *fig. 49* offre le tracé d'une *grecque simple*; la *fig. 50* celui d'une *grecque double*. Toutes deux s'obtiennent en traçant une ligne AB et une perpendiculaire AC, et divisant ensuite ces deux lignes en parties égales. Le canevas qui résultera de ce travail préparatoire, servira non-seulement à établir les motifs que nous avons représentés, mais encore sera susceptible de pourvoir au tracé de toute autre grecque que le hasard pourrait offrir, en se réservant d'ajouter quelques lignes, si une combinaison plus étendue l'exigeait.

Applications de la Perpendiculaire et de la Diagonale. (Planche VI.)

32. La *Pl. VI* ne contient qu'une figure. Elle représente une grecque double encadrant un parallélogramme orné des différents motifs qui peuvent servir comme mosaïque, parquet ou marqueterie.

Les points ABCD marquent l'étendue et la forme générale de la figure. Les numéros extérieurs indiquent les divisions de la grecque ; EFGH se rapportent au parallélogramme intérieur, dont les lettres A'B'C'D' déterminent le milieu, et font voir que, par les diagonales d'un carré, on arrive à l'octogone, dont les angles sont désignés par les numéros 1', 2', 3', 4', 5', 6', 7', 8'.

Nous recommandons, à l'égard du tracé de cette grecque, tout le soin et la précision qu'il réclame.

Du Cercle. (Planche VII.)

33. DÉFINITION ET DIVISION DU CERCLE. — Le *cercle* (*fig. 52*) est un espace terminé ou circonscrit par une ligne courbe dont tous les points sont à égale distance d'un point milieu appelé *centre*. Toute ligne qui, comme AB, passant par le centre,

coupe le cercle par moitié, se nomme *diamètre*, et celle qui, partant du centre C, touche à un point quelconque de la circonférence, comme CD, est dite *rayon*.

Si une ligne EF, sans passer par le centre, touche la circonférence à deux points, cette ligne se nomme *corde*, et la portion de circonférence qu'elle intercepte est désignée sous le nom d'*arc*; la perpendiculaire GH, élevée sur le milieu de la corde et coupant l'arc sous-tendu, est appelée *flèche*.

On appelle *sécante* une ligne IJ, traversant et coupant la circonférence ; et l'on nomme *tangente*, une ligne telle que KL, qui, placée en dehors de la circonférence, la touche seulement en un point nommé *point de contact*. Une des propriétés de la *tangente* est d'être toujours perpendiculaire au rayon, à quelque point du cercle que cette ligne se présente. Nous reviendrons sur cette question, *Pl. XII*, à cause de ses nombreuses applications.

34. ÉTUDES RELATIVES A LA CIRCONFÉRENCE. — Plusieurs cercles de rayons inégaux, mais ayant un même centre (*fig. 53*), se nomment *cercles concentriques*, et plusieurs circonférences inégales en proportion et se joignant en un même point (*fig. 54*), seront dites *tangentes* et *excentriques* : tangentes, parce qu'elles se touchent, et excentriques, parce que de la différence des rayons résulte nécessairement le déplacement des centres.

35. *Faire passer un cercle par trois points donnés, ou en retrouver le centre.* — Soient trois points, placés à volonté excepté en ligne droite, tels que A, B, C (*fig. 55*). On joindra ces trois points par les droites AB et BC, et l'on coupera chacune de ces droites par une perpendiculaire indéfinie. Le point d'intersection de ces perpendiculaires sera le centre demandé.

Pour retrouver le centre d'une circonférence, on prendra à volonté trois points sur cette courbe, et où les joindra par deux droites; sur le milieu de ces droites on élèvera deux perpendiculaires dont la rencontre sera également le centre cherché D.

36. *Ligne spirale.* — La ligne spirale (*fig. 56*), ainsi que nous l'avons déjà dit, est une courbe qui, partant d'un point, que l'on ne saurait appeler centre, se déroule en s'en éloignant constamment.

Pour construire cette figure, on tracera deux lignes perpendiculaires AB et CD, et l'on portera sur chacune d'elles, à partir du point d'intersection, une distance proportionnée à l'étendue que l'on voudra donner à la figure. De ces points, marqués *a*, *b*, *c*, *d*, que nous considérons comme centres de mobilité, on tracera quatre droites ponctuées indéfinies, disposées de manière à former à l'intérieur un carré; et l'on considérera chacune de ces quatre droites ponctuées comme ligne d'arête de chaque arc de révolution.

Les choses étant ainsi disposées, on tracera la *courbe demandée*, en prenant *a* pour centre de l'arc *b* à 1, *d* pour centre de l'arc 1 à 2, *c* pour centre de l'arc 2 à 3, *b* pour centre de l'arc 3 à 4; et l'on terminera l'opération, en se servant jusqu'à la fin des points *a*, *b*, *c*, *d*, comme centres, pour décrire successivement les arcs dont on aura besoin.

37. *Division de la circonférence du cercle.* — *Définition et application du rapporteur.* — La circonférence du cercle (*fig. 57*), qui se rattache au mécanisme de la sphère, ainsi que nous le verrons dans la deuxième Partie de cet ouvrage, se divise en 360 parties égales nommées degrés, chaque degré en 60 minutes, et chaque minute en 60 secondes. Le degré s'exprime par un zéro placé en vedette (°), la minute par une virgule ('), et la seconde par deux virgules (").

Lors de l'adoption du système décimal, on proposa de diviser la circonférence en 400 degrés, chaque degré en 100 minutes, et chaque minute en 100 secondes; mais l'ancien système prévalut : nous indiquons néanmoins la concordance de ces deux modes de division.

La division de la circonférence a donné naissance à un instrument, en forme d'hémicycle ou demi-cercle, nommé *rapporteur* (*fig.* 58). Cet instrument, divisé en 180 degrés, moitié de la circonférence, sert à estimer la valeur des angles. Ainsi l'angle droit est représenté par 90 degrés, mesure ancienne, ou 100 degrés, mesure nouvelle; pour s'en convaincre, il n'y a qu'à placer le rapporteur sur un angle droit, le centre de l'instrument situé au sommet de l'angle et sa ligne diamétrale sur l'un de ses côtés. On peut donc, au moyen du rapporteur, diviser le cercle en parties égales, puisqu'il ne s'agit que de connaître le rapport de l'angle intérieur à la division que l'on veut effectuer.

Le tableau suivant présente quelques-unes de ces mesures, indiquant par anticipation les noms affectés à ces divisions en vertu des figures qu'elles servent à construire, et dont nous aurons bientôt occasion de parler à propos des polygones. Nous avons observé, pour plus d'utilité, la concordance des mesures anciennes et des mesures nouvelles, et nous engageons à examiner avec soin les *fig.* 57 et 58, qui donnent à ce sujet la marche à suivre.

		Anciennes mesures.	Nouvelles mesures.
Triangle équiangle...........	(Figure à trois côtés)...	60°........	66°66'66"
Quadrilatère équiangle ou carré.	(Figure à quatre côtés).	90°........	100°
Pentagone régulier...........	(Figure à cinq côtés)...	108°........	120°
Hexagone régulier...........	(Figure à six côtés)....	120°........	133°33'33"
Heptagone régulier...........	(Figure à sept côtés)...	128°34'17" $\frac{1}{7}$.	142°85'71" $\frac{3}{7}$
Octogone régulier............	(Figure à huit côtés)...	135°........	150°
Ennéagone régulier...........	(Figure à neuf côtés)...	140°........	155°55'55" $\frac{5}{9}$
Décagone régulier............	(Figure à dix côtés) ...	144°........	160°
Endécagone régulier..........	(Figure à onze côtés)...	147°16'21" $\frac{9}{11}$.	163°63'63" $\frac{7}{11}$
Dodécagone régulier..........	(Figure à douze côtés)..	150°........	166°66'66" $\frac{2}{3}$

Nous n'avons indiqué les divisions de la circonférence que jusqu'au dodécagone, parce qu'elles suffisent pour établir toutes les autres.

38. *Figures inscrites et circonscrites.* — On nomme *figure inscrite* celle dont tous les angles touchent à la circonférence d'un cercle. On nomme *figure circonscrite* celle qui sert de limite à une autre. Les *fig.* 59 et 60 offrent ces deux exemples.

Le triangle ABC (*fig.* 59) est *inscrit* par rapport au cercle qui l'environne; mais il est *circonscrit* à celui qu'il renferme. De même (*fig.* 60) les carrés ABCD et *abcd* sont *inscrits* et *circonscrits*.

Les points D et E sont placés sur la *fig.* 59, pour rappeler que si le centre était perdu, en divisant AC et BC en deux parties égales, et conduisant E à A et D à B, on le retrouverait au point F, intersection de ces deux lignes.

Exercices de la Ligne courbe. (Planche VIII.)

39. Dans cette planche nous donnons des tracés relatifs à la ligne courbe, et nous nous appliquons surtout à les former à l'aide de lignes droites et de figures rectilignes. Ainsi, pour les *fig.* 61, 62 et 63, on tracera une ligne AB et une perpendiculaire CD, que l'on divisera en parties égales pour établir des parallèles qui détermineront le centre des courbes par leurs intersections, comme on le voit en E (*fig.* 61 et 63). Nous ferons remarquer, à propos de cette dernière, que le point de centre F résulte de l'intersection d'un cercle avec une droite, et que les épaisseurs sont toutes concentriques.

40. Les trèfles représentés *fig.* 64 se construiront à l'aide de triangles équilatéraux, comme le triangle ABC placé au centre, et duquel ressortiront toutes les lignes de construction. Ces triangles étant tracés, on divisera la hauteur CG, en trois parties égales, dont la première marquée F déterminera le rayon du plus grand cercle passant par les centres des trois courbes de la figure, obtenus par les intersections des lignes AD et BE passant par le point F.

41. La *fig.* 65 a également pour générateur le triangle équilatéral ABC. On commencera donc par tracer ce triangle, que l'on répétera par des droites parallèles à chacun de ses côtés. Ensuite, divisant sa hauteur CD en deux parties égales CE et ED, on se servira d'un rayon CE pour décrire l'arc FG coupant les côtés du triangle, et l'on obtiendra ainsi, par les points A, B, F, G, C, les centres nécessaires au tracé d'autant de courbes. Il en sera de même pour tous les trèfles, en se servant des points d'intersection marqués par les lettres H, I, J, K, L, M, N, O, P, Q, R.

42. La *fig.* 66 a pour générateur le carré ABCD qui, divisé par ses diagonales AD et BC, ainsi que par ses perpendiculaires EF et GH, donne naissance aux autres carrés, JKLM, NQPO, RSTU, et par suite à tous les cercles, sans en excepter les courbes V et X.

Ellipses et Courbes analogues. (Planche IX.)

43. L'ellipse est une courbe fort gracieuse qui résulte d'un plan coupant obliquement un cône droit ou un cylindre. Elle se divise par deux diamètres perpendiculaires que l'on nomme *axes* : l'un, plus étendu, que l'on distingue sous le nom de *grand axe*; l'autre, plus restreint, sous celui de *petit axe*; il en résulte que l'ellipse a quatre *sommets*. Cette courbe possède en outre deux foyers qui, placés sur le grand axe, sont appelés *foyers d'excentricité*, et les rayons qui en résultent, *rayons vecteurs*, parce qu'en effet ce sont ces rayons qui, par leur déplacement, produisent l'ellipse. La somme de deux rayons vecteurs, partant de chacun des foyers opposés et se réunissant à un même point de la courbe, est constamment égale au grand axe.

44. *Construire une ellipse dont les axes sont déterminés, en se servant des deux foyers pour obtenir les points de la courbe.* — Soit (*fig.* 67) l'ellipse à construire. Après avoir tracé les deux diamètres ou axes AB et CD et avoir déterminé les

dimensions de l'ellipse, on prendra, à l'aide du compas, la moitié du grand axe, et prenant C pour centre, on décrira un arc coupant ce grand axe aux points F et G, ce qui déterminera les deux foyers.

Ensuite, prenant à volonté sur le grand axe AB un point H et ouvrant le compas de ce point au point B, on obtiendra une mesure BH, que l'on portera de F en I, où l'on décrira une courbe, dont on obtiendra l'intersection en prenant la distance HA pour la reporter en G et de G en I. A l'aide de chacun de ces rayons on décrira quatre arcs qui donneront en I, J, L, K, quatre points de la courbe. Pour obtenir les autres points de l'ellipse, on procédera de la même manière relativement aux points M et N placés sur le grand axe, et toujours pris à volonté comme le point H, pour avoir les points de la courbe a, a, a, et b, b, b. Enfin, les points de la courbe étant trouvés, on la tracera à la main; car le compas ne pourrait servir à cette opération. Nous reviendrons sur cette figure à l'occasion de la tangente (nᵒ 48).

45. *Ellipse du jardinier.* — La *fig.* 68, représentant l'ellipse du jardinier, repose sur les mêmes bases que la précédente, et se trace à l'aide d'un fil ou d'un cordeau en s'y prenant de la manière suivante : On prend un fil de longueur égale au grand axe, et se terminant à chacune de ses extrémités par une boucle ou un anneau. On plie ce fil en deux, et, se servant de la moitié que l'on porte au point C, on décrit un arc coupant le grand axe aux points F et G, considérés comme foyers. Ces points étant trouvés, on y plante deux piquets ou épingles auxquels on attache le fil.

Pour terminer l'opération, il ne reste plus qu'à faire glisser un crayon le long du fil, ou un piquet si c'est un cordeau, et l'on obtiendra ainsi tous les points de l'ellipse, comme le prouvent les points H et I indiquant la marche progressive de la courbe.

46. *Tracer une ellipse à l'aide d'une règle.* — La *fig.* 69 offre encore une ellipse dont les mêmes bases se déterminent à volonté. Pour tracer cette figure, on se sert d'une règle ou simplement d'un papier plié. Sur cette règle on porte le rayon du grand axe EA en FG, et celui du petit axe EC en GH. Puis, plaçant la règle, ainsi divisée, dans la direction de l'axe CD, et son point H à la hauteur du centre E, on la fera pivoter, en observant que le point H ne quitte jamais l'axe AB, ni le point F l'axe CD. La règle, étant disposée comme dans notre figure, peut former l'arc ACB, moitié de l'ellipse; mais pour obtenir l'autre moitié, il faudra la retourner, en suivant, pour ce côté, la marche que nous venons d'indiquer.

47. *Démontrer que l'ellipse résulte de deux cercles inégaux, mais concentriques.* — Soit (*fig.* 70) l'ellipse à construire. On tracera deux cercles, l'un ayant pour rayon la moitié du grand axe, l'autre la moitié du petit. On divisera le plus grand cercle en un nombre quelconque de parties égales, que l'on reproduira sur le second en conduisant ces rayons de chaque division au centre. Les cercles étant ainsi divisés, on tracera sur le plus grand des lignes verticales, et, à partir du plus petit, des lignes horizontales, dont les intersections donneront, en a, b, c, d, e, f, g, h, i, j, k, l, m, n, les points de passage de l'ellipse.

48. *Mener une tangente à l'ellipse.* — On choisira sur cette ellipse (*fig.* 67) un point quelconque, O par exemple; à partir de ce point on tracera une ligne indéfinie OF. que l'on coupera au point P, en décrivant un arc d'un rayon OG. Il ne s'agira plus que de diviser l'angle POG en deux parties égales, et la ligne passant par le point d'intersection Q et par le point O sera la tangente demandée.

49. *Courbes analogues à l'ellipse.* — Ces courbes diffèrent de l'ellipse, non-seulement parce que leur forme est moins gracieuse, mais encore parce qu'elles résultent de quatre foyers. Leur plus grand avantage est de pouvoir être tracées au compas, ce qui leur assure une pureté d'exécution qui les rend presque toujours préférables.

Dans la *fig.* 71, les deux cercles placés sur le grand axe AB, et ayant leurs centres à la distance d'un rayon, donnent les points C, D, E, F, foyers de la courbe, et les lignes EI, EJ, FG, FH, limites de chaque arc. Ainsi on tracera l'arc IAG à l'aide d'un rayon CA, et, d'un rayon semblable, l'arc JBH ayant D pour centre. De même, avec un rayon égal à EI, on décrira les arcs IJ et GH, en prenant successivement E et F pour centres.

La *fig.* 72 est à peu près semblable, seulement les cercles sont plus écartés, et les foyers de la courbe sont en C, D, E, F, formant un carré parfait.

La *fig.* 73 présente encore un autre moyen de tracer une courbe approchant de l'ellipse : ce qu'elle a surtout de particulier est de permettre d'en déterminer à volonté l'étendue des axes. Pour tracer cette figure, après avoir établi les deux axes AB et CD, se coupant au point E, on prendra la moitié du petit axe, soit CE, que l'on reportera sur le grand axe de B à F, et l'on divisera EF en quatre parties égales, puis, prenant une de ces parties, on la portera sur AB de F en G. Ouvrant ensuite le compas de B à G, on décrira la courbe IH, et, sans changer l'ouverture du compas, prenant A pour centre, on tracera la courbe JK. Puis, d'un rayon JH et d'un rayon semblable IK, on obtiendra les points d'intersection M et N.

Ces préparatifs étant terminés, on tracera la courbe elliptique, en se servant successivement, pour centre, des points G, L, M, N.

50. *Ovale ou fausse ellipse* (*fig.* 74). — Cette figure, qui tient de la forme de l'œuf, se construit ainsi : On trace deux perpendiculaires AB et DE, ayant C pour centre; puis, de ce point et d'un rayon CA, on trace un cercle que l'on coupe au point E par deux droites indéfinies AF et BG, partant de A et de B. Il ne restera plus, pour terminer la figure, qu'à se servir des foyers, que l'on trouvera en C, en A, en B et en E. L'arc ADB s'obtiendra à l'aide d'un rayon CD, les arcs AG et BF à l'aide d'un rayon égal à AB, l'arc GF à l'aide d'un rayon EG.

51. *Tracer un arc dit à anse de panier* (*fig.* 75). — En terminant la question de l'ellipse nous croyons nécessaire de donner la manière de décrire l'arc en anse de panier, qui n'est autre chose qu'une demi-ellipse.

On prendra d'abord une ligne AB et une perpendiculaire CD. On joindra ensuite, par deux droites, A à C et C à B. Puis, on portera sur la ligne AB, de E en F, une longueur égale à EC, et la longueur AF, complément du rayon, de C en G et de C en H. Pour avoir les trois foyers de la courbe, on divise AG et BH en deux parties égales, selon la méthode ordinaire, par deux perpendiculaires LI et MI. Le point extrême I', ainsi que les points J et K, seront les trois points demandés : le centre I donnera l'arc LM; le centre J, l'arc AL; et le centre K, l'arc BM.

Polygones réguliers. (Planche X.)

52. On nomme *polygone* une surface plane fermée de toute part par des lignes droites; ainsi les triangles et les quadrilatères sont des polygones de trois et de quatre côtés.

Les polygones sont réguliers ou irréguliers; nous ne parlerons que des premiers.

Les polygones réguliers prennent différents noms, suivant le nombre de leurs côtés et celui de leurs angles.

Tout polygone régulier peut être *inscrit* dans un cercle ou lui être *circonscrit*; son rapport à la circonférence est incontestable, ainsi que nous l'avons déjà fait voir pour le triangle et le carré (*Pl. VII, fig.* 59 et 60).

Nous ajouterons que (excepté pour le triangle) la somme des angles extérieurs d'un polygone circonscrit à un cercle, quel que soit d'ailleurs le nombre de ses côtés, est égale à quatre angles droits, c'est-à-dire représente toujours quatre angles de 90 degrés chacun, formant ensemble 360 degrés. Quant au triangle, la somme de ses trois angles intérieurs est égale à deux angles droits, c'est-à-dire représente 180 degrés.

Ayant donné précédemment les noms des principaux polygones, et la manière de les construire à l'aide du rapporteur et par la division de la circonférence, nous indiquerons ici les moyens pratiques qui conduisent au même but.

53. *Moyens pratiques pour construire les principaux polygones réguliers.* — Soit à construire le *triangle équilatéral* ABC (*fig.* 76). La circonférence étant tracée, on la divisera en deux parties égales par le diamètre CD, et, sans changer l'ouverture du compas, du point D on décrira un arc qui coupera la circonférence aux points A et B : les droites qui joignent entre eux les points A, B, C formeront les côtés du triangle proposé.

54. Le *carré* ABCD (*fig.* 77) se construira en coupant la circonférence par deux diamètres perpendiculaires l'un à l'autre et en joignant par des droites les points ACBD.

55. Le *pentagone* (*fig.* 78) est un polygone à cinq angles et à cinq côtés. Pour obtenir un pentagone régulier, on divisera le cercle en quatre parties égales par deux diamètres perpendiculaires AB et CD. Ensuite, on partagera le rayon B en deux parties égales au point E, et de ce point comme centre, on ouvrira le compas jusqu'à C, pour décrire un arc de cercle coupant AB au point F. Enfin, du point C comme centre, et ouvrant le compas de C à F, on tracera une nouvelle courbe coupant la circonférence au point G : la ligne CG sera l'un des côtés du pentagone, c'est-à-dire le cinquième de la circonférence, que l'on portera sur l'étendue de la circonférence, de G en H, de H en I, de I en J et de J en C.

56. L'*hexagone* (*fig.* 79) a six angles et six côtés. Ayant tracé le cercle, on le di-

visera en deux portions égales par un diamètre AB, et d'un même rayon, en prenant B pour centre, on décrira l'arc CD, coupant la circonférence en D et donnant de B à D la grandeur d'un des six côtés. Il ne restera plus qu'à porter cinq fois cette longueur sur la circonférence, de D en E, de E en A, de A en F, de F en G, et de G en B, pour avoir la division demandée.

57. L'*heptagone* (*fig.* 80) a sept angles et sept côtés. Pour l'obtenir, on partagera le cercle en deux parties égales par un diamètre AB, et d'une ouverture de compas égale au rayon on décrira du point A un arc coupant la circonférence aux points C et D. De ces points, tirant ensuite une ligne qui coupe le diamètre AB au point E, on trouvera dans la distance ED, moitié de la ligne CD, la mesure d'un des côtés de l'heptagone. Il ne restera plus, pour terminer la figure, que de porter cette mesure ED, en partant du point B, de B en F, de F en G, de G en H, de H en I, de I en J, de J en K, et K en B.

58. L'*octogone* (*fig.* 81) a huit angles et huit côtés. On l'obtient en partageant le cercle d'abord par deux diamètres se coupant à angle droit comme AB et CD, et ensuite en divisant les distances AC et BC par des droites perpendiculaires E et F, passant par le centre pour aller également couper la circonférence aux points opposés : ce qui complète les huit divisions, à l'aide desquelles il est facile de terminer la figure.

59. L'*ennéagone* (*fig.* 82) a neuf angles et neuf côtés. Pour le construire, on tracera deux diamètres AB et CD. Divisant ensuite en six parties égales le rayon EB et ouvrant le compas de B jusqu'au point de la cinquième, on décrira l'arc 5 F, qui donnera en FC le neuvième de la circonférence.

60. Le *décagone* (*fig.* 83) à dix angles et dix côtés. On le construira à l'aide de deux diamètres en croix tels que AB et CD, se coupant au centre E; puis en divisant le rayon EB en deux parties égales au point F, pour ouvrir le rayon FC à l'aide duquel on obtiendra en EG la mesure cherchée, que l'on portera ensuite dix fois sur la circonférence à partir du point C.

61. L'*endécagone* (*fig.* 84) a onze angles et onze côtés. Après avoir longtemps cherché un mode convenable à proposer pour l'exécution de cette figure, nous nous sommes arrêté au suivant :

Divisez le cercle par un diamètre AB, et, d'une ouverture de compas égale au rayon AE, tracez un arc coupant la circonférence aux points C et D. Tirez ensuite une ligne oblique de D à B et divisez cette ligne par moitié, au point F, à l'aide d'une perpendiculaire CE, passant par le centre. Divisez FB en deux parties égales par une nouvelle perpendiculaire GH, et, d'un rayon égal à BE, décrivez l'arc EJ. La distance IJ sur la ligne DB sera la division demandée, c'est-à-dire le onzième de la circonférence.

62. Le *dodécagone* (*fig.* 85) a douze angles et douze côtés. Pour obtenir cette figure, on tracera deux diamètres en croix AB et CD, se coupant en E (centre); et, d'un rayon égal à BE, on décrira une courbe coupant la circonférence au point F, et donnant en FC le douzième de la circonférence. Cette mesure s'obtient de la

même manière que pour l'hexagone, à la différence près qu'au lieu de se servir de l'ouverture de l'angle, on se sert au contraire de son complément.

Après avoir démontré une à une les différentes combinaisons pratiques à employer pour la formation des polygones réguliers, nous allons enseigner un moyen général applicable à un nombre quelconque de divisions.

63. *Moyen général pour diviser une circonférence en parties égales.* — Soit (*fig.* 86) une circonférence quelconque à diviser en parties égales. On commencera par tracer une ligne indéfinie EF, traversant cette circonférence dans le sens de son diamètre AB, et l'on coupera cette ligne perpendiculairement par un second diamètre CD. On divisera ensuite ce dernier diamètre en *un nombre de parties égal à la moitié du nombre total des divisions que l'on veut appliquer à la circonférence*, c'est-à-dire que, pour une division en dix parties, on partagera son diamètre CD en cinq.

Ensuite, prenant une ouverture de compas égale à la longueur du diamètre CD, on obtiendra, à l'aide de cette mesure, deux foyers excentriques, E et F, à partir desquels on conduira des lignes qui, passant par les points 1, 2, 3, 4, 5, marqués sur le diamètre CD, iront couper la circonférence aux points G, H, I, J, K, L, M, N, et fourniront ainsi, avec les points C et D, les dix divisions du décagone.

S'il s'agissait de diviser la circonférence en trois parties, on diviserait le diamètre en une partie et demie, moitié de trois; pour cinq, en deux et demie, moitié de cinq; pour cinquante, en vingt-cinq; pour soixante, en trente, etc.

La seule observation à faire est que, si l'on voulait, par ce moyen, reproduire les figures que nous venons de démontrer, et les établir dans la même situation que nous les avons placées, il faudrait avoir soin de disposer convenablement la ligne indéfinie sur laquelle reposent les deux foyers excentriques, c'est-à-dire horizontalement pour la division par pair, et verticalement pour les figures impaires.

64. *Construire un polygone régulier quelconque un côté donné.* — Cette opération consiste à construire une échelle que nous nommerons polygonale. Soit donc AB (*fig.* 87) le côté déterminé sur lequel il s'agit d'établir une échelle pouvant déterminer un polygone régulier quelconque. On divisera la ligne AB en deux parties égales au point C, et, de ce point, on élèvera une perpendiculaire indéfinie, CD par exemple. Puis on formera sur AB un triangle équilatéral ayant son sommet au point E. On divisera ensuite en six parties égales le côté BE de ce triangle, et l'on portera sur la ligne CD des divisions égales à chacune d'elles, jusqu'au chiffre 20; et comme la ligne CD est seule destinée à servir toute opération, on transportera sur cette ligne les numéros inférieurs à 6, mais seulement jusqu'à 3 inclusivement, se servant du compas et du point E comme centre pour les nombres 5, 4 et 3.

Pour employer cette échelle, il suffira de porter la pointe immobile du compas sur le nombre que l'on aura choisi ou qui aura été désigné, et d'ouvrir l'autre pointe jusqu'à l'une des deux extrémités de la ligne AB : la circonférence décrite avec ce rayon remplira les conditions de la proposition énoncée.

La *fig.* 88 donnera la preuve de ce que nous venons d'avancer. En effet, si l'on veut que le côté AB soit le côté d'un hexagone, ou figure à six côtés, on placera la pointe immobile au point 6, et l'on formera ainsi un cercle contenant six fois AB.

Si l'on veut que le côté AB se rapporte à l'ennéagone, ou figure à neuf côtés, on porte le compas au point 9, et la circonférence tracée contiendra neuf fois AB. Enfin, si l'on veut que ce même côté se rattache au dodécagone, ou figure à douze côtés, on portera le compas au nombre 12 qui deviendra alors le centre d'une figure ayant douze côtés semblables à AB.

Rosaces. (Planche XI.)

65. Cette planche représente douze *rosaces* (*fig.* 89 à *fig.* 100), qui toutes sont basées sur la division du cercle en parties égales.

Dans ces figures, les points de divisions et les points de centres se trouvent indiqués par des lettres et des chiffres, de manière à tracer facilement les lignes droites et courbes qui les constituent. Supposant l'élève en état de distinguer lui-même, par l'examen seul des figures, les divers points d'appui qui lui sont nécessaires, nous croyons pouvoir nous dispenser d'entrer dans le détail des opérations.

Nous nous bornerons à dire que les divisions relatives à la circonférence sont nécessairement placées sur le cercle principal, tandis que les points de centres destinés au tracé des courbes intérieures reposent quelquefois sur des cercles plus petits, mais toujours en rapport avec le premier, à l'aide de cercles intérieurs et concentriques.

Rapports des Surfaces. (Planche XII.)

66. Ayant traité des principales courbes, nous croyons utile de donner quelques notions sur le rapport approximatif du cercle au carré et au triangle, et réciproquement. Nous nous proposons aussi de démontrer le rapport de la tangente au rayon.

67. *Former un carré égal en superficie à un cercle donné* (*fig.* 101). — On tracera un cercle, son diamètre AB, et le rayon CD perpendiculaire au diamètre. Prenant ensuite une ouverture de compas égale à BD, on décrira l'arc DE, et d'un rayon AE l'arc EF. Les points D et F, touchant à la circonférence, détermineront la corde DF, qui deviendra le premier côté du carré. En divisant ce côté en deux parties égales, au point f', on obtiendra une ligne f'f'' passant par le centre C. Cette ligne servira à obtenir les autres côtés du carré.

68. *Former un cercle égal en superficie à un carré donné* (*fig.* 102). — Cette opération est l'inverse de la précédente. Le carré ABCD étant tracé, on décrira, à partir de C, un cercle d'un rayon EC pris à volonté sur une ligne indéfinie. On tracera le diamètre FG perpendiculairement à ce rayon; et ouvrant le compas de G à C, on décrira l'arc CH, et du point F, avec un rayon FH, égal à la partie restante du diamètre FG, l'arc HI. On partagera ensuite AC en deux parties égales, et traçant une perpendiculaire JK, cette ligne coupera la ligne indéfinie CE au point L : la ligne LC sera le rayon du cercle demandé.

69. *Former un triangle équilatéral égal en superficie à un cercle donné* (*fig.* 103). — Le cercle BECD étant décrit, on tracera un rayon AE, ainsi qu'une ligne diamétrale indéfinie et perpendiculaire. Puis, à l'aide d'un rayon AC, et prenant C pour centre, on décrira un arc AD, qui, coupant la circonférence au point D, déterminera

a

un nouveau rayon DE à l'aide duquel on obtiendra le point F, donnant en BF la base du triangle. Pour achever le triangle, on cherchera le point G par la méthode connue (n° 18).

70. *Prouver le rapport du cercle au carré et la relation de ces deux figures avec l'octogone* (*fig.* 104). — Après avoir tracé deux lignes perpendiculaires et indéfinies AB et CD se coupant en E, on décrira d'un rayon quelconque EF un cercle intérieur, et avec la tangente menée par le rayon on formera le carré. Traçant ensuite le rayon EG dans la direction de la diagonale du carré, on décrira le cercle extérieur qui, coupant les perpendiculaires et touchant les angles du carré, donnera en A, I, C, G, B, H, D, J, les points nécessaires au tracé de l'octogone, que l'on obtiendra en menant les droites AI, IC, CG, GB, BH, HD, DJ et JA.

71. *Démontrer que la tangente est toujours perpendiculaire au rayon* (*fig.* 105). — De l'extrémité A d'une droite indéfinie AB, et avec un rayon AD, je décris une circonférence qui coupera la ligne AB en un point C. Du point C comme centre, et d'un rayon AC, je décris un demi-cercle ADB coupant la ligne indéfinie AC au point B. La ligne BD, menée du point B par le point D, est une tangente à la circonférence, et elle est perpendiculaire au rayon AD, parce que l'angle BDA est droit comme étant inscrit dans une demi-circonférence.

72. *Tracer un carré circonscrit à un cercle et placer ce carré dans la direction de la tangente* (*fig.* 106). — La tangente étant perpendiculaire au rayon, pour établir le carré on tracera deux parallèles HAI et JEK; puis on prolongera le rayon jusqu'en E. Ainsi JEK sera parallèle à FDG, comme DAE à JHF et à KIG, et le carré sera facile à tracer.

73. *Tracer un angle droit à l'aide du compas* (*fig.* 107). — Pour obtenir un angle droit, on peut aussi se servir du compas de la manière suivante. On tracera une droite AB, et prenant sur cette droite un point à volonté, C par exemple, on décrira, d'un rayon CB, une demi-circonférence. Il ne s'agira plus, pour obtenir l'angle droit, que de déterminer sur la courbe un point quelconque, D par exemple, et de tracer ensuite des droites de D en A et de D en B : l'angle ADB sera un *angle droit*, dont la diamètre AB sera l'hypoténuse.

74. *Tracer, à l'aide du compas, un carré ou un triangle équilatéral.* — Ayant tracé (*fig.* 108) deux perpendiculaires indéfinies se coupant à E, de ce point, comme centre, on décrira un cercle qui déterminera la largeur du carré aux points A, B, C, D, et par l'intersection des courbes FEH, IEG, FEG, HEI, à l'aide desquelles on obtiendra les angles F, G, H, I, on terminera la figure.

Quant au triangle équilatéral représenté *fig.* 109, on l'obtiendra en décrivant successivement trois courbes à l'aide d'un même rayon. On portera le compas en A pour décrire l'arc BC, en B pour l'arc CA, en C pour l'arc AB, et l'on joindra ces points par des droites qui compléteront le tracé du triangle.

Mesure des Surfaces. (Planches XIII et XIV.)

75. Nous avons enseigné la manière de construire des surfaces régulières, telles que les triangles, les quadrilatères, les polygones réguliers et le cercle; nous allons maintenant indiquer les moyens d'en mesurer l'étendue, ainsi que la marche à suivre pour estimer la valeur de toute autre surface.

76. On nomme *aire*, l'espace contenu dans une surface, et l'on se sert, pour en mesurer la superficie, d'une unité que l'on suppose carrée. On choisit à cet effet une mesure quelconque, mais plus généralement le mètre ou l'une de ses divisions. Par exemple, si l'on suppose un carré ayant un mètre de côté, l'opération sera des plus simples : elle consistera à s'assurer combien de fois cette mesure peut être contenue dans la base et dans la hauteur, et, multipliant l'une par l'autre, on aura la superficie. Supposons 10 mètres à la base, et 10 mètres de hauteur puisque la figure est carrée : on aura 100 mètres carrés de superficie, par la raison que 10 fois 10 font 100.

Que la figure à mesurer soit maintenant un triangle, l'opération sera aussi facile; car la Géométrie démontre que : *Tout triangle est la moitié d'un parallélogramme de même base et de même hauteur*. Il suffira donc de s'assurer du nombre de mètres contenu dans la base, et de multiplier ce nombre par la moitié de celui qui est contenu dans la hauteur. Ainsi, en supposant 10 mètres à la base et 6 mètres à la hauteur, dont la moitié serait 3 ; on trouverait 3 fois 10, 30; ce dernier nombre serait la somme demandée. Ceci posé, nous allons entrer dans plus de détails en nous aidant de quelques figures.

77. *Mesurer l'aire d'un carré.* — Soit donc le carré ABCD (*fig.* 110) dont on veut connaître l'aire. A cet effet, on portera le carré AFGE, pris pour unité, sur la ligne de base AB et sur la ligne de hauteur AC, autant de fois que ces deux lignes pourront le contenir, c'est-à-dire sept fois chacune. En multipliant alors 7 par 7, on aura un produit de 49. Par là on obtiendra la preuve que le carré AFGE est contenu 49 fois dans le carré ABCD : ce carré aura donc 49 unités de superficie.

78. *Mesurer l'aire d'un triangle.* — Soit maintenant à calculer ABC (*fig.* 111), l'étendue en superficie d'un triangle équilatéral. Comme dans cette figure les lignes latérales sont obliques, il est impossible de la couvrir exactement de carrés. On prendra donc un autre moyen fondé sur le principe suivant : *Tout triangle a pour mesure le produit de sa base multipliée par la moitié de sa hauteur.* Ainsi, le triangle ABC ayant 7 unités pour base et 6 de hauteur, on prendra la moitié de cette dernière, c'est-à-dire 3, et l'on dira 3 fois 7 font 21 : ce triangle aura donc 21 unités carrées de superficie; et comme il a les trois côtés égaux, son pourtour offrira un nombre semblable, chacun des côtés ayant 7 unités. Le triangle équilatéral pourra donc se mesurer en additionnant ses côtés.

Les triangles suivants (*fig.* 112, 113 et 114) sont en tout basés sur les mêmes principes, sauf le rapport du pourtour à la superficie; aussi dans ces figures reconnaîtra-t-on l'utilité de savoir déterminer la ligne de hauteur. Le triangle *fig.* 112, ayant 4 unités de base, et 6 de hauteur dont la moitié est 3, aura 12 unités carrées de superficie. Le triangle *fig.* 113 ayant 8 de base, et 6 de hauteur dont la moitié est 3, aura 24 unités de superficie. Enfin le triangle 114 ayant 12 de base, sur 6 de hauteur dont la moitié est 3, aura 36 de superficie.

79. *Mesurer l'aire d'un parallélogramme.* — Des triangles nous passons aux *parallélogrammes*, et nous disons d'abord : *L'aire d'un parallélogramme est égale au produit de sa base multipliée par sa hauteur.*

Ce théorème résulte de ce que, par la diagonale, *tout parallélogramme peut être divisé en deux triangles évidemment égaux*. Or, puisque chaque triangle a pour mesure la moitié de sa hauteur multipliée par sa base, chaque parallélogramme, qui est le double du triangle, doit avoir pour multiplicateur cette hauteur totale.

Ainsi le parallélogramme rectangle ABCD (*fig.* 115), étant double du triangle ABC (*fig.* 114) qui a pour son aire 36 unités, en aura 72 de superficie; et par la même raison, le parallélogramme obliquangle ABCD (*fig.* 116), étant également double du triangle ABC (*fig.* 111) dont la superficie est 21, aura 42 unités pour mesure, tandis que le parallélogramme (*fig.* 117), dont les triangles scalènes sont plus petits, n'en aura que 35, qui seront le produit de sa base 7, multipliée par sa hauteur 5. La hauteur peut se prendre de D à E ou de C à F.

A l'égard du *losange* ABCD (*fig.* 118), on se servira des deux diagonales pour en établir les mesures, attendu que ces deux diagonales forment à l'intérieur quatre triangles rectangles. On prendra donc la diagonale AB, divisée en 7 unités, pour base de ces quatre triangles, et la moitié de la diagonale CD, divisée en 12, dont 6 représentent la moitié de la hauteur de chaque triangle; et l'on dira : 7 fois 6, 42.

80. *Trouver l'aire d'un trapèze.* — Pour obtenir *l'aire d'un trapèze*, il faut encore se servir d'une autre combinaison, et bien se rappeler que cette mesure *est le produit des deux faces parallèles multipliées par la moitié de leur distance perpendiculaire, ou la moitié du produit de leurs bases parallèles multipliées par la distance perpendiculaire totale.*

Soit le trapèze ABCD (*fig.* 119), dont on veuille connaître la superficie. On commencera par joindre les deux bases AB et CD par une perpendiculaire DE, ou ligne de hauteur, et additionnant AB et CD; on multipliera leur produit par la moitié de la hauteur DE; ou bien on multipliera la moitié du produit des deux bases par la hauteur totale. Ainsi, en admettant cette seconde manière, et supposant 9 pour produit des deux bases et 5 pour la hauteur totale, on obtiendra 45. Ce trapèze aura donc 45 unités carrées de superficie.

Quant à *l'aire du trapèze rectangle* ABCD (*fig.* 120), on l'obtiendra plus directement encore puisque son côté rectangle deviendra la ligne de hauteur; et l'on dira, en additionnant AB et CD, 12 et 8 font 20, dont la moitié 10, multipliée par 5, donne 50. Ce polygone aura donc 50 unités carrées de superficie.

Mesure des Polygones.

81. La mesure des polygones irréguliers présente souvent quelque embarras. Cependant n'oublions pas que le polygone, quelle que soit d'ailleurs sa nature, peut toujours se diviser, se convertir en autant de triangles que ce polygone a de côtés moins deux. Seulement si le polygone est irrégulier, les triangles aussi seront irré-

guliers et inégaux entre eux comme dans les *fig.* 121, 122 et 123. Or, pour avoir la mesure d'un polygone quelconque, on mesurera un à un tous ses triangles, et le produit total sera la mesure de la superficie. Nous donnerons seulement comme exemple le polygone représenté *fig.* 123.

Soit donc le polygone ABCDEF (*fig.* 123), dont on veut connaître la superficie. On divisera ce polygone en un nombre quelconque de triangles et l'on mesurera ensuite séparément chacun d'eux. On mesurera donc, 1° le triangle ABC ayant CG pour hauteur; 2° celui ABE, ayant EJ pour hauteur; 3° celui CBD, ayant DH pour hauteur; et enfin 4° celui EBF, ayant sa hauteur en FI. Par ce moyen on trouvera, comme superficie, pour le triangle ABC 22 unités; pour le triangle ABE 22 unités; pour celui CBD 10 unités; pour celui EBF 9 unités; ce qui donnera un total de 63 unités. Donc le polygone ACDBFE aura en superficie 63 unités carrées.

Si l'espace à mesurer avait peu d'étendue, on pourrait employer une marche beaucoup plus prompte en divisant d'abord le polygone par une ligne transversale AB, comme on voit *fig.* 124, et en abaissant sur cette ligne des perpendiculaires de chacun de ses angles, telles que CG, EH et FI : lignes qui diviseraient la figure en deux trapèzes ou plutôt en un trapèze ABCD et un trapézoïde ABEF. On mesurerait le trapèze en additionnant AB et CD, que l'on multiplierait ensuite par la moitié de la hauteur CG. Mais pour mesurer le trapézoïde, comme les côtés ne sont pas parallèles, on le considérerait comme divisé lui-même en un trapèze et deux triangles, et l'on mesurerait ces trois surfaces par les moyens que nous venons d'indiquer. De cette façon on trouverait que le trapèze ABCD contient 38 unités carrées, et le trapézoïde, décomposé en un trapèze EHFI et deux triangles AHE et IBF, 25 unités : ce qui ferait en tout 63 unités carrées contenues dans la superficie de ce polygone.

82. Supposons maintenant que nous ayons à mesurer la superficie d'un polygone inabordable, tel que ABCDEFGHI (*fig.* 125). Dans ce cas assez rare, mais qui peut se présenter, ne pouvant agir sur le terrain même, on prendra ses alignements de manière à l'environner d'un rectangle en analogie avec sa forme extérieure, comme JKDL. Mesurant ensuite ce rectangle, on s'assurera de sa superficie. Pour avoir la mesure de polygone, il ne restera plus qu'à défalquer les portions additionnelles, qui se composeront du trapèze HLGF, et des triangles AJI, CBK, FDE. Ainsi, en admettant que le rectangle ait 90 unités carrées de superficie, et que le trapèze et les triangles réunis en aient 18, ce serait 18 unités à distraire de 90, et il resterait pour la mesure du polygone inaccessible 72 unités carrées.

83. *Mesurer un polygone régulier* (*Pl. XIV, fig.* 126, 127 et 128.) — Connaissant le moyen d'obtenir l'aire d'un triangle, d'un parallélogramme, d'un trapèze, etc., nous indiquerons maintenant un moyen général pour mesurer les polygones réguliers.

On sait qu'un polygone régulier quelconque peut être inscrit dans un cercle, et que, dans ce cas, tous les angles de ce polygone touchent à sa circonférence, et y déterminent des divisions égales. Or, les côtés étant égaux et à même distance du centre du cercle, ils doivent aussi servir de base à autant de triangles que le polygone a de côtés. Il en résulte que, pour avoir la superficie d'un polygone (*fig.* 126), il suffit de multiplier tous ses côtés, considérés comme bases d'autant de triangles, par la moitié de la hauteur de l'un d'eux. Nous ferons remarquer que cette ligne de hauteur, relativement aux polygones en général, se nomme *apothème*, parce qu'en effet, conformément à son étymologie, elle semble amener à elle tous les côtés du polygone pour les soumettre à son influence. Ainsi, soient ABDEFG (*fig.* 127 et 128) les polygones à mesurer, l'un hexagone, l'autre pentagone : on choisira à volonté l'un des côtés, AB par exemple, pour en former un triangle ayant son sommet au centre C. Puis on divisera ce triangle par une perpendiculaire CH, qui sera l'apothème. Pour terminer l'opération, on additionnera toutes les bases, et l'on multipliera par la moitié de cette ligne CH la somme obtenue. Le produit donnera la mesure demandée, c'est-à-dire l'aire du polygone.

84. *Mesurer une surface dont le contour, inégal, se compose de lignes courbes.* — Il se présente fréquemment une grande difficulté dans les mesures géodésiques : c'est lorsque le terrain est terminé dans l'étendue de son circuit par des lignes courbes et sinueuses. Dans ce cas, on établit des lignes droites qui traversent toutes les courbes et ramènent la figure à l'état de polygone, comme ACDBFEA (*fig.* 129). Cette méthode ne présente pas des résultats absolument exacts; elle est néanmoins applicable, pourvu que l'on ait soin de combiner les espaces qui se trouvent en dehors avec ceux qui se trouvent en dedans des lignes, de manière à ce qu'il y ait compensation. Une fois le polygone établi, il est facile d'en mesurer la surface en convertissant ce polygone en trapèzes et en triangles. Dans la figure représentée ici, l'on a à mesurer les trapèzes BICD et GHFE, et les triangles AIC, AGE, BHF : la somme de tous les produits partiels sera la mesure demandée.

Ainsi, admettons que les deux trapèzes aient 18 unités carrées, et que les trois triangles réunis représentent 14 : la mesure de l'aire du polygone sera de 50 unités carrées. Si donc l'unité prise est le mètre carré, le terrain sera réputé avoir 50 mètres carrés.

Mesure du Cercle.

85. *Mesure du cercle* (*fig.* 130 et 131). — On mesure le cercle *par l'étendue de sa circonférence, multipliée par la moitié de son rayon.* Si cette méthode, qui remonte à Archimède, ne donne pas un résultat rigoureusement exact, toujours est-il qu'elle est au moins très-applicable à la pratique, et que l'on peut s'en contenter. Adoptant donc cette hypothèse, on trouve aussi que la circonférence contient, approximativement, trois fois la longueur de son diamètre. Or, en divisant ce diamètre en 7 parties égales, le développement de la circonférence devrait avoir 21 parties; mais comme on sait, à n'en pouvoir douter, que le nombre réel se rapproche plutôt de 22, on pourra dire, dans ce cas, le diamètre est à la circonférence dans le rapport approché de 7 à 22.

Soit donc le cercle (*fig.* 130) dont on désire mesurer l'étendue superficielle. Après avoir divisé son diamètre AD en 7 parties égales, et porté trois fois la longueur de ce diamètre sur une ligne indéfinie AB, on tracera une ligne CB partant du centre et formant un triangle ayant pour hauteur le rayon AC. Il ne s'agira

que de chercher à obtenir la mesure de ce triangle ABC pour avoir celle du cercle proposé.

86. Nous avons déjà fait remarquer le rapport qui existe entre le cercle et le carré (n°ˢ 38 et 70); nous compléterons notre pensée en rappelant que *les aires des cercles sont en proportion des carrés de leurs rayons;* c'est-à-dire que les cercles, ayant les mêmes mesures que les triangles obtenus par leur développement, doivent être soumis aux mêmes lois. Ainsi, dans le triangle rectangle, l'hypoténuse est égale au diamètre du cercle qui doit le circonscrire : de même, dans le triangle provenant du développement de la circonférence, le côté AB, formant la base, lui servira de mesure. On voit par la *fig.* 131 que le côté AB du triangle ABC appartient à un cercle quatre fois plus grand que le cercle intérieur de rayon CD, et que le triangle EDC est aussi quatre fois moins grand que le triangle ABC.

Si l'on voulait mesurer la surface de la couronne AD, c'est-à-dire l'espace contenu entre les deux cercles, il faudrait supposer une troisième circonférence moyenne des deux premières, en faire le développement, et multiplier ensuite sa longueur par sa largeur, que l'on prendrait de A à D. On pourrait aussi l'obtenir en mesurant le trapèze rectangle ABDE, suivant la méthode que nous avons indiquée précédemment.

87. *Mesure de l'ellipse et de l'ovale.* — On obtient la superficie de l'ellipse et de l'ovale en les assimilant à celle du cercle. A cet effet, après avoir additionné la longueur des deux axes, on prend pour diamètre la moitié de cette somme. En divisant ce diamètre en deux parties égales, on trouve le rayon à l'aide duquel on trace un cercle semblable en volume à l'ellipse, et que l'on mesure ensuite comme nous venons de l'indiquer.

GÉOMÉTRIE DANS L'ESPACE.

Des Projections. Intersection des Plans. (Planche XV.)

88. La géométrie dans l'espace, ou géométrie des trois dimensions, se rapporte à tous les plans perpendiculaires ou obliques à un autre plan.

Pour exécuter le tracé de ces figures, qui semblerait devoir présenter de grandes difficultés, on a recours à un mode très-simple, que l'on a désigné sous le nom de *méthode des projections.* A cet effet, ne considérant de chaque objet que ses points principaux, et les rapportant à deux plans perpendiculaires, l'un horizontal, l'autre vertical, on a appelé ces deux plans, *plans de projection.* Le plan horizontal est celui où l'on suppose l'objet vu à vol d'oiseau. Le plan vertical est celui où l'objet est envisagé relativement à tous ses points et lignes de hauteur : on le nomme *plan d'élévation,* lorsqu'il donne des détails intérieurs, et seulement *profil,* lorsqu'il ne présente que le contour extérieur des objets. Enfin si le plan, soit horizontal, soit vertical, contient des détails intérieurs, il est désigné sous le nom de *coupe.* Nous nous réservons de nous étendre davantage au sujet du *plan,* de la *coupe* et de l'*élévation,* dans notre troisième Partie; nous n'avons à traiter ici que la géométrie dans l'espace, en indiquant le mode employé pour en représenter les projections.

89. Chaque objet ne nous étant rendu sensible que par le concours des divers points qui les caractérisent, la chose la plus importante à connaître est donc la manière de projeter ces points, qui, pris isolément, existent dans l'espace.

Ainsi, soit (*fig.* 132) un point à projeter sur un plan vertical. Le plan géométral étant représenté en ABCD et le plan d'élévation en ABEF, tous deux supposés à angle droit, on comprendra que si le point G se trouve situé dans l'espace, il suffira, pour le projeter régulièrement, d'abaisser une perpendiculaire GJ que l'on ramènera horizontalement au point I, et de conduire une parallèle GH. En effet, ce point se trouvera en H sur le plan vertical, et sa ligne de hauteur sera en IH. Le point H sera donc la projection demandée. Voilà pour la théorie.

90. Examinons maintenant la question sous le rapport de la pratique. Comme l'opération se fait (plan et élévation) sur une même feuille de papier, on est forcé de prendre une autre marche, et de supposer le plan horizontal ABCD rabattu en ABKL : ce qui fait qu'alors la perpendiculaire, pour les deux plans, se trouve située dans une même direction. Le plan géométral (*fig.* 133), étant supposé horizontal, on obtient la projection du point J, supposé dans l'espace et placé sur le plan géométral, en élevant une perpendiculaire JI, jusqu'à la rencontre de la ligne de terre AB, qui représente le plan horizontal, et en continuant cette ligne indéfinie, sur laquelle on reporte le point H à l'aide d'un arc de cercle qui la place au plan vertical à égale distance du point I.

La *fig.* 134, représentant la projection d'une droite située dans l'espace, se fonde exactement sur les mêmes principes que la *fig.* 132, et se tracerait également par continuation comme à la *fig.* 133, si son plan horizontal se trouvait rabattu. Ainsi on concevra que la ligne GJ, située dans l'espace, se trouve ramenée en HI sur le plan vertical, à l'aide des horizontales JI et GH.

La projection du point et de la ligne, représentés dans l'espace, nous conduit tout naturellement aux angles dièdres et trièdres qui sont la base des principaux solides.

Angles dièdres et trièdres.

91. *Angles dièdres.* — On nomme *angle dièdre* celui qui résulte de la rencontre de deux plans. La *fig.* 135 représente cet angle, réduit pour ainsi dire à sa plus simple expression. On y voit un plan ABC formant, sur un autre plan DEGF, un angle droit dans la direction de CHI. Ces deux plans sont perpendiculaires l'un à l'autre.

Par les *fig.* 136 et 137 on reconnaît que deux plans peuvent être obliques entre eux sans cesser d'être perpendiculaires au plan sur lequel ils reposent. Dans la *fig.* 136, les deux plans, obliques suivant la direction de l'angle ABA', sont perpendiculaires par rapport au plan DEGF ; ainsi les angles dièdres CHJ et C'H'I sont perpendiculaires à ce plan. La *fig.* 137 confirme la proposition énoncée dans la figure précédente. On y voit des angles dièdres produits par la rotation du rectangle ABCD autour d'une droite AE, perpendiculaire à un plan FGHI. Les points J, K, L, M, N, N' indiquent la marche du rectangle et constatent toujours sa direction perpendiculaire par rapport au plan de base sur lequel il exécute sa révolution.

La *fig.* 138 représente ce que l'on nomme un *fuseau harmonique*, attendu que tous les plans ABDC, ABFE, ABHG, ABJI, LMON se correspondent, et que tous les angles dièdres sont perpendiculaires entre eux, ainsi que le prouvent les angles PQR, RST.

Les *fig.* 139 et 140 représentent à la fois des plans perpendiculaires et des plans parallèles. Ces plans sont perpendiculaires en ABC, DCB, A'BC, D'CB (*fig.* 139) et en ABC, DCB (*fig.* 140). Ils sont parallèles en AB, DC, ou AA', DD' (*fig.* 139) et en AB, DC (*fig.* 140).

92. *Angles trièdres* (*fig.* 141 à 144). — On nomme *angle trièdre* celui qui résulte de la rencontre de trois plans qui, passant par trois lignes, se réunissent à un même point. Les lignes qui terminent chaque plan se nomment *arêtes*. L'angle trièdre (*fig.* 141) se compose d'un premier plan ACB, d'un deuxième plan BCD, et d'un troisième plan ADC. La *fig.* 142 représente cet angle réduit vu intérieurement, pour prouver qu'il ne forme qu'une partie creuse. Les lettres sont placées relativement aux plans, comme dans la figure précédente.

La *fig.* 143 offre à peu près la même représentation, et démontre que, si l'on prolongeait les arêtes d'un angle trièdre (*fig.* 144), on formerait un autre angle trièdre, égal en symétrie au premier, mais inégal en direction, et ne pouvant d'ailleurs s'appliquer en aucune manière sur son générateur.

On voit, par ce qui précède, et d'après les figures, que l'angle solide trièdre présente :

1° Un sommet . . . . C;
2° Trois côtés . . . . ABC, BDC, ADC.
3° Trois angles plans . . . . ABC, BDC, ADC;
4° Trois angles dièdres . . . . ACB, BCD, ACD.

Des Solides. (Planche XVI.)

93. On comprend sous le mot de *solide* tout ce qui se mesure à l'aide des trois dimensions ; mais pour la démonstration, l'on se sert seulement de quelques figures que l'on considère comme bases de toutes les constructions analogues. Tels sont les polyèdres, le prisme, la pyramide, le cône, le cylindre, la sphère et la sphéroïde.

Polyèdres réguliers.

94. *Des polyèdres.* — On nomme *polyèdre* un corps solide terminé par plusieurs plans pouvant tour à tour lui servir de base. Il y a un grand nombre de polyèdres, qui sont ou réguliers ou irréguliers. Les polyèdres réguliers sont au nombre de cinq, savoir : le tétraèdre, l'exaèdre, l'octaèdre, le dodécaèdre et l'icosaèdre. Les polyèdres irréguliers sont innombrables.

Développement des Polyèdres réguliers.

95. Le *tétraèdre* (*fig.* 145) se compose de quatre triangles équilatéraux. Son développement peut s'effectuer de deux manières, soit 1° comme *fig.* 146, soit 2° comme *fig.* 147.

96. L'*hexaèdre* ou cube (*fig.* 148) est formé de six carrés égaux. Son développement se fait, 1° en croix (*fig.* 149); 2° en Z (*fig.* 150); 3° en T (*fig.* 151).

97. L'*octaèdre* (*fig.* 152) est la réunion symétrique de huit triangles équilatéraux. Son développement (*fig.* 153) se rapporte au triangle ainsi qu'à l'hexagone.

98. Le *dodécaèdre* (*fig.* 154) se compose de douze pentagones réguliers. Son développement (*fig.* 155) s'effectuera de la manière suivante : On tracera une horizontale AB, et une perpendiculaire CD, qui servira à déterminer l'inclinaison de la ligne DE. On établira ensuite le pentagone central (J, J', F, G, I), à l'aide d'une perpendiculaire *ab* à la ligne DE.

Puis, prenant successivement pour centre les points G, I, on décrira deux arcs JL et FH, se coupant à H; et, d'un rayon égal à l'un des côtés du pentagone tracé, on décrira l'arc KL, en prenant H pour centre, ce qui donnera tous les points du deuxième pentagone (G, I, K, H, L), qui servira à construire les quatre autres. La seconde partie de la figure, dérivant de la première, sera facile à construire.

99. L'*icosaèdre* (*fig.* 156) offre l'assemblage régulier de vingt triangles équilatéraux. À l'égard de son développement (*fig.* 157), je laisse le soin de le construire, me contentant de donner quelques lignes de construction que j'ai marquées AB, HF, HAD, GECI.

Suite des Solides. (Planche XVII.)

100. *Du prisme* (*fig.* 158 et 159). — Le *prisme* est un solide terminé par deux bases polygonales égales et parallèles, et par autant de parallélogrammes que chacune des bases a de côtés. Ainsi le premier prisme (*fig.* 158) est triangulaire, et le second (*fig.* 159) est droit à base carrée. La hauteur, comme on voit, se mesure par l'un des côtés, attendu que chacun d'eux est perpendiculaire aux deux bases. Nous ferons remarquer que, lorsqu'un prisme se trouve composé de six faces, dont les bases opposées seulement sont semblables, il peut aussi prendre le nom de *parallélipipède*; mais la figure que l'on désigne plus particulièrement sous ce nom se compose de quatre parallélogrammes rectangles et de deux bases carrées.

101. *De la pyramide* (*fig.* 160, 161 et 162). — La *pyramide* est un solide formé par plusieurs plans triangulaires partant d'une même base et se réunissant à un sommet commun. Parmi celles que nous avons représentées, la première (*fig.* 160) est basée sur un triangle; la seconde (*fig.* 161) est basée sur un parallélogramme rectangle.

Quant à la troisième (*fig.* 162), elle se trouve incomplète, et par cette raison porte le nom de *tronquée*. Néanmoins, pour la produire, on emploie les mêmes moyens, et il faut également en déterminer le sommet.

Pour obtenir la hauteur de la pyramide, il faut chercher le centre de sa base, comme nous l'avons fait, à l'aide de deux diagonales AD et BC, se coupant au point E perpendiculaire au point F.

102. *Du cylindre* (*fig.* 163, 164 et 165). — Le *cylindre* à bases parallèles, comme nous l'avons représenté, est un solide rond, long et droit. On le suppose formé par la révolution du rectangle ABCD (*fig.* 163), tournant autour de son côté AB, qui devient par ce fait l'axe de la figure.

Les deux cylindres suivants sont en tout semblables au premier; seulement, l'un (*fig.* 164) représente l'hélice, c'est-à-dire une ligne tournant obliquement autour de lui à la manière des vis; l'autre (*fig.* 165) représente une ellipse résultant de sa section faite par un plan C'D'.

103. *Du cône* (*fig.* 166, 167 et 168). — Le *cône* est une sorte de pyramide dont la base est un cercle et le sommet un point. On suppose le cône formé par la révolution de l'hypoténuse du triangle rectangle autour d'un des côtés pris pour axe.

Un cône est dit *droit*, lorsque son axe se trouve dans une direction perpendiculaire au plan de sa base : il est dit *oblique*, lorsque l'axe cesse d'être perpendiculaire à ce plan. Ainsi, dans les *fig.* 166 et 167, qui sont des cônes droits, l'axe et la hauteur sont une seule et même ligne, tandis que dans la *fig.* 168, qui représente un cône oblique, l'axe est représenté par la ligne AB et la hauteur par DB.

On voit aussi par la *fig.* 167 que, si l'on coupe un cône obliquement par un plan C'D', on obtient une ellipse.

La *fig.* 169 montre qu'en quelque endroit que l'on coupe un cône, pourvu que ce soit parallèlement à sa base, la partie inférieure sera toujours incomplète et la partie supérieure BC'D' toujours en rapport de symétrie. La *fig.* 170 montre encore que deux cônes droits placés base à base, tels que CDA, CDB, auront toujours le même axe AB.

104. *De la sphère* (*fig.* 171 et 172). — La *sphère* ABCD (*fig.* 171) est un solide terminé de tous côtés par une surface courbe dont tous les points sont également distants d'un point intérieur nommé *centre*.

Si une droite, passant par le centre, touche à la surface par chacune de ses extrémités, cette droite sera nommée *diamètre* ou *axe de la sphère*; mais si, partant du centre, elle ne touche qu'à un point quelconque de cette même surface, cette ligne sera dite *rayon de la sphère*.

Toute section de la sphère faite par un plan, AB par exemple, est un cercle. Lorsque cette section passe par le centre, on la nomme *grand cercle*, et par tout autre terme, *petit cercle*.

Si trois plans, AG, DG et EG (*fig.* 172), se coupent mutuellement en passant par le centre, l'espace intercepté sur la surface de la sphère, par les arcs de ces trois cercles, formera ce qu'on appelle un *triangle sphérique*, comme l'indiquent les arcs AD, DE et AE.

105. *Du sphéroïde* (*fig.* 173). — Le *sphéroïde* est une sorte de sphère dont l'axe est plus grand que le diamètre. Vu par le sommet, c'est un cercle bombé; envisagé sous le rapport latéral, c'est une ellipse de tous côtés, ce qui fait qu'on le désigne aussi sous le nom d'*ellipsoïde*. Cette figure ne s'emploie que par son analogie avec la forme des dômes, et lorsqu'il s'agit d'en mesurer la superficie.

Mesure des Solides. (Planche XVIII.)

106. Ayant démontré la marche à suivre pour mesurer les surfaces, il nous sera facile de faire comprendre les procédés employés pour obtenir la mesure des solides.

Les solides se mesurent de deux manières, savoir : en superficie et en solidité.

La mesure de superficie s'obtient en mesurant et additionnant toutes les surfaces ; ou bien encore, si la figure est prismatique ou cylindrique, en additionnant seulement la superficie des deux bases avec l'étendue du pourtour, et multipliant le tout par la hauteur du solide.

La mesure de solidité résulte de la mesure de la superficie. Pour l'obtenir, il s'agit seulement, si la figure est prismatique et régulière dans toutes ses parties, de multiplier la superficie de l'une de ses bases par sa hauteur totale, ou, si elle est pyramidale, de multiplier la superficie de sa base par la moitié de sa hauteur. On voit par là que la différence résulte de celle qui existe entre le triangle et le carré. Pour la mesure des surfaces, l'opération consiste à connaître le nombre des carrés contenus dans chacune d'elles : pour la mesure des solides, l'opération consiste à chercher le nombre des cubes contenus dans le corps qu'on désire mesurer.

Nous avons dit qu'un carré de 10 mètres de hauteur produit 100 mètres de superficie. En supposant que l'on veuille connaître la superficie d'un cube de 10 mètres, sachant que ce cube a six faces, on aurait donc 600 mètres carrés pour cette superficie.

Mais, si l'on voulait savoir quelle est la solidité de ce même cube, connaissant sa hauteur (10 mètres) et la superficie d'une de ses faces (100 mètres), on obtiendrait son volume en multipliant l'une par l'autre, c'est-à-dire 100 par 10, ce qui ferait 1000. Le cube proposé aurait 100 mètres de superficie pour l'une de ses faces, 600 mètres pour sa superficie totale, et 1000 mètres cubes pour sa solidité.

Celui que nous avons représenté (*fig.* 174) étant supposé avoir 6 mètres sur toutes ses faces, doit avoir 36 mètres de superficie sur chacune d'elles : ce qui fait 216 mètres carrés pour sa superficie totale et 216 mètres cubes pour sa solidité ; c'est-à-dire qu'on pourrait former un cube analogue à celui A, B, C, D, E, F, G, H, (*fig.* 174), en disposant symétriquement 216 cubes d'un mètre, comme cette figure l'indique par les carrés qui y sont tracés.

Afin de rester dans les limites que nous nous sommes tracées, nous avons choisi à dessein des figures faciles, telles qu'un prisme droit à bases triangulaires, un prisme à bases carrées, une pyramide à base rectangle, un cylindre, un cône droit : la plus compliquée est la sphère.

107. *Mesure du prisme.* — *La solidité du prisme est égale au produit de sa base multipliée par sa hauteur.* Ainsi, soit à mesurer le prisme triangulaire ABCDEF (*fig.* 175) : on cherchera d'abord l'aire de sa base ABC, que l'on trouvera à l'aide du plan géométral *a'b'c'*, et on multipliera ce produit par sa hauteur CF : la somme qui résultera de cette double opération sera le chiffre indiquant la solidité du prisme. Pour le prisme ABCDEFGH (*fig.* 176), l'opération sera en tout semblable.

S'il ne s'agissait que de mesurer la superficie du prisme, il faudrait chercher celle de chacune de ses bases et de chacun de ses côtés, ou, en d'autres termes, chercher la superficie de toutes ses faces et en faire la somme.

Enfin, si l'on avait à estimer la superficie d'un pilier carré ou autre, on multiplierait son pourtour par sa hauteur : ce qui serait en réalité mesurer la superficie de chaque parallélogramme formant une des faces du pilier.

108. *Mesure de la pyramide* (*fig.* 177, 178). — *La solidité d'une pyramide quelconque est le produit de sa base multipliée par le tiers de sa hauteur.* — Soit la pyramide ABCDE (*fig.* 177), dont on veut connaître la solidité. On commencera par s'assurer de la superficie de sa base ; prenant ensuite le tiers de sa hauteur, c'est-à-dire le nombre de fois que la division prise se trouve représentée dans le tiers de la ligne EF, on multipliera par ce chiffre le produit fourni par la superficie de la base, ce qui donnera la solidité demandée.

Si, voulant connaître la différence de la pyramide au prisme, on supposait celle-ci enveloppée d'un prisme rectangle ABCDGHIJ (*fig.* 178), la solidité de ce prisme serait toujours égale au produit de la base par la hauteur totale, et l'on doit comprendre en examinant les espaces réservés entre les deux prismes ABCDF et GHIJ, que le prisme est le triple de la pyramide.

Pour mesurer la superficie d'une pyramide simple, il suffira de prendre le pourtour de sa base ABCD et de le multiplier par la moitié d'une ligne prise de E à F. Ce sera ramener ainsi chaque côté de la pyramide à la division ordinaire du triangle et considérer EF comme *apothème*, c'est-à-dire comme la ligne de hauteur servant à mesurer d'un seul jet tous les triangles.

109. *Mesure du cylindre* (*fig.* 179). — On obtient *la solidité du cylindre en multipliant l'aire de sa base par sa hauteur totale.* On a dit que le cercle pouvait être assimilé à un polygone d'une infinité de côtés : on peut en dire autant du cylindre et le comparer à un prisme ayant également une infinité de faces.

Soit donc à mesurer la solidité du cylindre ABCDGHIJ (*fig.* 179). On se servira du plan *a'b'c'd'* pour obtenir l'aire de sa surface, et cette dimension étant obtenue, on la multipliera ensuite par la hauteur EF.

S'il ne s'agissait que de mesurer la superficie, on prendrait le pourtour que l'on multiplierait par la hauteur EF.

110. *Mesure du cône* (*fig.* 180). — *La solidité d'un cône quelconque est le produit de sa base par le tiers de sa hauteur.* Donc le cône peut être assimilé à une pyramide d'une infinité de côtés.

Soit à mesurer le cône ABCD (*fig.* 180). On commencera par s'assurer de la superficie de sa base à l'aide du plan *a'b'c'd'*, et l'on multipliera ensuite ce produit par le tiers de sa hauteur, c'est-à-dire de la ligne EF.

Quant à la superficie du cône, on l'obtiendra en multipliant le pourtour de sa base par le tiers de sa hauteur.

111. *Mesure de la sphère* (*fig.* 181). — *La solidité de la sphère est égale au produit de la surface de son plus grand cercle multipliée par le tiers de son rayon ou le sixième de son diamètre.*

Soit la sphère EF (*fig.* 181), dont on désire connaître la solidité, c'est-à-dire le nombre de fois qu'elle représente une unité cube quelconque. On se servira du plan $a'b'c'd'$, représentant le plus grand cercle, et l'on en cherchera la superficie. Ensuite on multipliera ce produit par le tiers du rayon et l'on aura ainsi le chiffre demandé.

S'il ne s'agissait que de la superficie de cette même sphère, on multiplierait seulement le pourtour de sa circonférence par son diamètre. La surface d'une sphère est le quadruple de celle de son plus grand cercle. Il est à remarquer aussi que sa surface est encore égale à celle du cylindre qui la circonscrit : c'est ce que l'on peut apprécier à l'égard du cylindre ABCDGIHJ, par rapport à la sphère EF.

112. *Mesure du sphéroïde.* — Pour trouver la superficie et la solidité du sphéroïde, on peut se servir du cylindre de la même manière que l'on vient de faire par rapport à la sphère.

Courbes d'excentricité. (Planche XIX.)

113. Parmi les courbes qu'il importe de connaître, nous avons cru devoir mentionner les excentriques à développement simple et à développement composé, comme aussi l'hélice et les sections cylindriques et coniques.

Excentriques (fig. 182 et 183). — On nomme excentriques, des courbes placées en dehors des centres, mais s'y rattachant de manière à transposer le mouvement.

L'excentrique à développement simple (fig. 182) n'est autre chose qu'une spirale ayant son centre de rotation au milieu d'un polygone carré ABDF servant au tracé de cette courbe. Pour la construire, du point A comme centre, et d'un rayon égal à AB, on décrira l'arc BC ; et du point D comme centre, on décrira aussi l'arc CE ; comme au point F, l'arc EG.

L'excentrique à cœur, ou à double développement *(fig. 183)* est aussi facile à construire que la figure précédente. On tracera une horizontale AB et une perpendiculaire CD se coupant au point d'axe, centre de rotation. On formera le carré conformément au diamètre de l'arbre, représenté par un cercle, assimilé à un polygone d'une infinité de côtés, et le reste de l'opération sera en tout semblable à celle de la première figure ; seulement on doublera le tracé. On voit que, dans ce cas, si l'excentrique était mise en mouvement, son point extrême 5 décrirait sa révolution sans abandonner la circonférence extérieure.

Les excentriques servent à transposer l'action de certains moteurs. Ils sont employés aux pompes et à divers systèmes de manivelles.

Nous joignons à ces exemples deux figures (184 et 185) qui font voir que deux arcs de cercles tangents entre eux, mais marchant en direction contraire, se raccordent toujours de manière à ne former qu'une même courbe dont les centres sont placés sur une droite que nous nommons *directrice* : C, E et C, D sont les centres des courbes de ces deux figures.

114. *De l'hélice (fig. 186).* — Nous avons dit, en commençant, que l'*hélice est une ligne tournant à la manière d'une vis* ; nous ajouterons, pour rendre cette définition plus exacte, que c'est surtout *une ligne tournant obliquement autour d'un cylindre.*

Pour obtenir cette courbe, on commencera par établir le plan du cylindre, c'est-à-dire un cercle, que l'on divisera d'abord par deux perpendiculaires, et ensuite en un nombre quelconque de parties égales, que nous avons numérotées de o à 6. Ensuite, de chacun des points de division, on élèvera des droites parallèles à AB, centre ou axe, comme CC′, DD′, et l'on divisera ces lignes en parties égales, afin d'établir rigoureusement le pas de l'hélice, c'est-à-dire sa marche progressive. Pour terminer l'opération, il ne restera plus qu'à faire passer la courbe de l'hélice par les points d'intersection, comme on voit par la concordance des points 1 à 12. Quant aux autres points, ils seront déterminés de la même manière, et serviront à tracer la moitié de la seconde révolution.

115. *Sections cylindriques.* — Il y a plusieurs sections cylindriques. Si le plan coupant est perpendiculaire à l'axe, la section est un *cercle* semblable à la base. Si elle est dans le sens de l'axe, c'est un *rectangle*. Si, enfin, le plan coupe obliquement le cylindre, la section est une *ellipse*. Nous ne nous occuperons que de cette dernière section.

Soit donc le cylindre AB *(fig. 187)*, coupé par un plan oblique CD. Pour tracer l'ellipse qui en résulte, on supposera le rabattement du plan, c'est-à-dire que l'ellipse, ayant pivoté sur son grand axe CD, paraisse dans toute son étendue, et on procédera de la manière suivante :

Après avoir décrit et divisé le demi-plan géométral, de chacun des points de division on élèvera des perpendiculaires jusqu'à la ligne CD, qui serviront à tracer sur cette ligne autant de perpendiculaires au grand axe CD, ligne principale de la section. Cela fait, on rapportera, sur les perpendiculaires à la ligne CD, les mesures prises sur le plan. Ainsi la distance de 1 à a du plan géométral sera reportée sur la ligne DC de 1′ à a′, celle de 2 à b sera reportée sur la même ligne de 2′ à b′. Enfin, le petit axe sera la perpendiculaire 4d reportée sur CD de 4′ à d′. On suivra la même marche à l'égard des autres mesures. Il ne restera plus qu'à tracer à la main l'ellipse qui résultera de ces différentes mesures.

Sections coniques.

116. Les sections coniques sont engendrées par un plan coupant le cône. Elles reçoivent des dénominations particulières, suivant le sens de la section. 1° Le plan passant par l'axe et le sommet d'un cône droit est un *triangle isocèle* ; 2° la section parallèle à l'axe détermine l'*hyperbole* ; 3° parallèle à l'un des côtés, elle donne la *parabole* ; 4° oblique à l'axe, elle engendre l'*ellipse* ; 5° parallèle à la base, elle est un *cercle*.

Ne parlant ici des sections coniques que par rapport au tracé des courbes les plus nécessaires, nous nous contenterons d'exposer la marche à suivre pour la projection de l'*ellipse*, de la *parabole* et de l'*hyperbole*, trois courbes d'une application très-fréquente.

117. *Section elliptique.* — La projection de la section elliptique *(fig. 188)* est à peu près semblable à celle du cylindre : la différence ne consiste que dans le tracé du plan. La construction de cette figure demande une attention toute spéciale.

Pour tracer le plan de cette section conique, on commencera par décrire un cercle, ou, comme nous avons fait, par une demi-circonférence de rayon *d*8 représentant la base du cône. Ce demi-cercle étant établi, on le divisera en parties égales, de o à 8, et de chacun de ces points on conduira des rayons au centre *d*. Ensuite, des points extrêmes de la ligne de section DE, on abaissera des perpendiculaires jusqu'à la ligne o8 du plan géométral, ce qui donnera sur cette ligne les points D′E′, représentant le plan de la section. Ces opérations terminées, on cherchera les points de division de la ligne DE, et on les trouvera en élevant sur le plan des perpendiculaires à partir des points 1, 2, 3, 4, etc., comme de 1 à o′ et de 2 à o″, que l'on conduira au point C, sommet du cône. On abattra de ces points, marqués 1′, 2′, 3′, 4′, 5′, 6′ et 7′ sur la ligne de section DE, des perpendiculaires jusqu'à la rencontre de chaque rayon, pour avoir sur le plan les points de courbe de la section.

Il ne restera plus qu'à prendre sur le plan géométral les dimensions des perpendiculaires établies à la circonférence du petit cercle D′E′ représentant le plan de la section, et à les reporter conformément à leurs chiffres sur les perpendiculaires établies sur la ligne sécante DE, pour avoir les points de courbe de l'ellipse. Ainsi *d*4″ du plan sera reporté en 4′*d*′*d*′ de la ligne de section, *d*5″ sera reporté en 5′*e*′*e*′; de même *f*6″ en 6′*f*′*f*″. Quant au tracé, il se fera à la main, le compas ne pouvant servir pour cette opération.

118. *Section parabolique.* — La parabole est une courbe dont tous les points sont autant éloignés de son foyer que d'une ligne appelée *directrice*. Le *foyer* est un point pris à volonté sur la ligne médiale et longitudinale du plan de la section faite à un cône. La *directrice* est une ligne perpendiculaire au même plan, et située en dehors de la courbe à égale distance du sommet de cette courbe que le foyer. Ainsi, plus celui-ci sera élevé sur la ligne, plus la directrice sera rapprochée du sommet. Il en résulte que, plus le foyer sera élevé sur la ligne, plus la courbe tendra à s'allonger; de même, plus il sera abaissé, plus elle tendra à s'élargir.

Soit donc (*fig.* 189) à tracer une parabole résultant de la section d'un cône droit. On construira d'abord le cône ABC. On tracera sur ce cône le plan de section représenté par la ligne DE, sur laquelle on portera, à volonté, les divisions 1, 2, 3, que l'on projettera en Q, R, S, T, sur le côté BC du cône, et que l'on ramènera perpendiculairement sur le plan jusqu'à la rencontre de la ligne *a*′*b*′. Les points de rencontre 1′, *r*′, *s*′, *t*′, détermineront les naissances des cercles dont les intersections *i*′, *l*′, *o*′, *u*′ donneront le tracé en plan de la courbe.

Pour terminer la figure, on établira, sur la ligne DE de la section, des perpendiculaires indéfinies partant des points 1, 2 et 3; et, reportant sur ces lignes les mesures prises sur la ligne *a*′*b*′, on portera 1*a*′ en EU, 1′*o*′ en 1O ou 1N, 2′*l*′ en 2L ou 2K, 3′*i*′ en 3I ou 3H, on aura en NKHDILOU les points de passage de la parabole.

On vérifiera l'opération en établissant la *directrice* FF; et à l'aide de cette ligne, on trouvera que la distance GI égale à GJ, la distance GL égale à la distance GM, GO égale à GP, enfin GU égale à GF.

119. *Section hyperbolique.* — L'hyperbole est une courbe non fermée, analogue à la précédente, mais qui a cela de particulier que, résultant de la section du cône

faite parallèlement à l'axe, elle tend à se reproduire à sens inverse à l'aide des mêmes moyens. Nous avons représenté (*fig.* 190) un cône indiquant la section, et nous donnons (*fig.* 191) la marche à suivre pour la construire; mais, pour obtenir un tracé plus exact, on pourra avoir recours au mode que nous avons employé dans le tracé de la parabole.

On commencera par établir deux perpendiculaires AB et CD. On décrira un cercle tangent aux sommets G, H de chaque courbe. Puis, prenant successivement pour centres les points G et H, on décrira quatre arcs K, L, M, N, que l'on joindra par les droites KL, LM, MN et NK. On agira de même pour les points S, T, U, V, en observant, pour ces points comme pour ceux qui précèdent, que le centre des arcs relativement à chaque courbe de l'hyperbole, sera toujours placé au sommet de la courbe opposée.

Les points hyperboliques étant ainsi tracés, il ne restera plus qu'à établir la double courbe, dont nous avons cherché à démontrer la symétrie, en traçant les lignes FI et F′J, nommées *asymptotes*. Les asymptotes sont considérées, par rapport à l'opération, comme des diamètres qui approchent sans cesse des deux courbes sans jamais les rencontrer.

Projection des Ombres portées (*tracé géométral*).

(Planche XX.)

120. La *projection géométrale des ombres* est l'effet produit sur un plan par un corps quelconque qui intercepte le passage d'un rayon lumineux, ou l'effet produit sur ce corps même relativement à la direction de ses plans. Ainsi un mur, avant de porter ombre au plan sur lequel il repose, se porte ombre à lui-même, et de là cette distinction des ombres en deux classes, savoir : les *ombres naturelles* et les *ombres portées*.

La *fig.* 192 représente l'angle d'un mur ABC, offrant sur le plan AB l'ombre naturelle, et sur le plan AC l'effet produit par la lumière. La ligne CD qui sépare les deux plans se nomme *ligne de transition*. Il est facile à comprendre que ce qui reçoit la lumière reste blanc, comme ce qui en est privé reste noir. Mais la distribution de la lumière a lieu suivant des principes connus, qui servent à déterminer la forme et la longueur des ombres portées.

L'immense distance qui sépare la terre du soleil permet de considérer comme parallèles les rayons lumineux qui tombent sur un objet; et quant à leur inclinaison, pour simplifier les opérations et sans avoir égard à l'heure, nous supposerons le soleil placé à 45 degrés (*fig.* 193). On voit par cette figure que, si un bâton vertical de la longueur de BC produisait son ombre sur un plan horizontal quelconque, la longueur de cette ombre BA serait égale à la hauteur BC. Ces propositions établies, nous allons essayer de représenter les ombres portées de quelques solides à l'aide du mode de projections que nous venons d'indiquer.

Soit donc (*fig.* 194) l'ombre portée d'une planche AB*ab*, placée dans l'espace parallèlement à un plan vertical DEFH. La planche étant de champ, donnera au plan géométral une ligne A′B′ qui, étant rapportée à la ligne de terre CD, suivant un angle de 45 degrés, inclinaison que nous donnons au rayon, reproduira en ED sa dimension réelle. Il ne restera plus qu'à élever, des points E et D, deux perpendiculaires, que l'on coupera à FH à l'aide d'une ouverture de compas égale à EA', reporté en AG pour décrire l'arc GF, et en B pour obtenir le point H. On terminera l'opération par des parallèles qui donneront en FH, IJ l'ombre demandée.

La *fig.* 195 représente une ombre portée sur un angle rentrant. Elle se produit de la même manière que la figure précédente quant au plan parallèle à l'horizon; mais à l'égard du plan en retour, après avoir établi sa direction par une ligne indéfinie DR, on coupera cette ligne par une droite B'J, parallèle à A'E et à ID. La distance B'J déterminera le point d'arête de l'ombre, par l'intersection de la ligne JK avec celle BK, parallèle à AF ligne du rayon. L'ombre sera en FHMN, et son retour sur le mur en HKNP.

La *fig.* 196 présente l'opération retournée : nous avions un angle rentrant et un plan s'avançant vers le spectateur; nous avons maintenant un angle saillant et un plan en fuite. Néanmoins, pour toute différence, il n'y aura à établir que le plan DJ, et la distance B'J, beaucoup plus grande que celle de la *fig.* 195, mais toujours parallèle au rayon A'E.

La *fig.* 197 représente l'ombre portée d'un cercle AB sur un plan parallèle; le cercle ayant peu d'épaisseur n'offre qu'une ligne A'B' au plan géométral. Pour trouver l'ombre de ce cercle, on reportera sur la ligne de terre CD le point A' au point E et le point F' en F, suivant un angle de 45 degrés; de E et de F on élève ensuite deux perpendiculaires, la première passant par le centre I; prenant ensuite la distance A'E, on la portera de I en G sur la ligne FB, et l'on obtiendra le point central de l'ombre; enfin, d'un rayon GH, égal à IB, on décrira le périmètre de l'ombre proposée.

Sachant que l'inclinaison du rayon est supposée égale à l'éloignement du cercle, on pourrait, pour abréger, se servir du moyen employé *fig.* 198, que l'on pourrait doubler, au besoin, comme à la *fig.* 199, pour représenter l'ombre d'un cylindre.

121. *Représenter l'ombre portée à l'intérieur d'un demi-cylindre vertical terminé en section sphérique* (*fig.* 200). — Pour trouver la forme de l'ombre portée à l'intérieur de cette figure, que l'on nomme communément *niche*, on tracera d'abord un plan horizontal A'B' ayant C' pour centre, représentant géométralement le demi-cylindre offrant le rayon lumineux en A'D', puis les points extérieurs de la courbe jusqu'à la hauteur du rayon placé à 45 degrés, en E'F', G'H.

Ensuite, considérant la figure comme portion sphérique, on décrira un cercle de rayon CA et dont le diamètre AB sera égal à la largeur du cylindre. On divisera ce cercle en parties égales, et de chacune de ces divisions on tracera des droites parallèles dans la direction du rayon lumineux GC, que l'on prolongera jusqu'à la rencontre de la perpendiculaire au point H. Puis, pour faciliter l'opération, on établira un nouveau plan géométral *auxiliaire* que l'on transportera parallèlement au rayon et duquel naîtront des perpendiculaires qui, coupant chaque rayon parallèle, détermineront le passage de la courbe de l'ombre. C'est ainsi qu'un point pris en P et conduit en P', sera ramené, par P'P'', au point O, et que l'on ramènera de même R et V aux points S et Y.

Cette transposition du plan géométral, là où on le juge nécessaire, a été inventée afin d'abréger les opérations et pour en diminuer le nombre de lignes. On la nomme *descriptive*, et de là, par extension, le nom de *géométrie descriptive* donné à ce genre d'opérations.

FIN DE LA PREMIÈRE PARTIE.

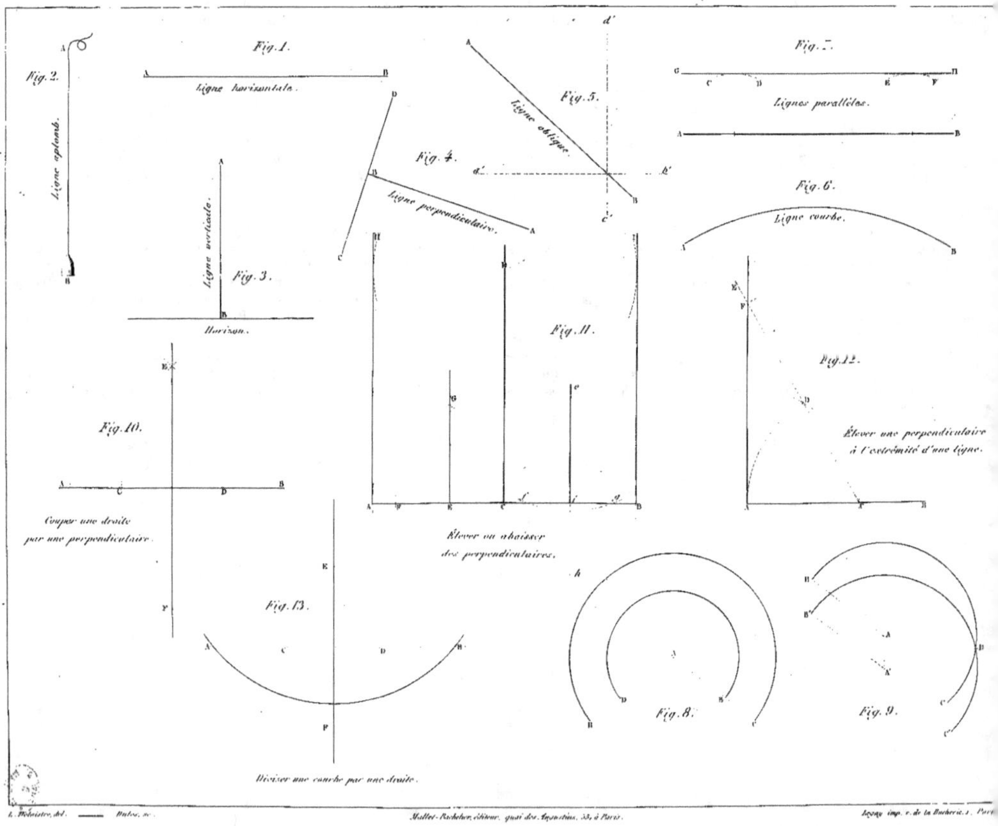

Fig. 1.
Ligne horizontale.

Fig. 2.
Ligne aplomb.

Fig. 3.
Ligne verticale.
Horizon.

Fig. 4.
Ligne perpendiculaire.

Fig. 5.
Ligne oblique.

Fig. 7.
Lignes parallèles.

Fig. 6.
Ligne courbe.

Fig. 10.
Couper une droite
par une perpendiculaire.

Fig. 11.
Élever ou abaisser
des perpendiculaires.

Fig. 12.
Élever une perpendiculaire
à l'extrémité d'une ligne.

Fig. 13.
Diviser une courbe par une droite.

Fig. 8.

Fig. 9.

L. Delaistre, del.　　　Hulos, sc.　　　Mallet-Bachelier, éditeur, quai des Augustins, 55, à Paris.　　　Lemay imp. r. de la Bucherie, 1. Paris

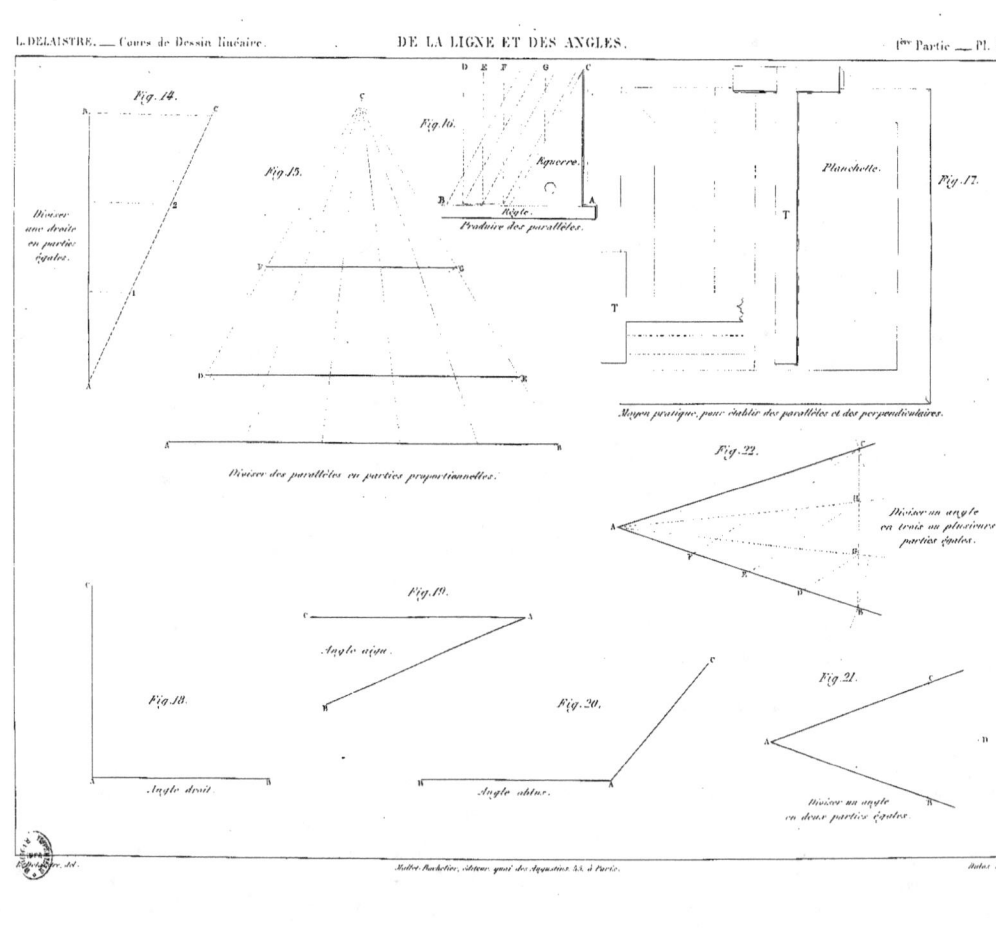

Fig. 14.
Diviser une droite en parties égales.

Fig. 15.

Fig. 16.
Équerre.
Règle.
Produire des parallèles.

Fig. 17.
Planchette.

Moyen pratique, pour établir des parallèles et des perpendiculaires.

Diviser des parallèles en parties proportionnelles.

Fig. 22.
Diviser un angle en trois ou plusieurs parties égales.

Fig. 19.
Angle aigu.

Fig. 18.
Angle droit.

Fig. 20.
Angle obtus.

Fig. 21.
Diviser un angle en deux parties égales.

Mallet-Bachelier, éditeur, quai des Augustins, 55, à Paris.

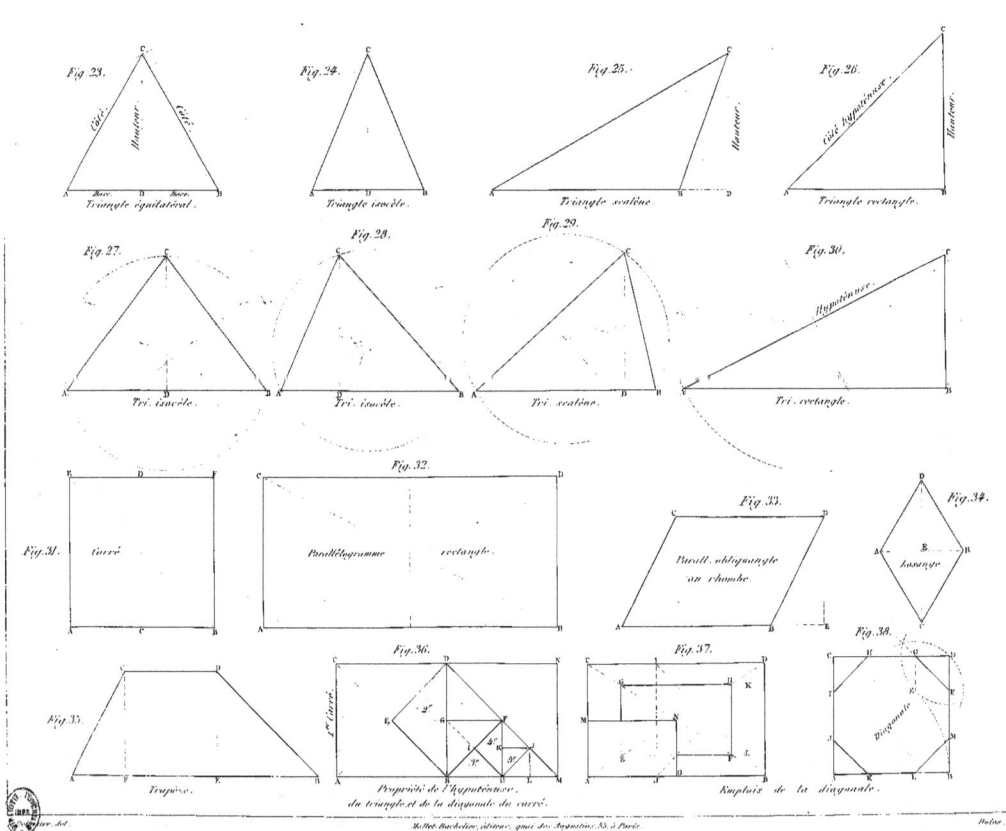

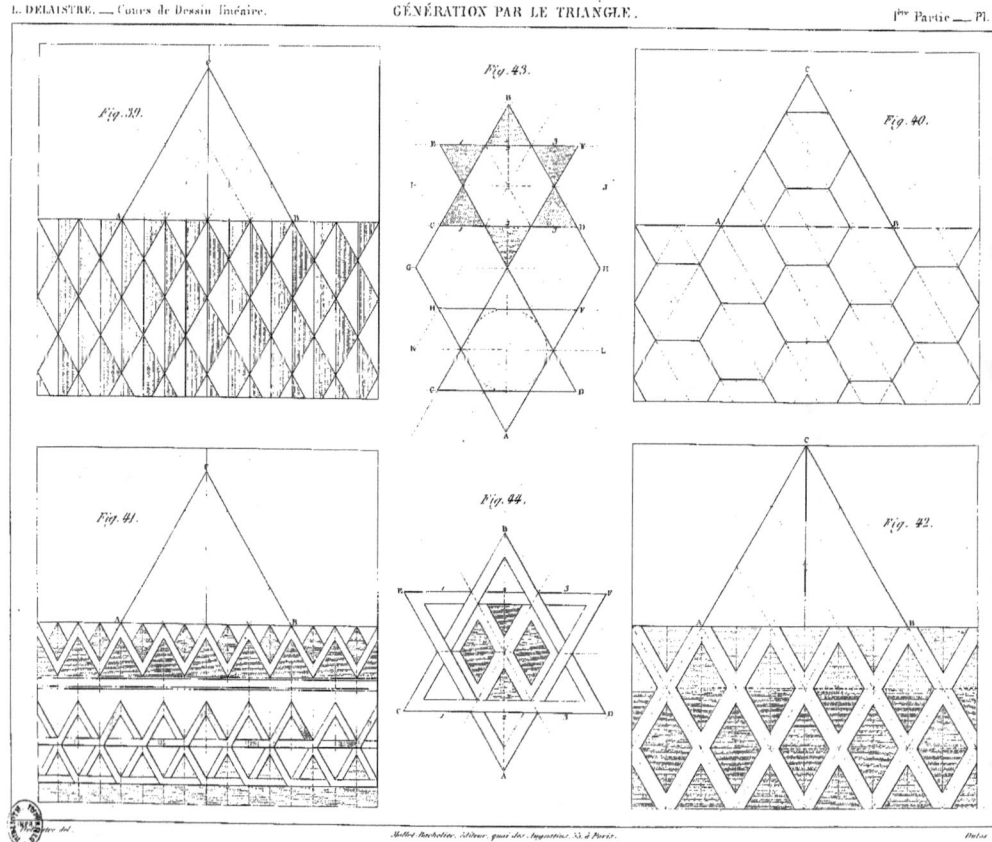

Fig. 39.

Fig. 43.

Fig. 40.

Fig. 41.

Fig. 44.

Fig. 42.

Mullot Bachelier, éditeur, quai des Augustins, 55, à Paris.

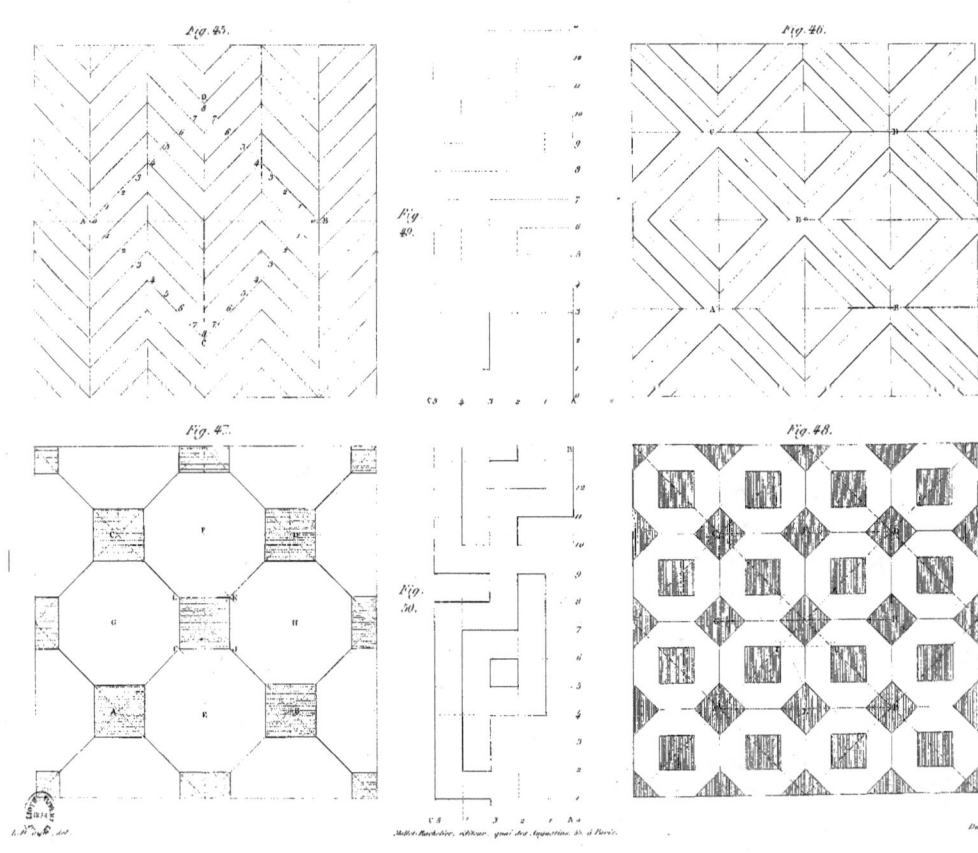

Fig. 45.

Fig. 46.

Fig. 49.

Fig. 47.

Fig. 50.

Fig. 48.

Mallet-Bachelier, editeur, quai des Augustins, 55, à Paris.

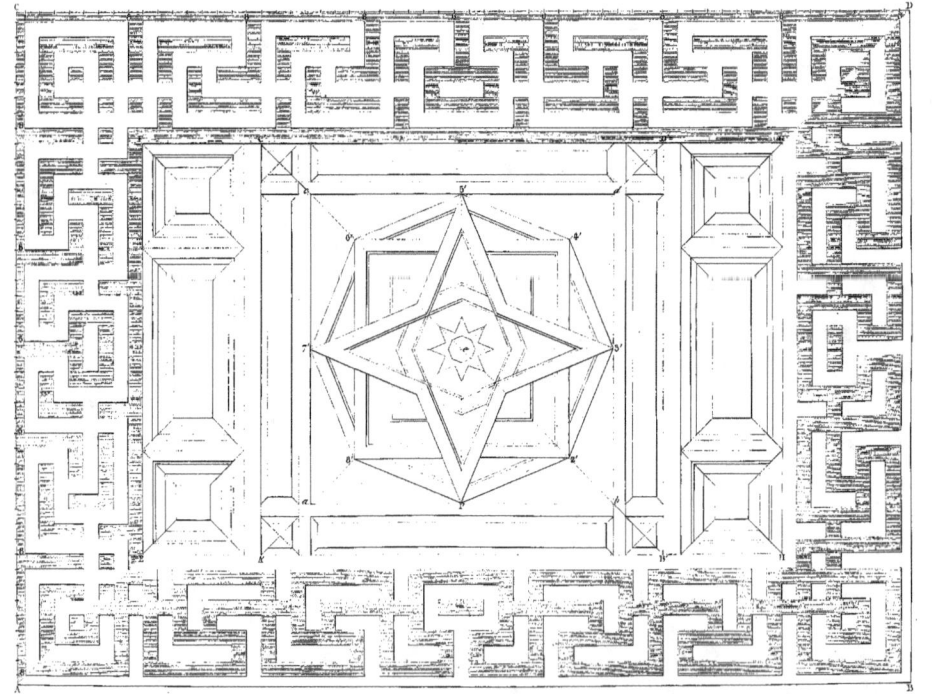

Fig. 51.   Cette grecque se produit à l'aide de 60 parallèles pour la largeur et 44 pour la hauteur.

Mosaïque, Parquet, ou Marqueterie.

Mallet-Bachelier, éditeur, quai des Augustins, 55, à Paris.

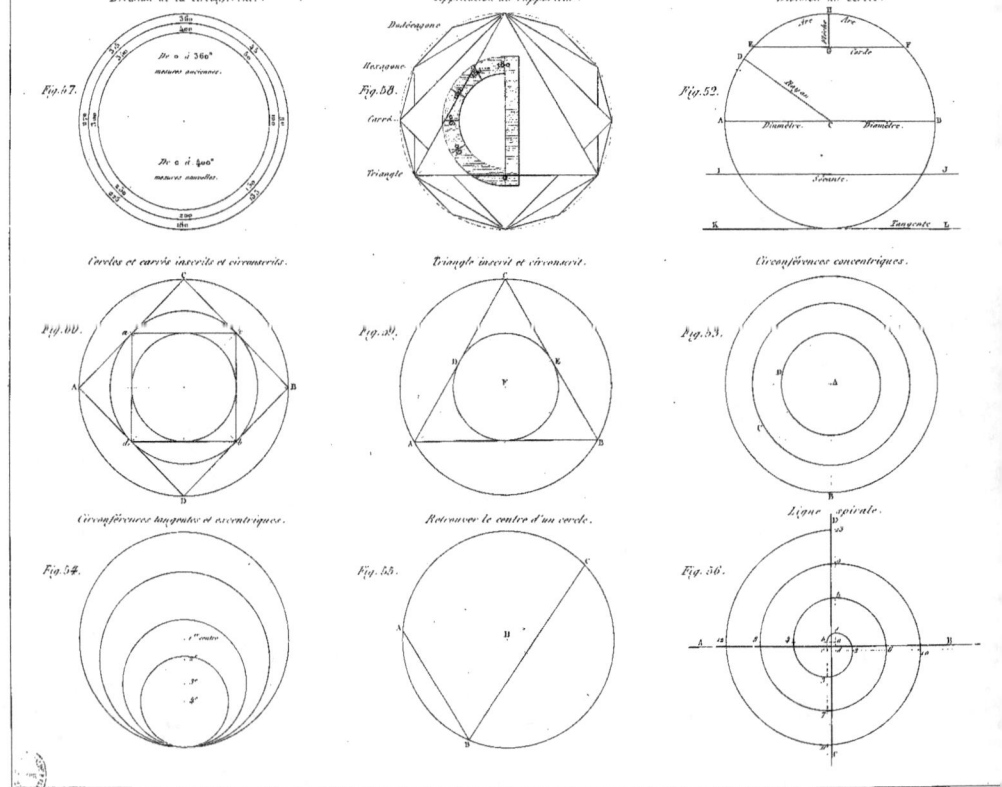

Division de la circonférence.   Application du rapporteur.   Division du cercle.

Cercles et carrés inscrits et circonscrits.   Triangle inscrit et circonscrit.   Circonférences concentriques.

Circonférences tangentes et excentriques.   Retrouver le centre d'un cercle.   Ligne spirale.

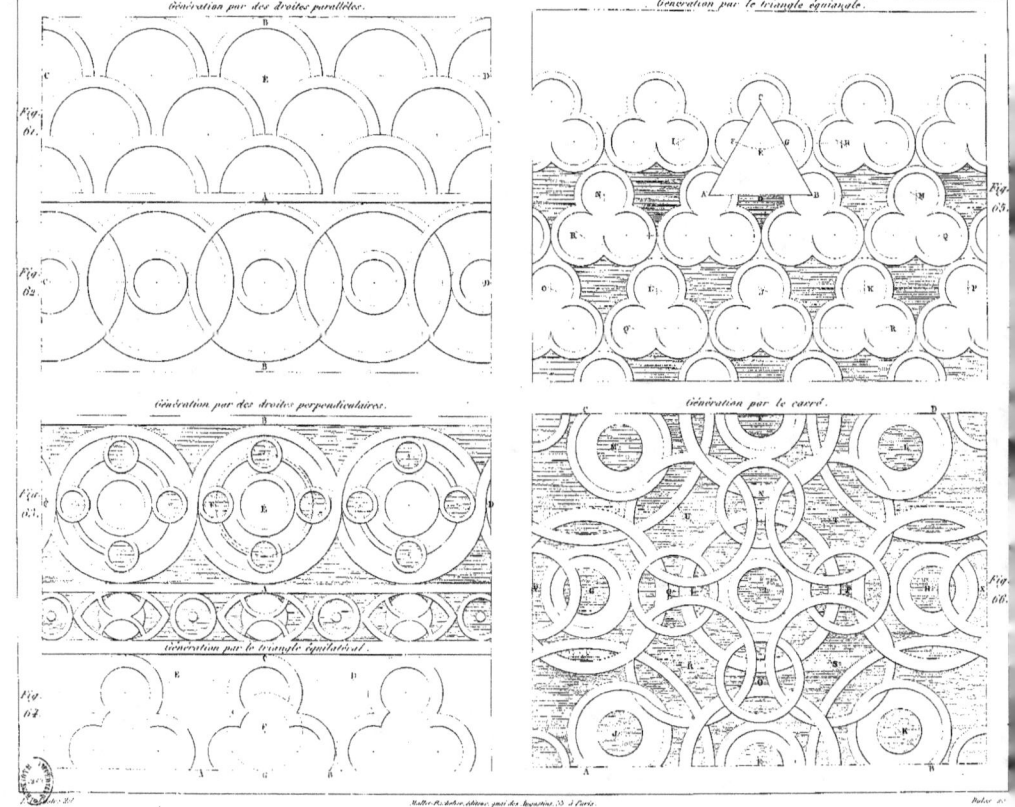

Génération par des droites parallèles.

Génération par le triangle équiaxe.

Génération par des droites perpendiculaires.

Génération par le carré.

Génération par le triangle équilatéral.

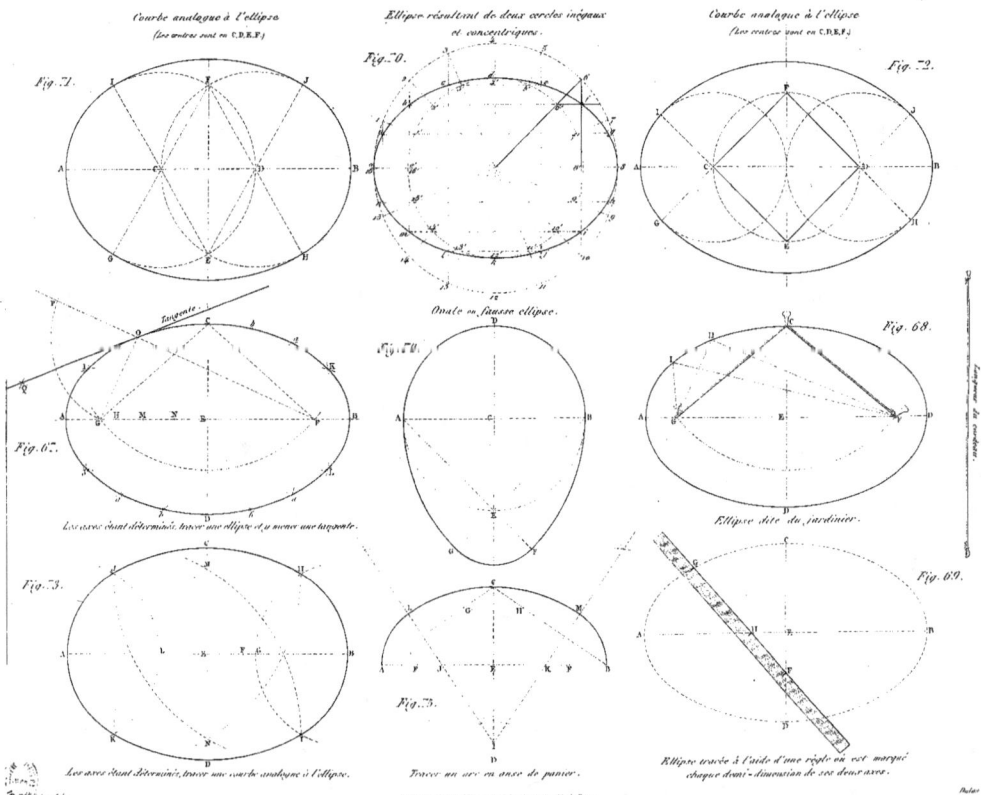

Courbe analogue à l'ellipse.
(les centres sont en C,D,E,F.)

Fig. 71.

Ellipse résultant de deux cercles inégaux
et concentriques.

Fig. 70.

Courbe analogue à l'ellipse.
(les centres sont en C,D,E,F.)

Fig. 72.

Tangente.

Fig. 67.

Ovale ou fausse ellipse.

Fig. 74.

Fig. 68.

Les axes étant déterminés, tracer une ellipse et y mener une tangente.

Ellipse dite du jardinier.

Fig. 73.

Fig. 75.

Fig. 69.

Les axes étant déterminés, tracer une courbe analogue à l'ellipse.

Tracer un arc en anse de panier.

Ellipse tracée à l'aide d'une règle où est marqué
chaque demi-dimension de ses deux axes.

Mathée Bachelier, éditeur, quai des Augustins, 55, à Paris.

Pelce IV.

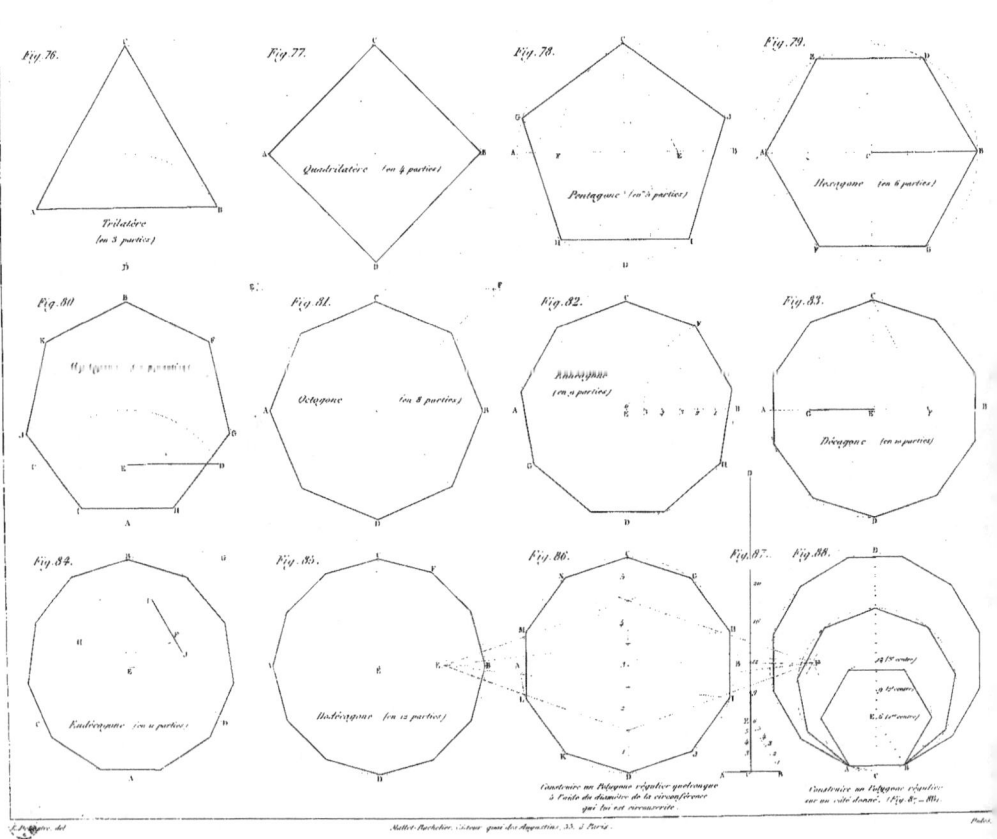

Fig. 76.

Trilatère
(en 3 parties)

Fig. 77.

Quadrilatère (en 4 parties)

Fig. 78.

Pentagone (en 5 parties)

Fig. 79.

Hexagone (en 6 parties)

Fig. 80.

Heptagone (en 7 parties)

Fig. 81.

Octogone (en 8 parties)

Fig. 82.

Ennéagone (en 9 parties)

Fig. 83.

Décagone (en 10 parties)

Fig. 84.

Endécagone (en 11 parties)

Fig. 85.

Dodécagone (en 12 parties)

Fig. 86.

Construire un Polygone régulier quelconque
à l'aide du diamètre de la circonférence
qui lui est circonscrite.

Fig. 87. Fig. 88.

Construire un Octogone régulier
sur un côté donné. (Fig. 87 = 88.)

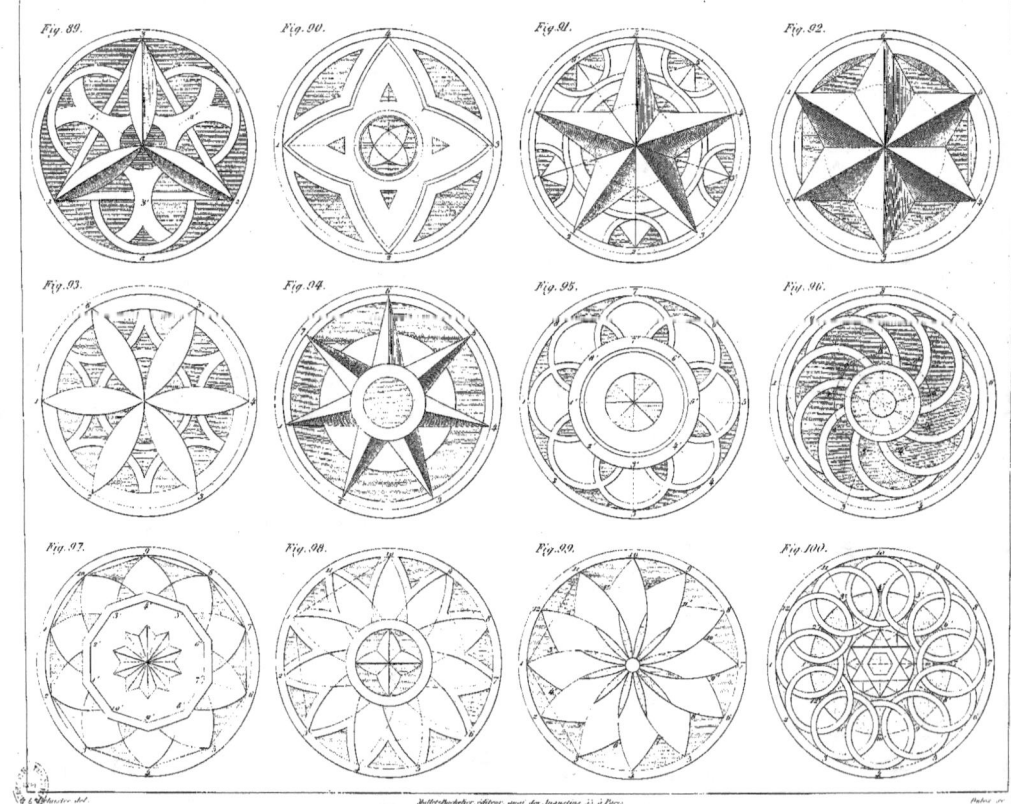

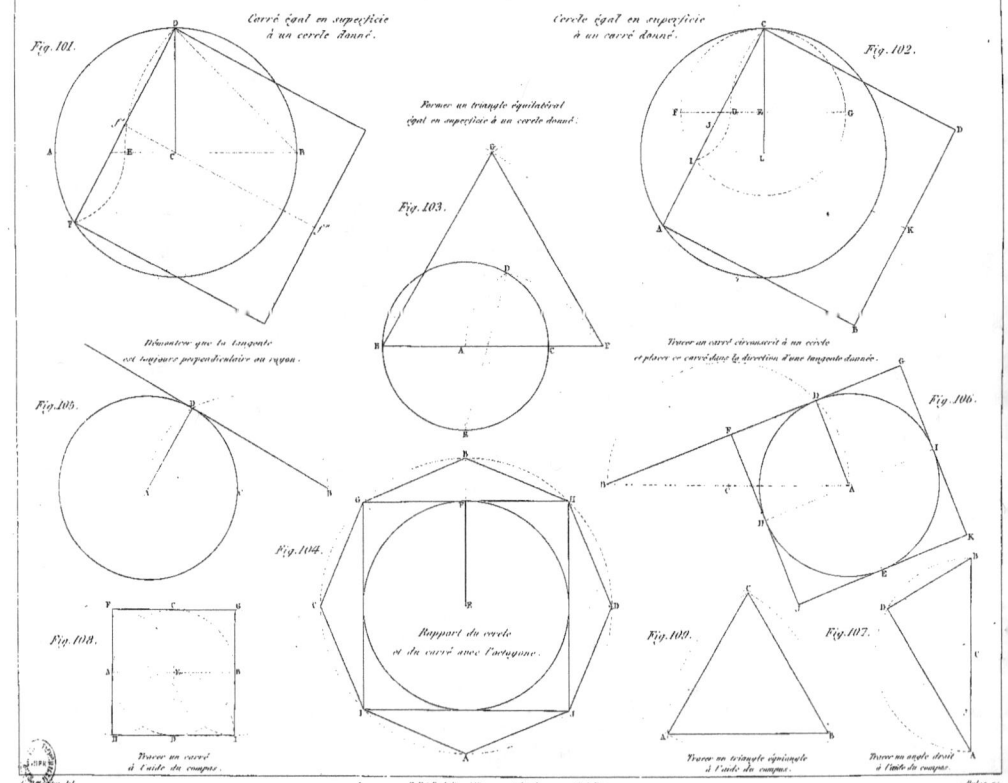

Figures démonstratives et d'application.

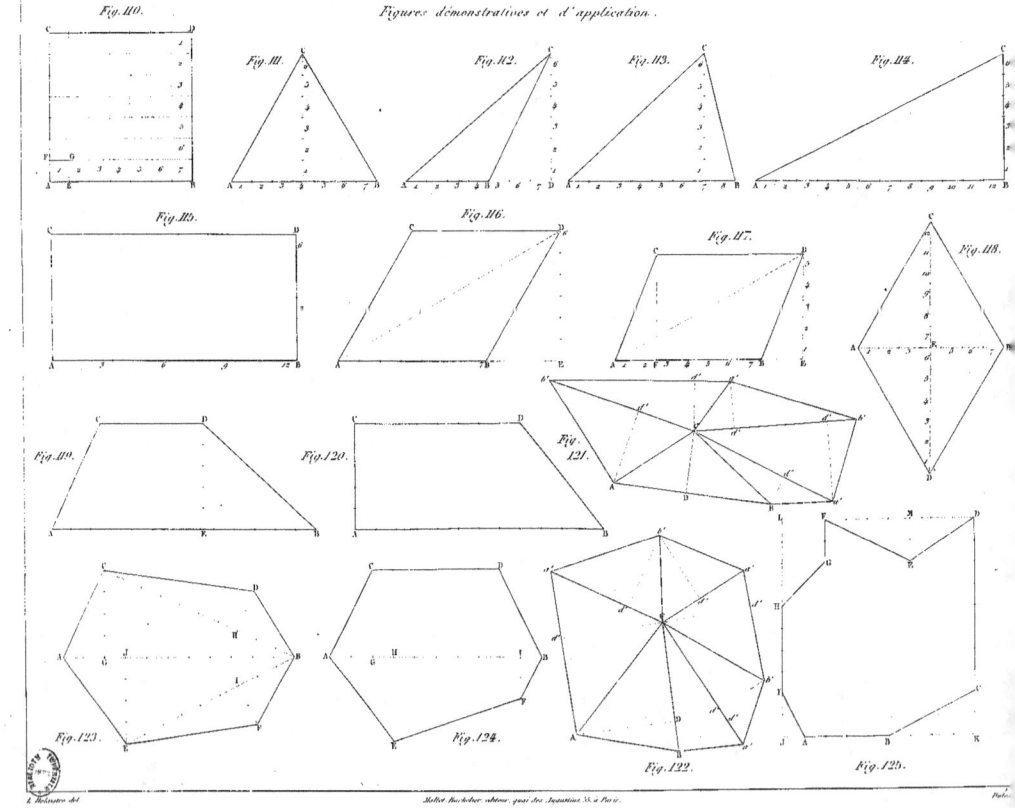

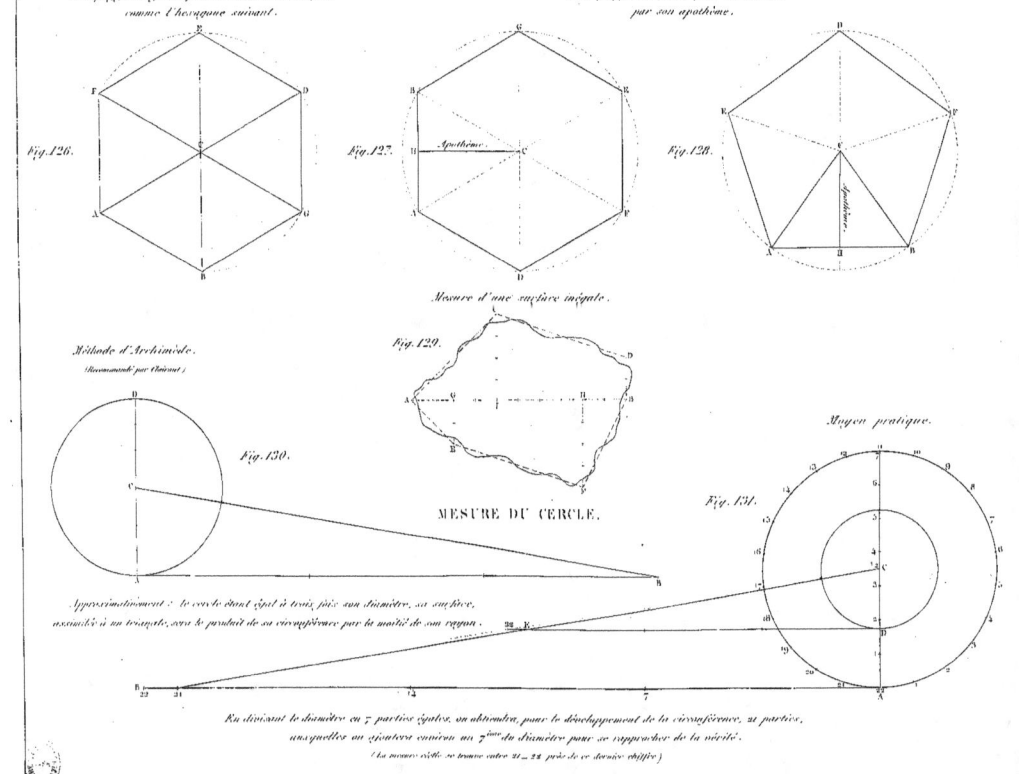

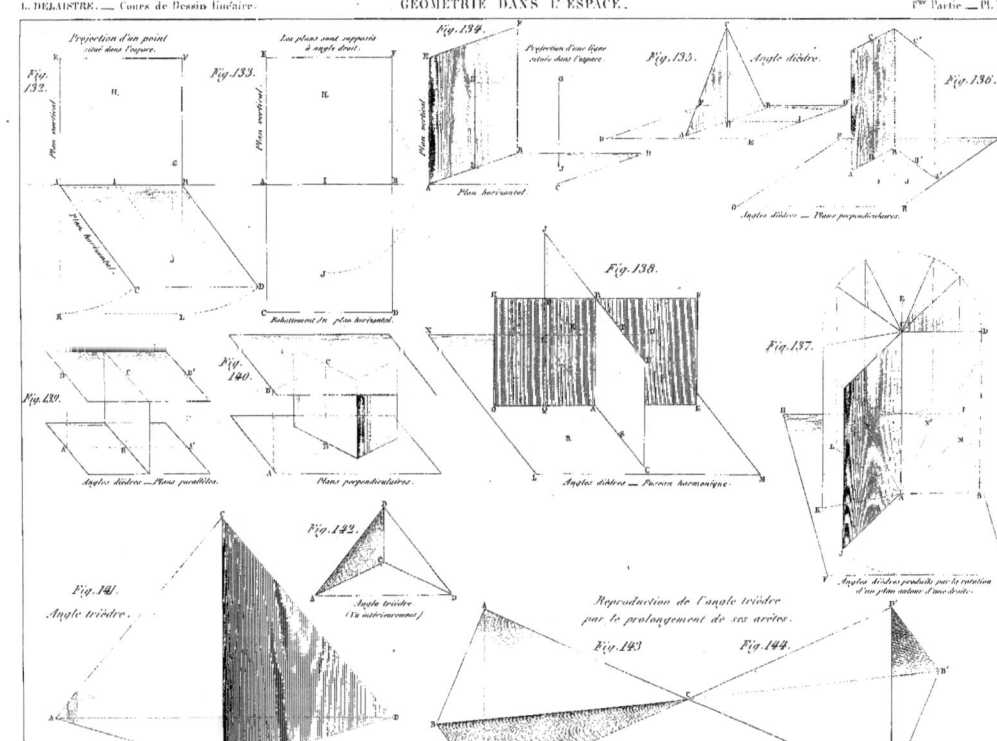

L. Déplanche, del. Mallet-Bachelier, éditeur, quai des Augustins, 55, à Paris. Dulos, sc.

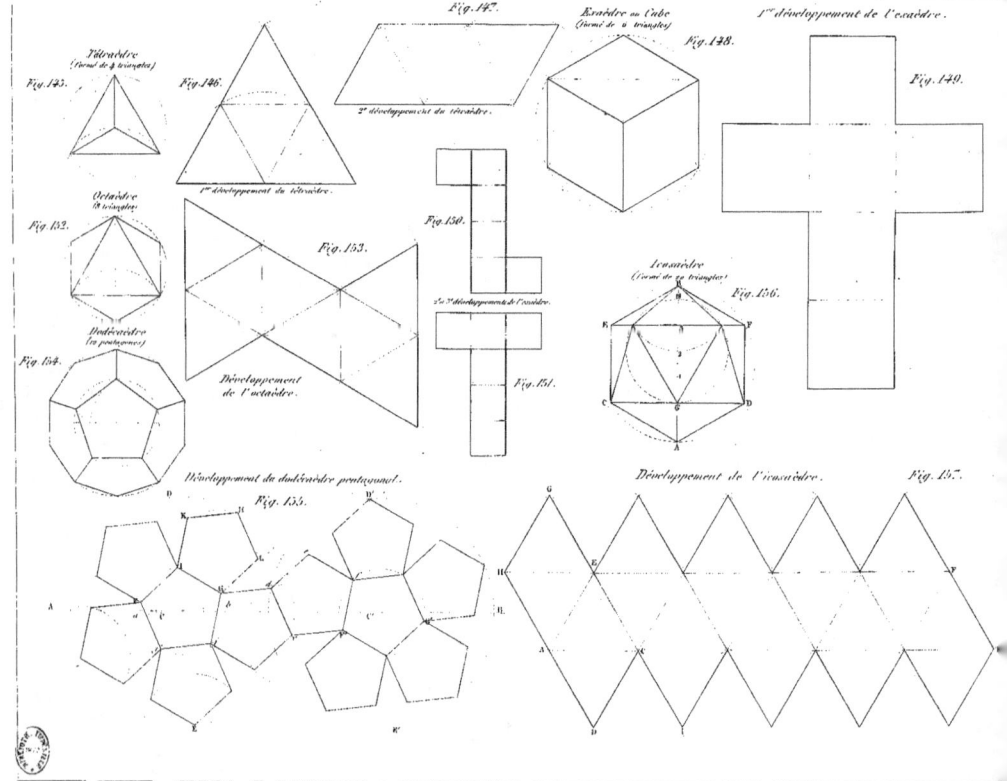

Fig.147.

Tétraèdre
(formé de 4 triangles)

Fig.145.

Fig.146.

2ᵉ développement du tétraèdre.

1ᵉʳ développement du tétraèdre.

Esaèdre ou Cube
(formé de 6 triangles)

Fig.148.

1ᵉʳ développement de l'esaèdre.

Fig.149.

Octaèdre
(8 triangles)

Fig.152.

Fig.153.

Fig.150.

2ᵉ et 3ᵉ développements de l'esaèdre.

Fig.151.

Icosaèdre
(formé de 20 triangles)

Fig.156.

Dodécaèdre
(12 pentagones)

Fig.154.

Développement
de l'octaèdre.

Développement du dodécaèdre pentagonal.

Fig.155.

Développement de l'icosaèdre.

Fig.157.

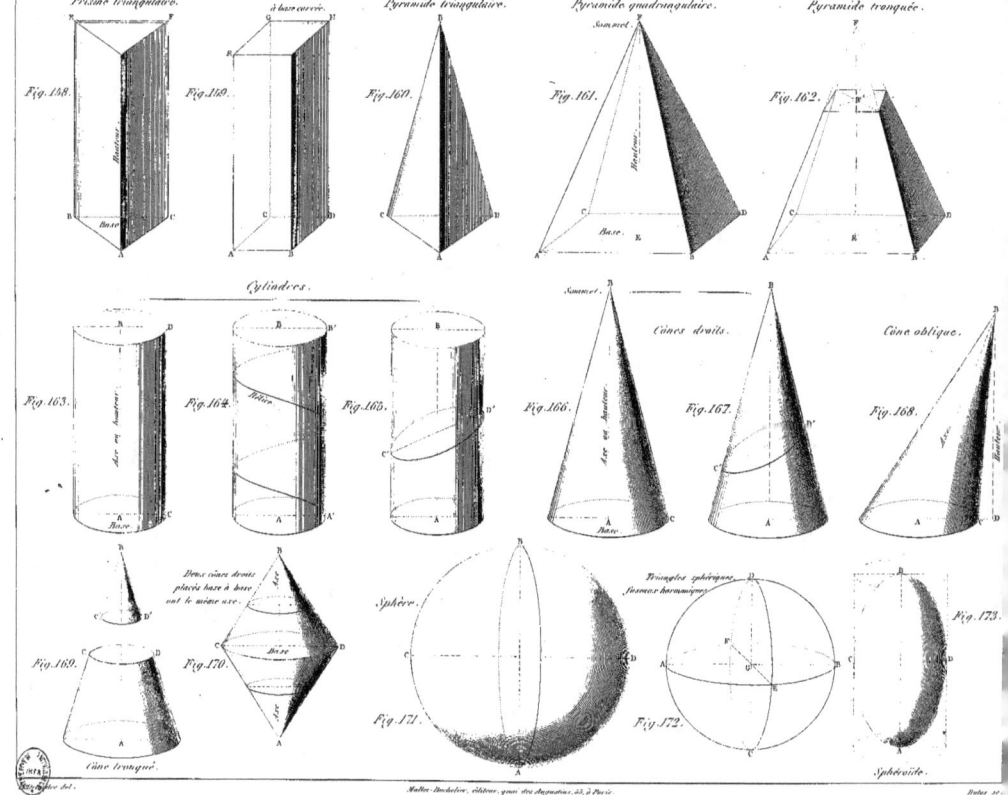

Prisme triangulaire.   Prisme droit à base carrée.   Pyramide triangulaire.   Pyramide quadrangulaire.   Pyramide tronquée.

Fig. 158.   Fig. 159.   Fig. 160.   Fig. 161.   Fig. 162.

Cylindres.

Fig. 163.   Fig. 164.   Fig. 165.   Cônes droits.   Cône oblique.

Fig. 166.   Fig. 167.   Fig. 168.

Fig. 169.   Fig. 170.   Sphère.   Triangles sphériques.   Fig. 173.

Cône tronqué.   Fig. 171.   Fig. 172.   Sphéroïde.

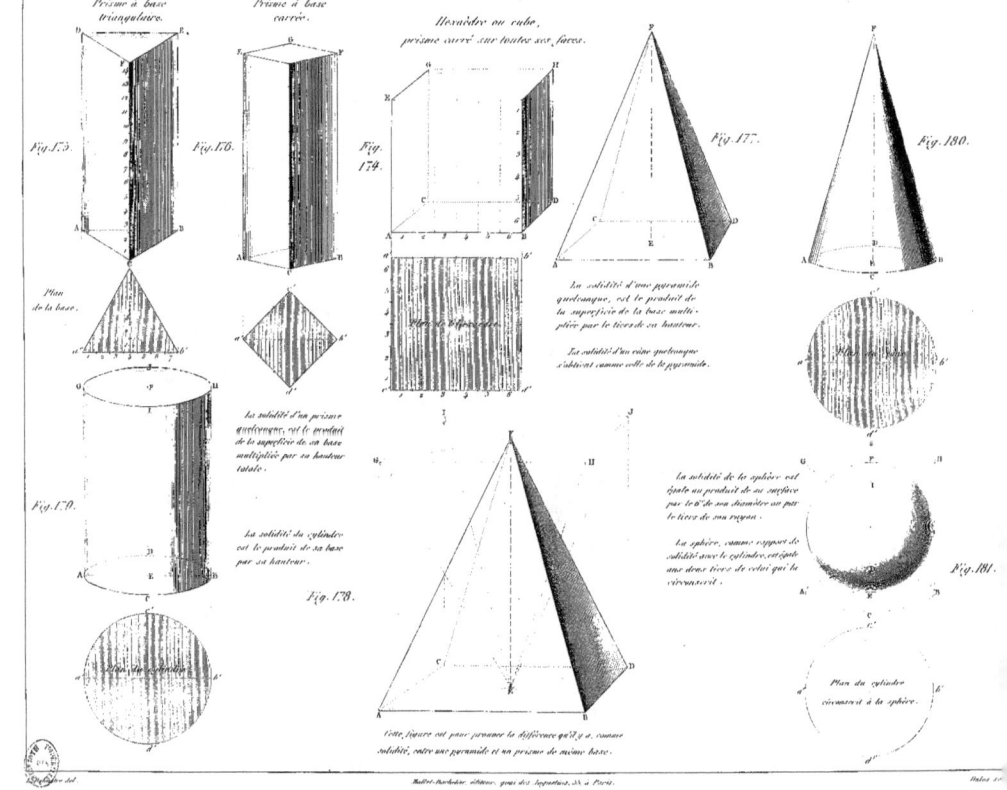

Prisme à base triangulaire.

Prisme à base carrée.

Hexaèdre ou cube, prisme carré sur toutes ses faces.

Fig.175.　Fig.176.　Fig. 174.　Fig.177.　Fig.180.

Plan de la base.

Fig.179.

La solidité d'un prisme quelconque, est le produit de la superficie de sa base multiplié par sa hauteur totale.

La solidité du cylindre est le produit de sa base par sa hauteur.

Fig.178.

La solidité d'une pyramide quelconque, est le produit de la superficie de la base multiplié par le tiers de sa hauteur.

La solidité d'un cône quelconque s'obtient comme celle de la pyramide.

La solidité de la sphère est égale au produit de sa surface par le ⅔ de son diamètre ou par le tiers de son rayon.

La sphère, comme rapport de solidité avec le cylindre, est égale aux deux tiers de celui qui la circonscrit.

Fig.181.

Plan du cylindre circonscrit à la sphère.

Cette figure est pour prouver la différence qu'il y a, comme solidité, entre une pyramide et un prisme de même base.

L. Delaistre del.　　　Mallet-Bachelier, éditeur, quai des Augustins, 55, à Paris.　　　Dulos sc.

Nᵒ 180

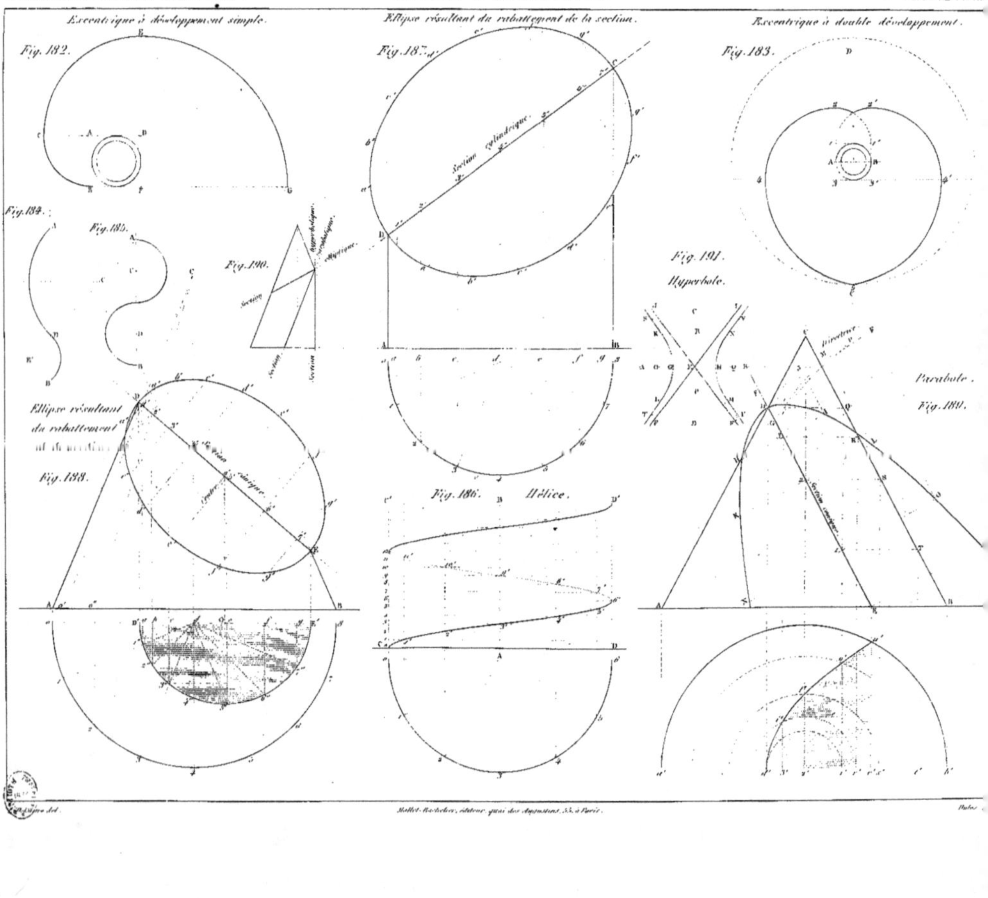

Excentrique à développement simple.

Fig. 182.

Fig. 184.

Fig. 185.

Fig. 190.

Ellipse résultant du rabattement al. de la section.

Fig. 188.

Ellipse résultant du rabattement de la section.

Fig. 187.

Fig. 186.   Hélice.

Excentrique à double développement.

Fig. 183.

Fig. 191.

Hyperbole.

Parabole.

Fig. 189.

Mallet-Bachelier, éditeur, quai des Augustins, 55, à Paris.

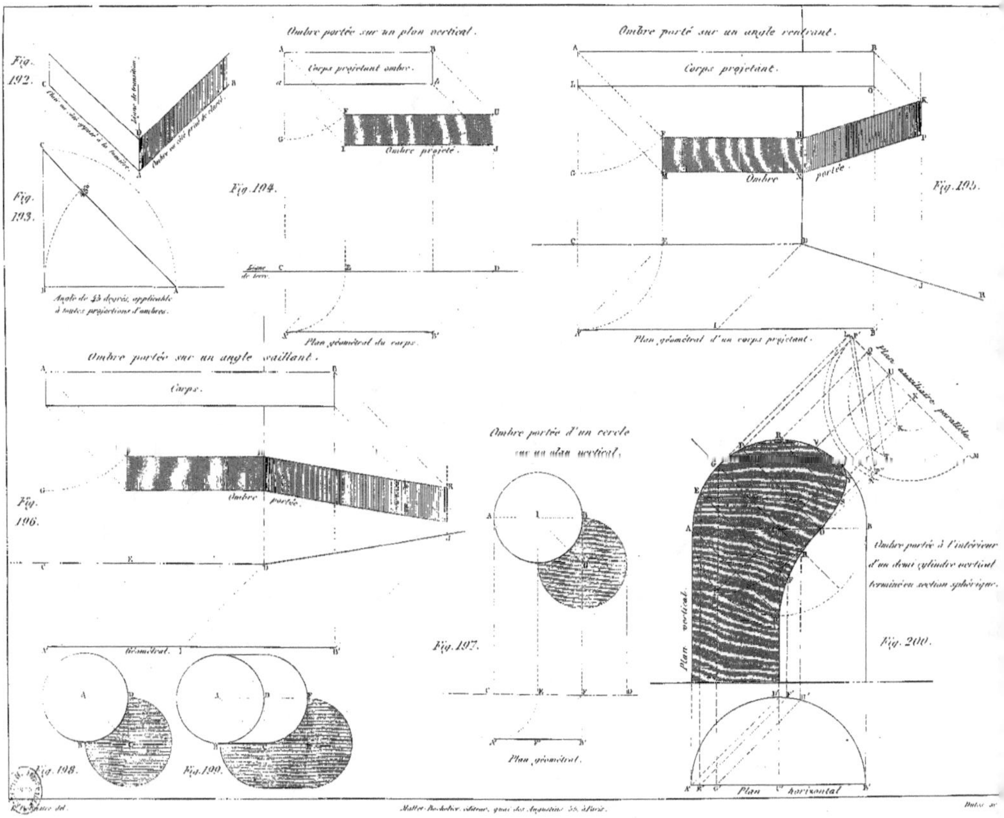

Fig. 192.

Fig. 193.

Ombre portée sur un plan vertical.

Fig. 194.

Ombre porté sur un angle rentrant.

Fig. 195.

Ombre portée sur un angle saillant.

Fig. 196.

Ombre portée d'un cercle sur un plan vertical.

Fig. 197.

Fig. 198.

Fig. 199.

Ombre portée à l'intérieur d'un demi cylindre vertical terminé en section sphérique.

Fig. 200.

DEUXIÈME PARTIE.

ARPENTAGE, LEVÉE DES PLANS, NIVELLEMENT, TRACÉ DES CARTES.

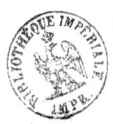

SECTION I.

ARPENTAGE. LEVÉE DES PLANS. NIVELLEMENT.

122. L'Arpentage, la Levée des Plans et le Nivellement sont trois opérations distinctes qui concourent à un même but : la connaissance des terrains et leur appropriation à un usage particulier.

L'Arpentage a pour objet la mesure de la superficie des terrains.

La Levée des Plans sert à reproduire sur le papier leur configuration réduite à des proportions très-petites.

Le Nivellement consiste dans la mesure des inégalités du sol, afin d'en opérer l'aplanissement.

Ces trois opérations constituent la *géodésie*, ou art de mesurer, de diviser la terre.

ARPENTAGE.

123. L'Arpentage est l'application en grand, et sur le terrain même, de la mesure des surfaces. La difficulté que présente cette opération tient à deux causes, savoir : l'étendue souvent considérable de l'espace à mesurer, et la précision que réclame l'emploi de certains instruments, précision que l'on n'obtient que par une grande expérience et par une attention scrupuleuse à toutes les parties de l'opération. On ne saurait, en effet, prendre trop de précautions pour assurer l'exactitude du résultat cherché : c'est surtout dans les travaux d'arpentage qu'une erreur, légère en principe, finit par acquérir des proportions considérables; car, l'opération la plus fréquente dans le calcul des surfaces étant la multiplication, l'erreur en plus ou en moins commise dans l'évaluation d'un des facteurs est répétée dans le produit autant de fois que l'autre facteur contient d'unités.

Instruments d'arpentage. (Planche I.)

124. La première et la plus simple des opérations, c'est la détermination d'une ligne droite. On figure cette ligne au moyen du *cordeau*, qui consiste en une corde tendue entre deux petits *piquets*, plantés dans le sol.

Pour décrire une circonférence, on fixe un piquet au point pris pour centre; on attache par une boucle une extrémité du cordeau autour de ce piquet; puis avec l'autre extrémité, que l'on a soin de maintenir constamment tendue, on décrit une courbe. Si toutes les conditions de l'opération ont été remplies, le point d'arrivée se confondra avec le point de départ, et la figure obtenue sera une circonférence.

Le cordeau est donc à la fois la règle et le compas de l'arpentage.

125. La *chaîne* (*fig.* 1) sert à mesurer les distances. Elle a 10 mètres de longueur, et se compose de 50 chaînons rectilignes en fer, ayant chacun 2 décimètres de longueur. De mètre en mètre, les chaînons sont réunis par un anneau en cuivre, assez large pour recevoir les fiches.

Les *fiches* (*fig.* 2) sont des tringles de fer ayant environ 50 centimètres de hauteur. Le service de la chaîne en exige ordinairement dix; si la ligne à mesurer a plus de 100 mètres de longueur, on plante un jalon à la place de la dixième fiche et l'on recommence la série.

Les *jalons* (*fig.* 3) sont des piquets droits, ferrés en pointe par le bas, et ayant à l'autre extrémité une plaque peinte de couleurs éclatantes. On emploie quelquefois un simple bâton, fendu par le haut pour recevoir un morceau de papier blanc.

Pour mesurer avec la chaîne une ligne droite, deux personnes la tendent dans la direction de cette droite, de manière que l'une de ses extrémités coïncide avec le pied du premier jalon, et l'on plante une fiche à l'extrémité opposée. On transporte ensuite la chaîne jusqu'à ce que l'extrémité du point de départ vienne correspondre à la première fiche, et la personne qui tient l'autre extrémité étant bien orientée dans la direction de la droite, marque par une seconde fiche le point d'arrivée. On conduit ainsi la chaîne le long de la droite à mesurer, en ayant soin d'enlever la fiche plantée après chaque longueur de chaîne. La mesure terminée, le nombre des fiches enlevées indique autant de décamètres. Si la chaîne n'est pas contenue un nombre exact de fois dans la ligne à mesurer, les divisions de l'instrument donneront facilement la longueur du reste.

126. L'*équerre d'arpenteur* est un instrument que l'on emploie pour mener des perpendiculaires. Sa forme la meilleure et la plus ordinaire est celle d'un prisme

3.

droit à huit pans égaux (*fig.* 4) partagés en deux moitiés par une fente très-étroite nommée *pinnule*; celle-ci prend le nom de *fenêtre* dans la partie la plus large de son ouverture, divisée ordinairement par un crin en deux parties égales. Un pied ferré par un bout supporte l'équerre.

Les applications les plus usuelles de cet instrument sont les suivantes.

127. *Élever une perpendiculaire en un point déterminé sur une ligne droite.* — Pour élever au point D de la droite AB (*fig.* 5) une perpendiculaire, on place l'équerre au point D, de manière que le rayon visuel dirigé par deux pinnules opposées passe par les deux jalons A et B. Cette position de l'instrument étant bien établie, on fait planter un jalon dans l'alignement du rayon passant par les pinnules correspondantes, de D en C.

On pourrait de la même manière élever d'autres perpendiculaires sur différents points pris sur la droite AB, et ces perpendiculaires seraient parallèles entre elles.

128. *D'un point situé hors d'une ligne droite abaisser une perpendiculaire sur cette droite.* — Cette opération n'est pas aussi facile que la précédente, et une personne peu exercée ne parvient à l'exécuter qu'après bien des tâtonnements. Cette difficulté tient à deux causes : premièrement l'arpenteur n'est pas sûr de planter de prime abord son équerre sur la ligne droite; en second lieu, il est rare que, la première condition obtenue, le rayon visuel passe par le point donné. Il faut donc, par des déplacements successifs à droite ou à gauche, amener l'équerre dans le plan perpendiculaire cherché.

Pour mener du point C (*fig.* 5) une perpendiculaire sur AB, on cherchera sur la droite AB un point tel, qu'on aperçoive les jalons A et B par les pinnules opposées, et le jalon C par les pinnules de la direction perpendiculaire à AB; le point D, qui répond à cette condition, sera le pied de la ligne demandée.

129. L'emploi de l'équerre est d'un grand secours dans la mesure de la surface des terrains.

Soit à mesurer une surface qui ait la forme d'un triangle équilatéral ABC (*fig.* 5). On commencera par planter un jalon à chacun des angles A, B et C. On a vu que *tout triangle a pour mesure le produit de sa base multipliée par la moitié de sa hauteur* (1ᵉ partie, n°. 78). Abaissant donc du point C une perpendiculaire sur AB, on obtiendra la hauteur CD. On mesurera ensuite, au moyen de la chaîne, la base AB et la hauteur CD, et le produit du nombre de mètres de la première par la moitié du nombre de mètres contenu dans la seconde sera la mesure de la superficie du triangle.

Pour le carré ABCD (*fig.* 6), il suffira de mesurer un seul côté et de le multiplier par lui-même, puisque dans un carré la hauteur est égale à la base.

130. Soit à mesurer le polygone ABDC (*fig.* 7). Cette opération, difficile en apparence, se simplifie par le procédé suivant. Plaçant l'équerre au point C dans la direction de la ligne CB, on mènera la droite CB qui divisera le polygone total en deux triangles et que nous supposons, pour plus de simplicité, perpendiculaire sur CA. La question est ainsi ramenée à la mesure des deux triangles ABC et BCD. Nous avons déjà la hauteur CA du triangle ABC. Pour avoir celle du

triangle BCD, du sommet D on abaisse sur la base CB la ligne de hauteur DE (n° 7). On aura donc à mesurer la ligne CB, base commune aux deux triangles, et les hauteurs CA et ED : le produit de BC par la moitié de CA et de ED donnera la mesure du polygone.

Nous nous bornerons à donner ces notions élémentaires qui suffisent aux applications les plus ordinaires, et nous engageons les maîtres à faire exécuter sur le terrain même ces opérations par leurs élèves. Cet exercice est éminemment propre à graver dans leur mémoire les principes de géométrie dont ils font matériellement l'application.

LEVÉE DES PLANS.

131. *Lever un plan,* c'est représenter en petit sur le papier la configuration d'un terrain avec toutes ses dimensions relatives. Dans cette opération on ne tient pas compte des inégalités du terrain : on considère toute la surface comme parfaitement plane. L'unique but que l'on se propose, c'est d'obtenir une figure *semblable* à celle dont on lève le plan, c'est-à-dire qui ait *les angles égaux et les côtés homologues proportionnels.*

Levée des Plans à la planchette. (Planches I et II.)

132. La *planchette* (*fig.* 8) est une petite table en bois supportée par un trépied. Cet instrument est très-utile pour lever tous les objets de détail avec promptitude et précision.

Les accessoires de la planchette sont le *niveau*, l'*alidade* et souvent la *boussole.*

Il y a plusieurs sortes de niveaux : le *niveau de maçon* (*fig.* 9), l'*équerre à niveau* (*fig.* 10), et le *niveau à bulle d'air* (*fig.* 11). Le niveau sert à établir la planchette dans une position parfaitement horizontale.

La *boussole* (*Pl. I, fig.* 12) se compose d'une aiguille aimantée NS, posée en équilibre sur un pivot, et ayant la propriété de se diriger constamment vers le même point de l'horizon. C'est cette propriété qui est le point de départ de l'orientation de tout instrument.

L'*alidade* (*fig.* 13) consiste en une règle en cuivre ayant une pinnule à chacune de ses extrémités. Ces pinnules permettent de prendre un alignement avec autant de précision qu'avec l'équerre.

Les exemples suivants donneront une idée de l'usage de ces instruments.

133. *Soit à lever le plan de l'angle* CAB (*fig.* 8), c'est-à-dire à tracer sur un papier adhérent à la planchette un angle d'une ouverture égale à l'angle donné.

Après avoir placé, au moyen d'un fil à plomb, la planchette dans une position parfaitement horizontale, on dirigera dans l'alignement de AB une règle *dd'*, ou mieux une alidade, à l'aide de laquelle on tracera la ligne *ab'*; tournant ensuite la règle dans la direction de AC, on tracera la ligne *ac'*. L'angle *b'ac'* ainsi obtenu sera égal à l'angle BAC.

Pour déterminer la longueur des lignes, on mesurera à la chaîne les distances

AB et AC, et l'on donnera aux lignes de la planchette une longueur proportionnelle, en rapport avec le degré de réduction pris pour base, soit un centimètre ou un millimètre pour un mètre, soit un centimètre pour 10 mètres, suivant l'étendue du terrain dont on prendra le plan.

134. *Lever le plan du polygone* BCDEFGHIJ, *en établissant la planchette au point* A (*fig.* 14).

La planchette étant placée dans une position bien horizontale, au moyen du niveau à bulle d'air, on plante une forte aiguille au point A, sur le papier ; on fait tourner l'alidade autour de cette aiguille en la dirigeant successivement vers chacun des jalons B, C, D, etc., et l'on trace dans chaque alignement un trait indéterminé A*b*, A*c*, A*d*, etc.; on mesure ensuite sur le terrain les distances AB, AC, AD, etc., et l'on détermine sur le plan, d'après l'échelle de proportion voulue, les longueurs qui doivent donner les points *b*, *c*, *d*, *e*, *f*, *g*, *h*, *i*, *j*. Pour avoir les côtés du polygone, il ne reste plus qu'à mener les droites *bc*, *cd*, etc.

135. *Transporter sur le terrain, à l'aide de la planchette, un plan tracé sur le papier* (*fig.* 15).

Cette opération est l'inverse de la précédente et s'en déduit naturellement. On placera l'alidade successivement sur les lignes AB, AC, AD, etc., et l'on fera planter des jalons sur un point quelconque des lignes du plan prolongées, point suffisamment éloigné et que l'expérience indiquera approximativement. On prendra ensuite sur chaque ligne une longueur proportionnelle à l'échelle de réduction, et les extrémités de ces longueurs, réunies entre elles par des droites, donneront le périmètre du plan A*bcdefghij*.

Levée des Plans au graphomètre.

136. Le graphomètre (*fig.* 16) n'est autre chose qu'un *rapporteur* établi sur une grande échelle, et qui, comme ce dernier, sert à prendre ou à mesurer les angles. Cet instrument est en cuivre. Il se compose, 1° d'un demi-cercle, nommé *limbe*, divisé en 180 degrés sexagésimaux, divisés eux-mêmes en deux ou plusieurs parties égales ; 2° de deux règles ou alidades : l'une fixe, qui est le diamètre du demi-cercle ; l'autre mobile autour du centre de l'instrument, et ayant le plus souvent un vernier tracé sur ses deux extrémités ; 3° d'une boussole ; 4° d'un support ou *genou*.

137. Lorsque l'on veut obtenir une grande précision dans la mesure des angles, on fait usage d'un graphomètre à cercle entier et à lunettes, nommé *cercle répétiteur* (*fig.* 17). Ces lunettes remplissent les fonctions des alidades du graphomètre ordinaire, avec l'avantage de donner la mesure exacte de points situés à de très-grandes distances.

Le résultat obtenu à l'aide du graphomètre est tout différent de celui que donne la planchette. Au moyen de celle-ci, on obtient directement les lignes et les angles, tandis que le graphomètre fournit seulement les données nécessaires pour les tracer.

138. *Mesurer la distance d'un point quelconque* A *à un point inaccessible* B (*fig.* 18).

Le graphomètre étant placé au point A, on visera sur le point B. Ensuite, faisant tourner l'alidade mobile jusqu'à ce qu'elle ait pris, relativement à l'alidade fixe, une position perpendiculaire, on déterminera la ligne AC, sur laquelle ou plantera un jalon en un point quelconque C. Transportant alors l'instrument au point C et dirigeant ses alidades ou ses lunettes, l'une sur A, l'autre sur B, on déterminera la ligne CB, qui sera le troisième côté du triangle rectangle ABC.

Maintenant, sachant que *toute droite menée dans un triangle parallèlement à un des côtés partage les deux autres en parties proportionnelles entre elles et au côté entier*, on placera le graphomètre en un point D peu éloigné de A, puis, formant avec les alidades dirigées, l'une vers A, l'autre dans le sens de CB, un angle égal à l'angle C, on déterminera la ligne DE, parallèle à CB et divisant les côtés AB et AC en parties proportionnelles. On mesurera donc la longueur de la distance AC, et supposant cette mesure égale à 18 unités, dont 12 pour CD et 6 pour AC, le rapport de la distance AE à la distance AB sera celui de 6 à 18, ou du tiers. Si, par exemple, AE contient 8 unités, la distance AB sera de 24.

Cette opération s'appliquerait très-bien à la mesure de la largeur d'une rivière. On peut employer encore le moyen suivant, beaucoup plus simple et qui dispense des instruments ordinaires.

139. *Mesurer la largeur d'une rivière à l'aide de deux bâtons.*

Soit AB (*fig.* 19) la largeur de la rivière. On prendra deux bâtons : l'un, D'E', d'une longueur telle, qu'en le tenant à la main par son milieu, l'œil puisse en voir les deux extrémités ; l'autre, B'C', égal à la moitié du premier. On plantera bien verticalement le plus petit de ces deux bâtons au bord de la rivière, au point B par exemple. Puis, tenant le grand bâton dans une position verticale, on s'éloignera du point B jusqu'à ce que les extrémités des deux bâtons paraissent dans le même plan et sur une même ligne : la distance BD, comprise entre eux, sera égale à la distance BA, largeur de la rivière. La raison de ce résultat est que, dans le triangle ADE, la droite BC, parallèle à la base DE, partage les côtés AD et AE en parties proportionnelles entre elles et entre les lignes DE et CB. Or nous avons supposé que le petit bâton, ou la ligne BC, était la moitié du grand ou DE ; donc BD est la moitié de AD ; donc la distance BD est égale à BA, largeur de la rivière.

140. *Mesurer la longueur et la direction d'un pont ou d'un édifice quelconque sans en approcher.*

Soit AB (*fig.* 20) la ligne à mesurer. Le graphomètre étant placé au point C, on détermine une base CD sur laquelle on mesure avec soin une longueur quelconque CE, ainsi que l'angle ACE. Transportant ensuite l'instrument au point E, on prend la mesure de l'angle AEC. Ces opérations donnent la base CE et les deux angles ACE et AEC du triangle ACE. Au point E on mesure l'angle BCE et l'angle BEC.

Pour calculer la distance du point A au point B, on construit sur le papier deux triangles dont on connaît la base commune CE, que nous supposons avoir 9 mètres, et deux angles de chacun d'eux. On joint les deux sommets par une droite AB, dont la longueur sera proportionnelle à celle de CE ; cette longueur sera exprimée ici par 12, car l'unité contenue 9 fois dans CE le sera 12 fois dans AB, qui aura, par conséquent, 12 mètres de longueur. La différence des distances CA et DB indiquera la direction du pont.

141. *Mesure des hauteurs par le graphomètre.*

Soit à mesurer la hauteur d'un mât AB (*fig.* 21) dont le pied est accessible. On placera le graphomètre à une certaine distance du pied A du mât, dans une position parfaitement perpendiculaire au point C. L'instrument étant dans une position verticale, on dirigera son alidade fixe de D en E et l'on mesurera l'angle BDE à l'aide de l'alidade mobile. L'angle E étant droit, on obtiendra la valeur de l'angle B en retranchant la somme des angles E et B de deux angles droits. On mesurera ensuite à la chaîne la distance CA égale à DE. Avec ces données on construit sur le papier un triangle BED en donnant à DE une longueur réduite proportionnelle à la distance obtenue par la chaîne; mesurant ensuite avec la même échelle le côté BE, on obtiendra la hauteur de la partie EB du mât. Il ne restera plus qu'à y ajouter EA, égale à la hauteur du graphomètre, pour avoir la hauteur totale demandée.

NIVELLEMENT.

142. Le nivellement est une opération qui a pour objet de mesurer le rapport de la hauteur de deux ou de plusieurs points.

Instruments. (Planche II.)

Le niveau d'eau (*fig.* 22) consiste dans un tuyau cylindrique de cuivre ou de fer-blanc, dont les extrémités se recourbent verticalement et se terminent par deux tubes de verre transparent remplis d'eau aux deux tiers environ. Pour déterminer le point où aboutit la ligne horizontale qui passe par les deux surfaces de l'eau du niveau, on se sert d'une mire (*fig.* 23 et 24), consistant en une forte règle de bois dont le dos est divisé en centimètres, et qui porte une plaque rectangulaire ou carrée, partagée en deux zones horizontales ou en quatre carrés ou rectangles, différenciés par des couleurs tranchantes : ces plaques se nomment *voyants.* Les plaques zonées servent à mesurer les hauteurs; les plaques à plusieurs compartiments sont employées pour la détermination précise d'un point.

Nivellement simple.

Le nivellement *simple* est celui qui se fait par une seule station.

143. *Mesurer la différence d'élévation de deux points.*

Pour connaître la différence qui existe entre le point A et le point B (*fig.* 25), on placera une mire à chacun de ces points, et le niveau d'eau vers le milieu au point C. On visera sur les deux plaques afin de les amener sur une ligne horizontale DE. On supposera une ligne AC' parallèle à DE, coupant le jalon BE au point C'. DE étant de niveau et AC' lui étant parallèle, la différence d'élévation des deux points du terrain sera mesurée par BC'.

144. *Mesurer la hauteur d'un talus (fig. 26).*

On placera les mires au pied du talus, l'une au point A, l'autre au point B, et le niveau en C. La ligne C'C' étant parallèle à la ligne de niveau, les distances AC' et BC' marquées sur les jalons mesureront la hauteur du talus.

145. *Niveler un terrain et disposer un remblai.*

On placera un jalon au point A (*fig.* 27), un autre jalon au point B, et le niveau au point C, distance intermédiaire. On alignera les deux voyants et l'on supposera une parallèle C'C'' passant par l'extrémité C du pied du niveau. La distance à remblayer sera de B à C'; celle à déblayer, de A à C''; ces deux distances seront égales.

Nivellement composé. (Planche III.)

Le nivellement *composé* est celui que l'on pratique par une série de nivellements simples, entre des points séparés par des inégalités considérables.

146. *Mesurer la hauteur d'un coteau plus élevé que les jalons.*

Soit ABC (*fig.* 28) le coteau à mesurer. On commencera par placer le niveau au point C pour déterminer la position du voyant du jalon D et du voyant supérieur I du jalon E. Transportant ensuite le niveau au point F, on fera correspondre le voyant inférieur H du jalon E et le voyant supérieur G du jalon B. On mesurera alors la hauteur BG sur le premier jalon, et la distance HI du deuxième, et déduisant de cette somme la distance IJ, égale à la hauteur du niveau C, on obtiendra une hauteur égale à CK, hauteur réelle du coteau.

147. *Nivellement par développement et par cultellation.* — Lorsque le nivellement a pour objet un terrain en pente (*fig.* 29), l'opération peut s'exécuter de deux manières : 1° *par développement*, c'est-à-dire dans le sens de son inclinaison ; 2° *par cultellation*, c'est-à-dire dans le sens horizontal.

Pour l'une et l'autre opération on se sert de forts piquets, que l'on échelonne sur la pente du terrain à des distances égales. On place d'abord au point C une règle dont une extrémité vient aboutir au piquet DE. Pour déterminer le point de contact de la règle CD et du piquet vertical ED, on place sur la règle un *niveau* à perpendicule, et lorsque le fil à plomb suspendu exactement à la *ligne de foi*, c'est-à-dire occupe exactement le milieu de la traverse, on joint la règle horizontale au piquet. Portant ensuite la règle de E en F, on plante un second piquet en G, puis de G en H pour le piquet I; de I en J pour le piquet K, et enfin de K en L pour le piquet A. Maintenant on arrive au résultat par l'une ou l'autre des deux méthodes énoncées plus haut. Si l'on procède *par développement*, c'est-à-dire dans la direction de AC, on mesurera et l'on additionnera les distances CE, EG, GI, IK et KA. Procède-t-on *par cultellation*, c'est-à-dire dans le sens de la ligne horizontale AB, on additionnera les distances CD, EF, GH, IJ, KL, dont la somme est égale à AB, car on a les égalités AP = LK, PO = JI, ON = HG, NM = FE, MB = DC, et la somme des seconds termes AP + PO + ON + NM + MB est égale à AB.

Nous avons indiqué ces deux manières de mesurer un terrain incliné, parce que l'estimation du prix est basée sur l'étendue de la surface horizontale, qui est la surface réelle, les végétaux prenant toujours une direction verticale, et se trouvant sur un plan incliné en même quantité que sur un plan horizontal.

148. *Indiquer sur un plan les différentes hauteurs d'un terrain.*

Il y a deux manières d'indiquer les hauteurs d'un terrain.

1°. On peut se contenter de les indiquer par des chiffres sur le plan horizontal (*fig.* 30).

2°. On les marque en représentant le profil ou coupe verticale du terrain, c'est-à-dire telles qu'elles ont le plus souvent été mesurées. La proportion de l'inclinaison des plans A, D, F, H, J, B (*fig.* 31), est indiquée par la hauteur des jalons traversés par une ligne horizontale BC. Pour obtenir la mesure de chacune de ces hauteurs, il faut défalquer la longueur de chaque jalon du nombre 10, hauteur du jalon principal FG qui seul se montre dans son entier.

Sur le dessin, où le terrain est supposé en coupe, on peut aussi trouver directement les mesures proposées. Pour cela on trace une ligne LM et l'on mesure le nombre de mètres compris entre cette ligne et chacun des jalons. Ainsi pour le jalon A on trouve 4 mètres ; pour D, 1 mètre ; pour F, la hauteur est nulle, car c'est par ce point qu'on a mené la ligne LM ; pour H, 2 mètres ; pour J, 4 mètres ; et enfin pour B, 10 mètres, puisque c'est par ce point qu'a été menée la ligne horizontale BC, indiquant la hauteur du jalon principal FG.

149. *Élever des terres en talus ou rampe.*

Dans cette opération on emploie des châssis (*fig.* 32) disposés de manière à indiquer l'inclinaison et la forme de chacun des plans que l'on veut élever. A chacun des angles formés par ces châssis, on tend un cordeau pour déterminer l'alignement transversal. C'est aussi de cette manière que l'on fait les terrassements.

Échelles et Instruments de proportion. (Planche IV.)

150. S'il est des cas où l'on peut se contenter de la mesure plus ou moins exacte d'un objet, il est certain que la connaissance parfaite de toutes les données nécessaires ne saurait jamais être nuisible. Mais le plus souvent on a besoin de la mesure précise ou tout au moins approchée à une très-petite fraction près ; il a donc fallu construire des instruments pour faciliter le calcul de ces petites quantités avec toute la précision possible. Ces instruments, nous allons les faire connaître.

151. Le *mètre* est l'unité fondamentale du système métrique en France. Il se divise en 10 *décimètres*, 100 *centimètres*, ou 1000 *millimètres*. Pour mesurer de petits objets, on emploie souvent le *double décimètre* (*fig.* 33), portant les divisions des millimètres ; il sert aussi d'échelle de proportion.

152. On nomme *échelle de proportion* une ligne divisée en un certain nombre de parties égales (*fig.* 34), dont les unes représentent l'unité qui a servi de base à la mesure d'une longueur, et dont les autres sont des sous-multiples de cette unité.

Quand il s'agit de représenter de très-grandes distances, comme cela a lieu sur les plans topographiques ou sur les cartes géographiques, l'échelle se compose de deux lignes parallèles, dont les divisions sont dans le rapport de 1 à 100, de 1 à 1000, 10000, ou 100000 mètres. Ainsi, si l'on suppose que la longueur totale de l'échelle (*fig.* 35) représente un myriamètre, chacune des grandes divisions 0 à 1, 1 à 2, 2 à 3, etc., aura la valeur d'un kilomètre ; et chacune des petites divisions la valeur de 100 mètres.

153. *Construction et usage de l'échelle de dixmes ou décimales.* — On tire une ligne indéfinie AB (*fig.* 36) ; puis du point A, avec une ouverture de compas quelconque, on porte 10 divisions de A en C ; puis avec une ouverture de compas égale à la somme des 10 divisions AC, on détermine le point 100, puis 150, et par les points C, 100 et 150, on élève des perpendiculaires que l'on divise en 10 parties égales ; par les points de division obtenus, on mène des parallèles à AB, et aux points d'intersection de ces parallèles avec CD, on écrit les chiffres 1, 2, 3,..., 10. On porte ensuite sur DN les dix divisions de AC, et l'on tire les lignes obliques 0E, 10F, etc. Si l'on suppose que la ligne AC représente 10 mètres, pour prendre une longueur de 139 centimètres on ouvrira le compas de a' en b' ; pour 114 centimètres, de c' en d' ; pour 86, de f' en e'. Le simple exposé de la construction et de l'usage de cet instrument fait voir qu'il offre sur les précédents des avantages incontestables. La complication de l'échelle décimale est plus apparente que réelle, et il suffit de quelques instants de sérieuse attention pour le bien comprendre et en faire une application rapide et exacte.

Nous ferons remarquer que les proportions de l'échelle de dixmes sont facultatives, excepté celle de D à E qui détermine son titre, celui-ci étant basé sur le nombre de fois que la mesure prise pour représenter le mètre se trouve contenue dans son étendue. Ainsi, le millimètre étant pris pour valeur représentative du mètre, et la distance DE contenant 10 millimètres, cette échelle est dite de 1 à 1000. Si cette distance était prise comme centimètre, la même échelle serait dite de 1 à 100.

154. *Compas de proportion.* — Ce compas (*fig.* 37) sert à une foule d'usages et surtout aux applications des hautes mathématiques. Nous ne parlerons que de la manière de l'employer à la division d'une ligne droite en parties égales.

Soit AB une ligne quelconque à diviser en 10 parties égales. Avec un compas ordinaire on prendra la longueur de cette ligne, et l'on ouvrira le compas de proportion de manière à placer la mesure prise entre ses branches au nombre 200. Pour trouver la division cherchée, on prendra la distance comprise entre les chiffres 20 et 20, car 20 étant le dixième de 200, cette distance sera le dixième de la ligne AB. S'il s'agissait d'une ligne à diviser en deux parties égales, on prendrait pour ouverture la distance de 100 à 100, le compas de proportion ayant aux points 200 une ouverture égale à la longueur de la ligne à mesurer, et ainsi de suite. Une condition nécessaire pour cette opération, c'est que le nombre qui indique la proportion de la division soit un sous-multiple du nombre placé à l'ouverture de compas prise pour base.

155. *Manière de réduire un dessin, un tableau, une carte topographique ou géographique au moyen de carreaux.*

Soit le dessin ABCD (*fig.* 38) à réduire dans la proportion de la grandeur du cadre *abcd* (*fig.* 39). On commencera par diviser la ligne AB en parties égales, et par porter sur AC des divisions égales à celles de AB. Par ces points de division, on mènera des lignes réciproquement perpendiculaires qui formeront des carrés. On fera la même opération sur le papier ou la toile dans le rapport de réduction que l'on veut obtenir.

Cette opération préliminaire terminée, on copiera sur le canevas de réduction, carré par carré, les lignes contenues dans le compartiment correspondant du modèle. On conçoit que, pour faciliter le travail et lui donner plus de précision, on augmentera le nombre des carrés en raison de la multiplicité des lignes ou des objets figurés sur le modèle.

156. *Angle de réduction.* — Cet angle (*fig.* 4o) sert à réduire ou à agrandir un dessin sans en altérer les proportions. Pour construire un angle de réduction, supposons que la ligne AB soit la dimension la plus étendue du cadre du dessin que l'on veut réduire. On portera cette distance, comme base de l'angle de réduction, de A' en B', et du point A, comme centre, et avec une ouverture de compas égale à AB ligne à réduire, on décrira l'arc de cercle B'C. Puis du point B', avec un rayon égal à B'C', largeur du dessin réduit, on détermine le point C. Menant ensuite les droites B'C et A'C, on aura le triangle A'B'C. Il résulte de ces constructions que, si l'on porte sur A'B', ligne de base, les mesures prises sur l'objet à réduire, la réduction sera donnée par des longueurs correspondantes déterminées par des lignes parallèles à B'C. Ainsi la distance AD de la ligne à réduire se trouvera reproduite par D'E, que l'on portera sur la réduction de B' en E', et la distance AF sera donnée par F'G que l'on reportera de B' en G'.

Il est clair que, si l'on faisait l'opération en sens inverse, on augmenterait les dimensions du dessin, sans détruire les rapports de ses parties.

157. *Compas de réduction.* — Cet instrument, dont l'emploi est très-facile, sert à prendre des longueurs *deux*, *trois*, *quatre* fois, etc., plus grandes ou plus petites qu'une longueur donnée. Il se compose de deux branches FB et DC (*fig.* 4₁) réunies par un axe mobile qu'on peut faire glisser dans la rainure de chaque branche et arrêter par une vis de pression. Un index, ou *ligne de foi* A, assujetti au mouvement de l'axe, correspond aux divisions proportionnelles de la branche supérieure du compas. Chaque branche est surmontée de deux pointes complémentaires D, E.

Pour faire usage de cet instrument, on arrête l'axe de manière que le trait A corresponde au chiffre de la réduction que l'on veut exécuter, $\frac{1}{6}$ par exemple. On donne alors au compas une ouverture égale à la longueur que l'on veut réduire, et la distance des deux pointes D et E sera le sixième de l'ouverture opposée BC. La qualité de cet instrument dépendant de sa parfaite précision, il est nécessaire de bien le vérifier avant d'en faire usage, si l'on ne veut pas s'exposer aux plus graves erreurs. Les graveurs, les dessinateurs, les fabricants d'instruments de précision en tirent un grand parti; il peut encore être très-avantageusement employé pour la réduction des plans topographiques.

Dessin topographique. (Planche V.)

158. Pour avoir une idée exacte d'une étendue de terrain, il ne suffit pas d'en connaître la forme géométrique, il faut encore tenir compte des particularités qui le caractérisent. C'est là l'objet du dessin topographique qui indique les montagnes, les forêts, les rivières, les ponts, les routes, etc. Les cartes topographiques, indispensables aux mouvements stratégiques d'une armée en campagne, doivent être exécutées avec le plus grand soin, car l'omission d'une indication essentielle pourrait être la cause des plus grands désastres.

Pour réunir sur un plan les renseignements les plus complets sur une étendue de pays, on se sert de *signes conventionnels*, que nous avons dessinés sur la *Pl. V*. Ces dessins, accompagnés de leur explication, nous dispensent d'entrer dans de plus amples détails.

SECTION II.

TRACÉ DES CARTES GÉOGRAPHIQUES. GNOMONIQUE.

---

159. Une *carte géographique* est la représentation, sur une surface plane, du globe terrestre ou d'une de ses parties.

Pour assigner à chaque point de la surface terrestre sa position relative réelle, on est convenu de faire passer par tous les points deux cercles perpendiculaires l'un à l'autre, qui déterminent la distance d'un lieu à deux autres points connus. Le tracé de ces lignes courbes varie suivant la grandeur que l'on veut donner à la carte et l'étendue de la surface du globe que l'on veut figurer. Cette partie importante du dessin linéaire sera traitée avec les développements que réclame l'usage fréquent des cartes cosmographiques et géographiques.

TRACÉ DES CARTES GÉOGRAPHIQUES.

Dessin cosmographique : Théorie de la Sphère. (Planche VI.)

160. La terre est un sphéroïde renflé à l'équateur et légèrement aplati aux pôles. Elle est assujettie à différents mouvements régis par les lois de l'attraction universelle :

1°. Mouvement de rotation sur elle-même, d'occident en orient, suivant un axe constamment tourné vers le même point du ciel. Les deux extrémités de l'axe du globe terrestre s'appellent *pôles*, et l'astre vers lequel le pôle nord est sensiblement dirigé a reçu le nom d'*étoile polaire*. Cette rotation, dont la durée est de vingt-quatre heures, détermine les alternatives du jour et de la nuit.

2°. Mouvement annuel de circonvolution autour du soleil, suivant une ellipse, que l'on désigne sous le nom d'*orbite terrestre*. Le plan qui résulte de cette ellipse se nomme *écliptique*, et les diverses inclinaisons de ce plan relativement à l'axe donnent naissance aux saisons. On appelle *équateur* un cercle dont le plan est perpendiculaire à l'axe de la terre, et *tropiques* deux cercles parallèles à l'équateur et qui en sont éloignés de 23 degrés, l'un au-dessus, l'autre au-dessous. C'est entre les deux tropiques que le soleil exécute son mouvement annuel : lorsqu'il atteint un de ces cercles, il y a *solstice*, et son passage sur la ligne de l'équateur produit l'*équinoxe* ou égalité du jour et de la nuit. Cette route annuelle du soleil est divisée en douze parties, qui correspondent à autant de constellations et qui forment le *zodiaque*. Ce sont : le Bélier, le Taureau, les Gémeaux, le Cancer, le Lion, la Vierge, la Balance, le Scorpion, le Sagittaire, le Capricorne, le Verseau et les Poissons.

3°. Outre ces deux mouvements principaux, les observations astronomiques ont fait découvrir un troisième mouvement, que l'on nomme *précession des équinoxes* et dont la durée est de vingt-six mille ans. Ce phénomène est dû à ce que la ligne des pôles du globe ne garde pas une direction constante vers le même point du ciel, mais décrit un cercle autour du pôle de l'écliptique. Ce mouvement fait successivement parcourir à l'équinoxe les douze signes du zodiaque; de là son nom de précession.

4°. Enfin l'axe de la terre éprouve un balancement qui a reçu le nom de *nutation* et dont la période est de dix-huit ans environ.

161. Pour déterminer avec précision un point quelconque de la surface du globe terrestre, on a supposé qu'une circonférence, décrite par les deux pôles, passe par un point donné : cette ligne est le *méridien*. Le point d'intersection du méridien et de l'équateur étant marqué o, on divise ce dernier cercle en 36o degrés, 18o à la gauche du o et 18o à sa droite. Ces chiffres marquent les degrés de *longitude* : sur la gauche du o la longitude est dite *occidentale*; sur la droite, *orientale*. Par chacun de ces degrés on fait passer un cercle passant également par les deux pôles.

Nous avons dit que l'équateur divise la sphère en deux parties : l'une s'appelle l'*hémisphère boréal*; l'autre, l'*hémisphère austral*. Chacun des quarts de cercle compris entre l'équateur et l'un des pôles est divisé en 9o degrés à partir de l'équateur, et par chaque division on a mené un cercle parallèle à ce dernier. Le degré se divise en 6o secondes, et la seconde en 6o minutes.

Maintenant, pour déterminer la position exacte d'un point du globe, on suit jusqu'à la division du méridien qui passe par ce point, ce qui donne le degré de longitude; ensuite on prend le degré marqué à l'intersection du cercle parallèle à l'équateur et du méridien du lieu où l'on se trouve, et l'on obtient la latitude : latitude *nord* dans l'hémisphère boréal, et latitude *sud* dans l'hémisphère austral. C'est ainsi que l'on trouve pour la position de Paris : o degré de longitude et 48°5o′11″,3o de latitude nord.

162. Les cercles méridiens sont tous égaux entre eux, mais non parallèles; les cercles parallèles des latitudes diminuent de diamètre à mesure qu'ils approchent des pôles. De là des différences plus ou moins sensibles dans la contexture du réseau sphérique qui divise la terre en portions de très-petite étendue. C'est pourquoi l'on a été obligé d'envisager le globe sous plusieurs aspects, afin d'en étudier successivement les principales parties; ainsi on le considère sous l'un des rapports suivants : la projection verticale ou sur le méridien, la projection horizontale et les projections polaires.

163. La sphère reçoit différentes dénominations, suivant la position qu'on lui fait occuper. On la nomme *sphère droite*, lorsque les deux pôles sont situés dans le plan de l'horizon; *sphère oblique*, lorsque son axe est oblique par rapport à l'horizon; *sphère parallèle*, lorsque ses deux pôles sont situés l'un au zénith, l'autre au nadir, et que son horizon se confond avec l'équateur. On appelle *zénith* le point du ciel qui correspond à la perpendiculaire élevée sur un point quelconque du globe; le point où viendrait aboutir la perpendiculaire prolongée, à travers la terre, jusqu'au côté opposé du ciel, s'appelle *nadir*.

164. Pour démontrer le mécanisme de la sphère, on a imaginé deux globes artificiels, nommés : l'un, sphère *céleste* ou *armillaire*; l'autre, *terrestre*. Dans la première, la terre, d'un petit volume, occupe le centre de l'instrument, et les cercles qui l'environnent sont supposés d'une étendue considérable. La seconde représente la terre supposée dans ses proportions réelles, et portant sur sa surface les cercles de la figure précédente.

165. Pour dessiner la sphère parallèle (*fig.* 42), on décrit une circonférence que l'on divise en quatre parties égales par deux diamètres réciproquement perpendiculaires AB et CD. Dans cette position, CD représente l'axe du monde, et AB le plan de l'équateur qui est ici en même temps le plan de l'horizon. Divisant ensuite chaque quart de cercle en neuf parties, on écrira, à partir de l'équateur qui sera o, quatre fois la série des degrés compris entre o et 9o, par les multiples de 1o. Puis entre 6o et 7o, mais plus près de ce dernier chiffre, on prendra les points *e* et *f*, qui serviront à déterminer l'axe de l'écliptique, et entre 2o et 3o les points *b* et *d* qui en donneront le plan, perpendiculaire à *ef*. Ces points donneront aussi le plan des cercles polaires et celui des tropiques. Ensuite dans la direction de AB on décrira une ellipse représentant en fuite le cercle et le plan de l'équateur, et par *db* une autre ellipse représentant le plan de l'écliptique. Les points d'intersection *a* et *c* de ces deux ellipses seront les équinoxes, et les points *b* et *d* les deux solstices. Pour terminer la figure, on tracera l'ellipse allongée indiquant le colure des équinoxes, et l'on placera sur l'écliptique les signes du zodiaque. On voit par cette figure que les grands cercles de la sphère céleste se trouvent en rapport parfait avec le globe terrestre et qu'ils viennent s'y réfléchir, à l'exception pourtant des cercles polaires qui sont situés dans la direction de deux cônes partant de *ee′* et de *ff′*.

166. Dans sa révolution annuelle autour du soleil (*fig.* 43) le long de l'écliptique, la terre conserve son axe dans une même direction, ainsi que le représentent les quatre petits globes situés à quatre points différents de l'orbite terrestre.

167. Nous avons dit que la forme de la terre est celle d'une sphère. Pour le prouver, supposons un spectateur placé sur une colline AC (*fig.* 44), d'où la vue s'étend sur la mer dont la surface unie représente l'horizon réel, et un navire s'éloignant constamment du lieu d'observation. La courbe CD est la surface du globe, et la tangente AB le plan de l'horizon perpendiculaire au rayon E. Entièrement visible aux points 1, 2, 3, le navire ne montrera plus que sa voilure au point 4. Il s'effacera de plus en plus, jusqu'au point 6 où l'on apercevra encore le sommet de son mât. Au delà de ce point, parvenu sous la ligne d'horizon AB, il sera invisible, tout en restant toujours à la même distance du centre de la terre E.

4

168. *Inégalité des ombres aux différentes heures du jour.* — Si l'on plante un bâton au point A (*fig.* 45), l'ombre de ce bâton se portera, à midi, de A en C sur la ligne méridienne AB, dans la direction du nord au sud. On trace ensuite deux lignes droites CD, CE, conformément au degré d'inclinaison du globe, et du point A comme centre on décrit des arcs qui servent à déterminer la marche de l'ombre à mesure qu'elle s'éloigne du point C. Cette ombre devient plus longue à mesure qu'elle s'éloigne de ce point. Sa longueur à midi est en rapport avec la latitude du lieu. A l'équateur, l'ombre est nulle à midi, car le soleil est alors sur cette ligne.

Sphère armillaire. (Planche VII.)

169. La construction de cette sphère (*fig.* 46) est analogue à celle décrite plus haut (*fig.* 42). Dans cette figure l'inclinaison est oblique relativement à *l'horizon rationnel*. Ce cercle porte les divisions qui indiquent les degrés de latitude, et le premier méridien les degrés de longitude. Le globe terrestre, mobile autour de son axe, occupe le centre de l'instrument.

Mappemonde. (Planche VIII.)

170. Le globe, avons-nous dit, se divise en deux hémisphères (*fig.* 47), l'un boréal, l'autre austral. On le partage encore en cinq zones (*fig.* 48) : la zone *torride*, comprise entre les deux tropiques, ainsi nommée à cause des chaleurs ardentes qui y règnent; les zones *tempérées*, situées, dans chaque hémisphère, entre le tropique et le cercle polaire, et qui jouissent d'une température sujette aux alternatives du froid et de la chaleur; les zones *glaciales*, s'étendant des cercles polaires aux pôles : la durée et l'intensité du froid les rendent inhabitables dans le voisinage des pôles.

171. Pour construire une *mappemonde*, ou carte représentant sur un plan toute la surface du globe (*fig.* 49), on trace d'abord une droite indéfinie (*fig.* 50) que l'on considérera comme équateur. Prenant un point quelconque de cette ligne comme centre, avec un rayon à volonté, on décrit une circonférence, et sur la même ligne une autre circonférence tangente à la première. On mène ensuite les différents cercles, d'après la méthode indiquée n° 44.

172. La construction suivante (*fig.* 51) ne présente d'autre difficulté que le tracé de ses courbes intérieures. On en cherchera les centres par les moyens exposés dans la Iʳᵉ Partie.

Projection verticale du globe terrestre. (Planche IX.)

173. Pour arriver plus sûrement à cette projection, nous croyons nécessaire d'indiquer la manière de tracer exactement les méridiens et les cercles parallèles.

174. *Tracé des méridiens.* — Soit une droite AB l'équateur (*fig.* 52), et une perpendiculaire CD le méridien central. Prenant pour centre l'intersection de ces deux lignes, on décrira un cercle, et l'on divisera en dix-huit parties égales le demi-cercle ADB. Joignant le point C aux points de division, on obtiendra sur l'équateur les points de passage des différents méridiens 1, 2, 3, 4 et d′, b′ (*fig.* 53). Les centres de ces courbes se trouvent sur le prolongement de AB; ainsi le point a′ (*fig.* 54) est le centre du méridien Cb′D, et le point c′ celui du méridien Cd′D.

175. *Tracé des cercles parallèles.* — On obtiendra les cercles parallèles par un moyen semblable au précédent, en prenant B pour foyer (*fig.* 54). Les centres des courbes seront situés sur le prolongement de DC, en E pour le parallèle 30 et en F pour le parallèle 60.

176. La *fig.* 55 représente sur un même globe l'application de ces constructions, et la *fig.* 56 fait voir que les degrés de longitude se marquent sur l'équateur, et les degrés de latitude sur le méridien central.

177. *Projection sur le méridien.* — D'après ce que nous venons de dire, la projection verticale, ou sur le méridien (*fig.* 57), sera facile à établir. Les divisions du cercle donneront les points de passage des méridiens sur l'équateur, ceux des cercles parallèles sur le méridien central, et les points de centre des courbes sur le prolongement de ces deux lignes. Ainsi, pour les méridiens, on trouvera vers le point B les centres 1ᵉʳ, 2ᵉ, 3ᵉ, 4ᵉ servant à tracer les méridiens correspondants.

Projection horizontale du globe terrestre. (Planches X et XI.)

Pour faciliter l'intelligence du tracé de cette projection, nous avons traité séparément des méridiens et des parallèles, en mettant sous les yeux deux figures pour éviter la confusion des lignes.

178. *Tracé des méridiens.* — On commencera par tracer une ligne horizontale AB et une perpendiculaire CD (*fig.* 58), se coupant au centre du globe E. Puis, pour trouver le centre du pôle, on placera le degré d'inclinaison que nous avons placé à 45 degrés au point G, et l'on conduira une droite GC qui coupera l'horizontale AB au point F le centre cherché. Cette détermination du pôle est rendue plus visible dans la *fig.* 59.

On obtiendra l'équateur en traçant l'axe de la terre GH et une perpendiculaire IJ que l'on ramènera en JC, suivant le plan de la projection; le point o sur l'horizontale AB est le point de passage de l'équateur.

Pour obtenir les méridiens, on mènera la ligne LM tangente à la sphère au point B, et d'un rayon FB on décrira un arc infini que l'on coupera perpendiculairement, en abaissant une droite du point F situé au pôle. On divisera cet arc en neuf parties égales, et par chacune des divisions 1, 2, 3, ..., 9, on fera passer des rayons du point F à la ligne LM. Ces nouveaux points 1′, 2′, 3′, etc., seront les centres des méridiens, c'est-à-dire que, plaçant le compas au point 1′ de la ligne LM et ouvrant ce compas jusqu'au centre du pôle F, on obtiendra le méridien 1″F1′; du point 2′ on décrira le méridien 2″F2″, et ainsi jusqu'au huitième. On pourrait encore obtenir celui-ci en prenant la moitié de la distance B1′, mais alors il faudrait le tracer à la main. Pour compléter le tracé des méridiens, on reportera sur la ligne des centres de B à M les mesures prises de B en L, et alors a représentera 1 et donnera l'arc a′Fa′, b donnera l'arc b′Fb′, et ainsi de suite.

179. Tracé des cercles parallèles. — Après avoir tracé, comme pour la construction précédente, les lignes AB, CD, GH et IJ (*fig.* 60) et déterminé le point F du pôle, ainsi que l'arc de l'équateur, on établira le plan géométral sur le prolongement de DC. Conduisant l'axe GH jusqu'à la rencontre de la ligne de terre XX' au point G' et reportant cette ligne au plan géométral en G'S', ainsi que sa perpendiculaire IJ en NO, à l'aide d'une droite abaissée de I en N, on obtiendra le point P, centre de la terre, représentant le point E; de même GC reporté en CS' donnera le point F, centre du pôle, au point Q. On divisera ensuite en neuf parties égales l'arc RN, et l'on portera ces mêmes divisions sur le reste de la circonférence; puis de la plupart de ces points on conduira des rayons allant converger au point K, et l'on ramènera ces rayons parallèlement à l'axe de la terre jusqu'à leur rencontre avec la perpendiculaire NO.

Il résultera de ce tracé que tous les degrés d'écartement des parallèles, ainsi que les points extrêmes de leur courbe, se sont trouvés marqués sur la ligne SM, parallèle à AB, plan de la projection. Pour avoir les degrés d'écartement des cercles parallèles, il ne restera plus qu'à élever des perpendiculaires de l'intersection de chaque rayon avec SM; de même, pour avoir les points extrêmes de leur courbe, il faudra élever des perpendiculaires à partir de l'intersection des parallèles de l'axe sur le même plan. Mais ce procédé ne pouvant servir à tracer un certain nombre de courbes, ou compléter l'opération en prolongeant les rayons jusqu'à la ligne SL, prolongement de MS; puis des points d', c', b', L on élèvera encore des perpendiculaires qui détermineront, en A', b'', c'' et d'', les diamètres entiers; ou les divisera en deux parties égales pour avoir les centres de leurs courbes. Ainsi le cercle parallèle à A'10 aura pour diamètre L10' reporté en A10; b'20' donnera celui de b''20; c'30, celui de c''30, etc.

La planche suivante (*fig.* 61) représente l'épure de la projection horizontale.

Projection polaire. (Planche XI.)

180. Les projections polaires ont été établies dans le but de représenter les régions qui n'apparaissent d'ordinaire que d'une manière incomplète. Le tracé en est facile. Ayant décrit la circonférence ABCD (*fig.* 62), on la divise en quatre fois 90 degrés, que l'on marque de dix en dix, et que l'on joint au centre pour avoir les méridiens. Puis du point C menant des droites aux huit premières divisions, on aura sur AB le point de passage de chaque cercle parallèle. Cette projection est sur le plan de l'équateur.

L'inconvénient des projections dont nous venons de parler est que les degrés, placés au centre, sont nécessairement plus petits que ceux de la circonférence. Il en résulte dans les méridiens une déformation en sens inverse de celle qui se produit sur le globe artificiel, et qui est l'effet de la perspective, déformation encore plus sensible dans les cercles parallèles. Si l'on plaçait par rang de grandeur, sur les méridiens, les degrés divisés en sens inverse, et si l'on représentait aussi les cercles parallèles par des lignes droites, on éviterait ce double inconvénient et l'on se rapprocherait davantage de la réalité. C'est l'opinion émise par Lacroix, dans son *Introduction à la Géographie.*

Projection par développement conique.

181. La nécessité de représenter des portions de la sphère, pour les faire connaître dans leurs détails, a fait naître l'idée de la projection par développement. Mais ce développement ne peut avoir lieu que pour de petites parties du globe, attendu que la sphère n'est pas mathématiquement développable. Pour parvenir à ce but, on a assimilé une portion de zone sphérique à un tronc de cône que l'on aurait développé. On attribue à Ptolémée la première idée du développement conique.

Pour construire cette projection, on divise en neuf parties chacun des quarts de circonférence AO et OB (*fig.* 63). Soit à représenter la zone circonscrite entre les parallèles EF et GH. Par le milieu de EG et de FH ou mène une droite ponctuée IJ. Puis du centre de la circonférence on trace une ligne indéfinie, passant par le point J qui marque la latitude, et allant couper la tangente OP au point P, à l'aide duquel on déterminera l'élévation du cône, en remenant cette distance au point D, qui sera le sommet. Du point D, comme centre, on décrira les arcs parallèles des 20°, 30°, 40° et 50° degrés de latitude.

Pour terminer l'opération, il ne restera plus qu'à diviser la ligne AB ou équateur en dix-huit parties égales; et à mener, du sommet D, des méridiens sur chacun des points de division.

Ce mode de développement est applicable aux principales parties de la sphère qui ne sont pas très-rapprochées des pôles.

182. Déterminer la position des différents points du globe. — Cette opération se fait à l'aide de l'échelle de division, ou quelquefois même du compas de proportion. Dans ce dernier cas, la position des points étant spécifiée sous le rapport de la longitude et de la latitude, on prendra, avec un compas ordinaire, la dimension d'un degré de latitude, et l'on ouvrira le compas de proportion jusqu'à ce que le nombre 60, qui se remarque sur les deux branches, soit tout à fait en rapport avec cette dimension. Enfin, sans changer l'ouverture du compas de proportion, on prendra une nouvelle mesure correspondant au chiffre indiqué pour le degré de longitude : on pourra par ce moyen établir la décroissance des degrés.

183. Déterminer la courbure des cercles parallèles. — Une des opérations qui embarrassent le plus dans la construction des cartes partielles, c'est le degré de courbure à donner aux cercles parallèles. Il suffirait cependant pour cela de connaître un des quadrilatères compris entre deux parallèles et deux lignes de longitude, tel que ABC (*fig.* 64). Connaissant cette figure, on tracera une ligne AB (*fig.* 65); puis, construisant sur cette même ligne le parallélogramme EGHF, on le divisera par moitié à l'aide de diagonales, et dans le sens du méridien par une perpendiculaire CD, que l'on divisera à son tour en parties égales.

Pour avoir la courbure des points E, G, I, comme centres, et avec un rayon égal à EF ou à GH, on décrira les trois arcs JK, JF et HK, dont les intersections J et K, combinées avec le point I, donneront trois points pouvant servir à obtenir le centre non-seulement de la courbe demandée, mais encore des autres cercles parallèles, qui lui sont concentriques. Comme dans cette figure la projection est prise vers le milieu du globe, les méridiens sont droits et parallèles.

184. Lorsque la projection est prise dans le voisinage du pôle, les méridiens ne semblent plus parallèles et se dirigent vers un centre commun, comme nous l'avons déjà vu pour la projection conique (n° 84). C'est encore à l'aide d'un degré connu qu'on parvient à la construire. Connaissant donc un degré GHIJ, on trace une ligne AB (*fig.* 66), milieu de la figure, et une perpendiculaire CD sur laquelle on établit ensuite le parallélogramme GHIJ; et bien que IJ ne soit pas égal en longitude à GH, ainsi que le témoignent les deux diagonales ayant leur centre au point 2, on se sert néanmoins d'un moyen analogue pour parvenir aux mêmes résultats.

Du point K comme centre, et avec un rayon égal à la largeur de la base GH, on décrit l'arc MN; du point L, l'arc OP; du point K, l'arc QR; du point L, l'arc ST, qui donnent les intersections MS, NT, QO, RP. Celles-ci forment, avec les points K et L, sur la ligne CD ou EF, les trois points au moyen desquels on pourra obtenir le centre de la courbe des cercles parallèles concentriques.

Théorie et Projection des Cartes plates. (Planche XII.)

185. Les divers modes de projection dont nous avons parlé jusqu'à présent ne peuvent s'appliquer aux cartes marines, car, si l'on essayait de s'en servir pour la conduite d'un vaisseau, au lieu de s'avancer, il tournerait pour ainsi dire sur lui-même, et, après un long parcours, il serait revenu à son point de départ. Cela résulte de ce que, sur les cartes ordinaires, les méridiens sont figurés par des courbes, tandis qu'au contraire les rhumbs des vents forment toujours un angle avec les méridiens. Aussi, reconnaissant la nécessité d'un système qui pût offrir des guides sûrs, on a formé des cartes plates, sur lesquelles les méridiens et les parallèles sont représentés par des lignes droites, perpendiculaires et parallèles, qui ne subissent aucune déviation.

Mais, avant de nous occuper de ce mode de projection, nous croyons nécessaire d'indiquer sommairement la théorie sur laquelle ce système est basé, et d'entrer dans quelques détails sur les notions les plus élémentaires de la Trigonométrie.

186. *Rapport de l'arc au rayon.* — On sait qu'un angle se mesure par l'arc compris entre ses côtés. Pour mesurer les triangles, on a choisi des lignes qui, à proprement parler, ne mesurent ni les angles ni les arcs, mais qui en démontrent les rapports constants. Ces lignes, au nombre de six, ont été appelées lignes trigonométriques, et se distinguent entre elles par les caractères et les noms suivants.

Le *sinus* est la perpendiculaire AB (*fig.* 68) abaissée de l'extrémité de l'arc sur le rayon passant par l'origine de l'arc. Le point D est toujours cette origine.

Le *cosinus* se compte sur le rayon CD à partir du centre C, jusqu'au pied du sinus. CA est le cosinus de l'arc BD, et le complément du sinus, c'est-à-dire égal au sinus de l'arc complémentaire.

La *tangente* est la perpendiculaire élevée du point D jusqu'à la rencontre du rayon prolongé passant par l'extrémité de l'arc. DE est aussi la tangente de l'arc DB.

La *cotangente* FG est la perpendiculaire élevée au point F jusqu'à la rencontre de la ligne CG; elle est égale à la tangente de l'arc complémentaire.

La *sécante* CE est le rayon prolongé passant par l'extrémité de l'arc jusqu'à la rencontre de la tangente.

La *cosécante* CG est la sécante prolongée jusqu'à la rencontre de la cotangente; elle est égale à la sécante de l'arc complémentaire.

On appelle *arc complémentaire* celui qu'il faut ajouter à un autre pour avoir l'arc de 90 degrés correspondant à un angle droit. Ainsi, que l'arc DB soit égal à 40 degrés, l'arc complémentaire BF sera égal à 50 degrés; car ces deux arcs réunis font de D à F 90 degrés, mesure de l'angle droit FCD.

187. L'ouverture d'un angle étant en raison de l'étendue de son arc et réciproquement, il en résulte que, dans certains cas, un angle peut être considéré comme nul. En effet, l'arc étant au sinus comme le sinus est à l'arc, si le sinus AB, par exemple, marchant sur le rayon CD, s'avançait jusqu'à l'extrémité de ce même rayon, il atteindrait le point D égal à o, relativement à l'angle droit; on conçoit que l'arc, soumis à la même décroissance, deviendrait nul aussi. Il en est de même des autres lignes trigonométriques. Ainsi :

Le *sinus* d'un arc nul est égal à o; celui d'un arc de 90 degrés est égal au rayon.

Le *cosinus* d'un arc nul est égal au rayon; celui d'un arc de 90 degrés est égal à o.

La *tangente* d'un arc nul est égale à o; celle d'un arc de 90 degrés est égale à l'infini.

La *cotangente* d'un arc nul est égale à l'infini; celle d'un arc de 90 degrés est égale à o.

La *sécante* d'un arc nul est égale au rayon; celle d'un arc de 90 degrés est égale à l'infini.

La *cosécante* d'un arc nul est égale à l'infini; celle d'un arc de 90 degrés est égale au rayon.

On peut conclure de là que ces lignes ont un rapport constant avec les rayons qui décrivent les arcs auxquels elles appartiennent.

188. Soient donc BCD (*fig.* 69) et B'C'D' (*fig.* 70) deux angles égaux, non en dimension, mais en symétrie, l'un ayant pour mesure l'arc BD décrit avec le rayon CD, l'autre ayant pour mesure l'arc B'D' décrit avec un rayon plus petit C'D'. Abaissant les sinus BA et B'A', on aura deux triangles ABC et A'B'C', qui auront l'angle C égal à C', l'angle CAB égal à C'A'B' par construction : donc le troisième angle ABC sera égal à l'angle A'B'C'. Il en résulte que ces deux triangles sont semblables, comme ayant les angles égaux et les côtés homologues proportionnels. Ainsi on trouvera que BA est à B'A' comme BC est à B'C', comme CA est à C'A', etc.

189. *Cartes plates ou réduites.* — On a été conduit à la construction des cartes plates en considérant la sphère comme enveloppée d'un cylindre (*fig.* 71) coupé par les plans des méridiens et des parallèles. Ce cylindre, égal en superficie à la sphère moins les régions polaires, désignées sous le nom de *calottes sphériques*, donne naissance à une surface plane dont toutes les intersections sont perpendiculaires et parallèles (*fig.* 72).

On a vu par là qu'il existe une relation intime entre un arc de l'équateur et un arc *semblable* de parallèle, et, sachant que les circonférences ou les arcs semblables sont entre eux comme leurs rayons, on a calculé cette relation en procédant de la manière suivante.

Soient AB (*fig.* 73) l'arc d'équateur; *ab*, l'arc de parallèle; AC, le rayon de la terre, que, pour abréger, nous appellerons R; et *a*D, le rayon de parallèle, que nous désignerons par *r*. Menant une sécante C*a* du rayon R au rayon *r*, et comparant, à l'aide de cette sécante, l'arc d'équateur à l'arc de parallèle, et le rayon de ce dernier au rayon de la terre, on obtiendra cette proportion :

$$AB : ab :: R : r;$$

car la sécante C*a* sera aussi l'hypoténuse du triangle rectangle CD*a*, dont l'un des côtés de l'angle droit représentera le rayon du parallèle. Il résultera de là que A*a* deviendra le sinus de l'angle AC*a*, et que AC sera le cosinus de cet angle; de même D*a* devenant le cosinus de l'angle du complément, CD sera aussi cosinus par rapport à ce dernier.

Connaissant le rapport trigonométrique de toutes ces lignes et de tous ces angles, on multipliera R par *r* devenu cosinus du complément, et l'on obtiendra cette formule :

$$r = R \times \cos \text{lat.}$$

Alors, remplaçant *r* par sa valeur R × cos lat., on aura la proportion

$$AB : ab :: R : R \times \cos \text{lat.};$$

faisant le produit des extrêmes égal au produit des moyens, on a

$$AB \times R \ ???\text{lat.} = ab \times R ;$$

d'où

$$AB = ab \times R \cos \text{lat.},$$

et

$$AB = ab \times R \sin \text{lat.};$$

donc

$$AB = ab \times R \sec \text{lat.}$$

Mais comme les degrés de latitude vont toujours en augmentant à mesure qu'ils approchent des pôles, on a calculé des Tables de sécantes de minute en minute, dans le but d'abréger le travail et surtout de conserver exactement la même relation entre les arcs d'équateur et les arcs des parallèles, et c'est à l'aide de ces Tables, désignées sous le nom de *latitudes croissantes*, que l'on gradue les cartes plates.

190. Ainsi, en supposant qu'il s'agisse de tracer une carte de cette nature, on mènera une droite AB (*fig.* 74) représentant l'équateur, et on la divisera en autant de parties égales que l'on voudra avoir de minutes, de degrés ou de méridiens. Puis de chacun des points de division on élèvera des perpendiculaires sur l'une desquelles on portera les points d'élévation successifs destinés au tracé des parallèles. Pour obtenir ces points, on prendra une des divisions sur laquelle on construira une échelle de proportion, et cherchant dans les Tables des latitudes croissantes la diffé-

rence des parallèles, on ajoutera chaque fois cette différence, prise à l'échelle, à la hauteur de la mesure primitive en parties égales.

Si ce moyen semblait trop compliqué et trop difficile à cause des calculs qu'il nécessite, on pourrait parvenir au même but en employant le procédé suivant qui est purement linéaire.

191. *Développement cylindrique de Mercator* (*fig.* 74). — Cette projection consiste à diviser l'équateur en un nombre quelconque de parties égales, et à déterminer ensuite l'écartement des cercles parallèles à l'aide d'une échelle construite par des lignes sortant d'un même foyer.

Après s'être fixé sur l'étendue à donner à la carte, on tracera une ligne AB, considérée comme équateur, et on la divisera en dix, et de ces points on élèvera des perpendiculaires qui seront les méridiens. Puis, du point A et avec un rayon AB, on décrira un quart de cercle BC, que l'on divisera, comme AB, en neuf parties égales, et de chacun des points de division on mènera un rayon en A. Choisissant ensuite pour ligne de hauteur le premier méridien DE, on obtiendra par les intersections de cette ligne avec les rayons, l'accroissement progressif des degrés de latitude, sans avoir besoin de faire aucun calcul. Il suffira de prendre, sur chaque rayon, la distance du point A à la ligne DE, et de porter successivement ces mesures sur la ligne AF. Ainsi A*a* reporté en A*a'* donnera le 10e degré de latitude; A*b* reporté en *a'b'* donnera le 20e, que l'on portera de *a'* à *b'*, etc. Pour terminer l'opération, on mènera à AB des parallèles par les points *a'*, *b'*, *c'*, *d'*, *e'*, *f'*.

192. *Rose des vents.* — Ce dessin (*fig.* 75) représente les trente-deux vents, dont les dénominations sont en usage dans la marine.

GNOMONIQUE.

193. La Gnomonique est la science du tracé des cadrans solaires.

Un cadran solaire se compose : 1° d'un assemblage de lignes droites tracées sur une surface généralement plane et que l'on nomme *lignes horaires*; 2° d'une tige métallique, appelée *style*, dont l'ombre, projetée sur les lignes horaires, indique les heures : on la nomme aussi *axe*, parce qu'on la considère comme faisant partie de l'axe du monde, auquel elle est toujours parallèle. Le soleil étant le premier et le plus sûr régulateur du temps, on a dû naturellement chercher un moyen d'obtenir de lui l'indication des principales divisions du jour. Voici la série des observations et des raisonnements par lesquels on est arrivé à la solution du problème.

Dans l'espace de vingt-quatre heures, la terre exécute un mouvement complet de rotation autour d'un axe qui conserve invariablement la même direction, et elle présente successivement au soleil tous les points d'une circonférence passant par un plan donné. A cause de l'immense distance du soleil à la terre, on peut considérer chaque point de la surface de celle-ci comme le centre de la sphère, et un style passant par ce point dans la direction du pôle, et par conséquent parallèle à l'axe réel du globe, pourra, sans erreur sensible, être regardé comme l'axe autour duquel le soleil fait sa révolution diurne.

Si l'on suppose maintenant douze cercles passant par l'axe du cadran, supposé commun avec l'axe du monde, et distants entre eux de 15 degrés, vingt-quatrième partie des 360 degrés de la circonférence entière, il est clair que le soleil parcourra dans des temps égaux l'espace compris entre chacun des plans déterminés par les cercles, nommés *cercles horaires*, et leurs lignes d'intersection avec le plan du cadran sont les *lignes horaires*. L'axe du cadran est donc un point commun à toutes ces lignes. Pour tracer la ligne entière, il reste à déterminer un second point. C'est la recherche de cette donnée qui fera l'objet des constructions qui vont suivre.

194. *Cadran équinoxial.* — Le cadran équinoxial est celui dont le plan est parallèle à l'équateur. Pour le construire, on décrit un cercle (*Pl. XIII, fig. 77*) que l'on divise par deux diamètres en quatre parties égales, et deux de ces parties en six : ce qui donne douze divisions, nombre égal aux heures du jour ou à 15 degrés de la circonférence totale parcourus par le soleil. Plaçant le style perpendiculairement au centre du cadran, on tracera sur l'ombre projetée à midi la *ligne méridienne*, et par les divisions déjà obtenues on fera passer autant de rayons.

Le cadran équinoxial ne pouvant servir toute l'année, on le fera à double face : sur l'une de ces faces les heures iront de droite à gauche; sur l'autre, de gauche à droite. La face supérieure servira de l'équinoxe du printemps à l'équinoxe d'automne; la face inférieure, de l'équinoxe d'automne à l'équinoxe du printemps.

195. *Cadran horizontal.* — Pour construire ce cadran (*fig. 78*), on tracera une ligne horizontale AB, et une perpendiculaire CD. Puis sur CD, avec une ouverture de compas arbitraire, CE par exemple, on décrira un quart de cercle représentant 90 degrés, et sur cet arc on portera le degré de latitude de E à F, ce qui donnera en FC l'inclinaison du style représentant l'axe du monde; la perpendiculaire GH, qui rencontre la méridienne, donnera la direction de la ligne équinoxiale JK, et la verticale du style sera de G en I. Enfin, ouvrant le compas de E en H, on décrira l'arc LH que l'on divisera en six parties égales, et par chacun des points de division faisant passer des lignes menées du point E à la ligne équinoxiale JK, on obtiendra sur cette dernière le lieu des lignes horaires. Nous ajouterons, pour faire comprendre le rapport qui existe entre le cadran solaire et la sphère céleste, que le centre C représente le pôle sud, et le point F le pôle nord.

196. *Cadran vertical.* — La construction de ce cadran (*fig. 79*) est semblable à celle du précédent, à l'exception du style, dont l'inclinaison, au lieu d'être basée sur la hauteur du degré de latitude, sera établie sur la hauteur du complément de l'arc : c'est-à-dire que l'arc étant divisé en 90 degrés et la latitude de Paris étant 48°50′11″½, l'inclinaison du style sera de 41°9′48″½.

La position du style étant invariable, mais son ombre s'allongeant ou se raccourcissant selon les différentes saisons, on placera les signes du zodiaque sur la ligne méridienne. La croissance de l'ombre et des jours aura lieu de haut en bas en passant par les signes ♒, ♓, ♈, ♉, ♊, ♋, et la décroissance de bas en haut par les signes ♌, ♍, ♎, ♏, ♐, ♑.

197. *Cadran polaire.* — La construction du cadran polaire offre une grande analogie avec les opérations précédentes : seulement, les lignes horaires, au lieu de converger à un point central sur la ligne horizontale, sont perpendiculaires à cette ligne et parallèles entre elles, et le style est situé sur la ligne équinoxiale. On commencera par tracer la ligne équinoxiale AB (*fig. 80*), et la méridienne CE, perpendiculaire sur AB. Puis avec un rayon égal à la longueur du style, et du point E comme centre, on décrira la demi-circonférence FCF′. On divisera cet arc en douze parties égales, et par chacun des points de division on mènera les lignes horaires jusqu'à la rencontre de l'équinoxiale. Pour obtenir l'horizontale, du point C comme centre et avec une ouverture de compas CD égale à CE, longueur du style, on décrira l'arc DH, dont l'intersection avec la méridienne donnera la hauteur de la ligne demandée. Quant au style, on le placera suivant le degré de latitude du lieu où l'on se trouve.

198. *Moyen pratique pour construire les quatre cadrans équatorial, horizontal, vertical et polaire, à l'aide d'une seule échelle.* — On tracera d'abord une ligne AB (*fig. 81*) d'une longueur égale au diamètre du cadran équinoxial IK (*fig. 82*), et une perpendiculaire AC. Du point A comme centre, avec un rayon AB, on décrira le quart de cercle BDC que l'on divisera en 90 degrés. Ensuite on prendra la latitude du lieu, ainsi que nous l'avons fait pour Paris, et, cette latitude étant connue, on tracera une ligne DA représentant l'axe du monde; du point D au point E on abaissera une perpendiculaire, et une autre de E en F sur la ligne axiale. Ces diverses lignes étant tracées, on trouvera en AE le rayon du cadran solaire horizontal, en EF le rayon du cadran équatorial, en ED celui du cadran vertical; quant au rayon du cadran polaire, il se trouvera tout naturellement en KN (*fig. 82*) lorsque cette figure sera construite.

Pour cela, traçons une ligne indéfinie GH, dont le milieu J servira de centre au cadran équinoxial, et décrivons la courbe de ce cadran. Menons, du point J, une perpendiculaire JL et deux lignes IM, KN parallèles à JL. Divisant ensuite le cercle en parties égales, et joignant le centre J à chacun des points de division, on obtiendra sur les lignes IM et KN les degrés nécessaires au tracé des lignes horaires sur les autres cadrans. Pour terminer l'opération, il ne restera plus qu'à porter de I en G et de K en H les longueurs prises sur le quart de cercle construit plus haut (*fig. 81*).

Nous devons ajouter que la première condition de toute construction gnomonique est une rigoureuse orientation, opérée au moyen d'une bonne boussole (*fig. 83*).

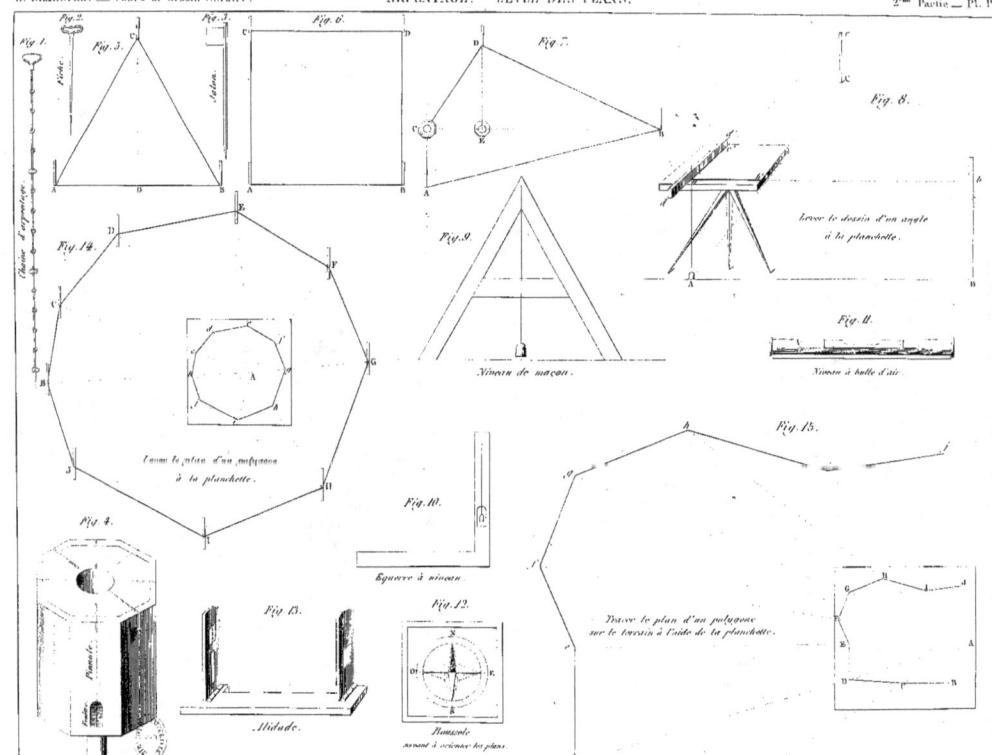

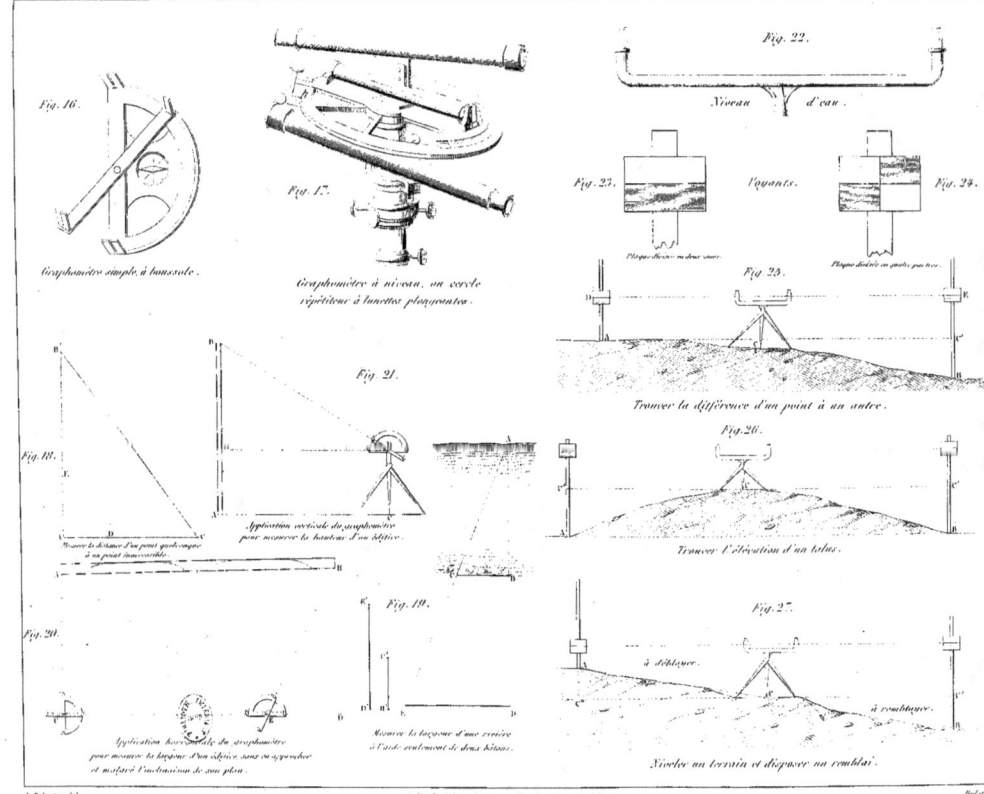

Fig. 16.

Graphomètre simple, à boussole.

Fig. 17.

Graphomètre à niveau, ou cercle
répétiteur à lunettes plongeantes.

Fig. 22.

Niveau d'eau.

Fig. 25.

Fig. 24.

Voyants.

Plaque divisée en deux voies.

Plaque divisée en quatre parties.

Fig. 23.

Trouver la différence d'un point à un autre.

Fig. 21.

Fig. 18.

Mesurer la distance d'un point quelconque
à un point inaccessible.

Application verticale du graphomètre
pour mesurer la hauteur d'un édifice.

Fig. 26.

Trouver l'élévation d'un talus.

Fig. 19.

Fig. 20.

Application horizontale du graphomètre
pour mesurer la longueur d'un objet, sans se rapprocher
et mesuré l'inclinaison de son plan.

Mesurer la largeur d'une rivière
à l'aide seulement de deux bâtons.

Fig. 27.

à déblayer.

à remblayer.

Niveler un terrain et disposer un remblai.

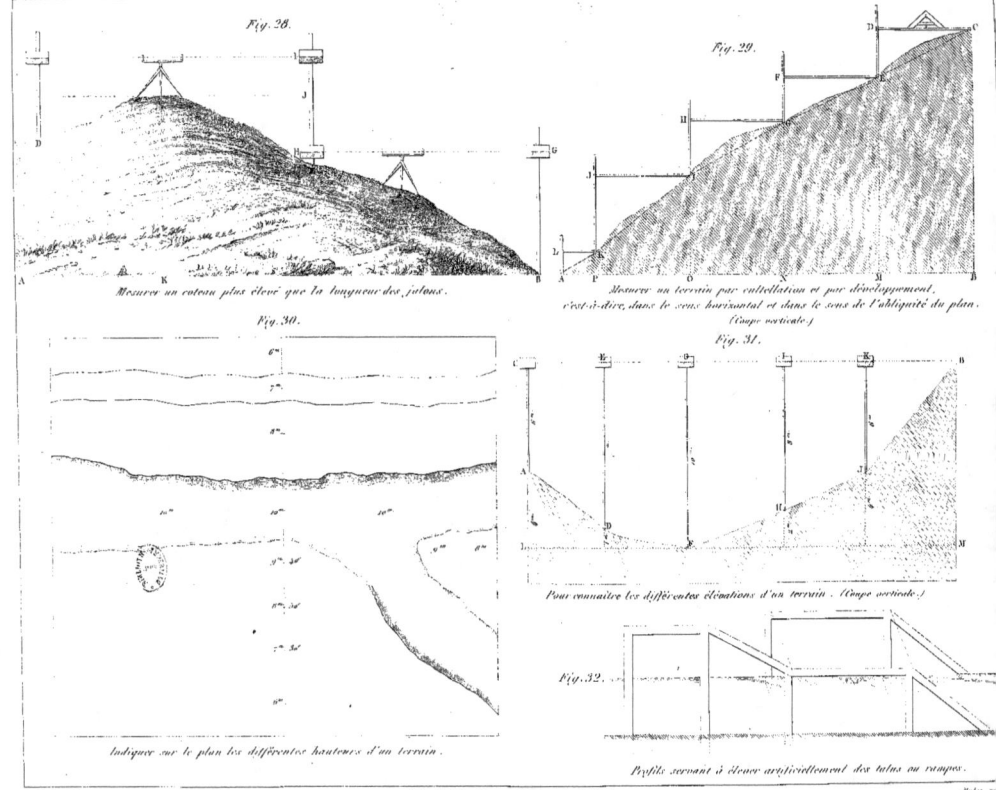

Fig. 28.

Mesurer un coteau plus élevé que la longueur des jalons.

Fig. 29.

Mesurer un terrain par cultellation et par développement,
c'est-à-dire, dans le sens horizontal et dans le sens de l'obliquité du plan.
(Coupe verticale.)

Fig. 30.

Indiquer sur le plan les différentes hauteurs d'un terrain.

Fig. 31.

Pour connaître les différentes élévations d'un terrain. (Coupe verticale.)

Fig. 32.

Profils servant à élever verticalement des talus ou rampes.

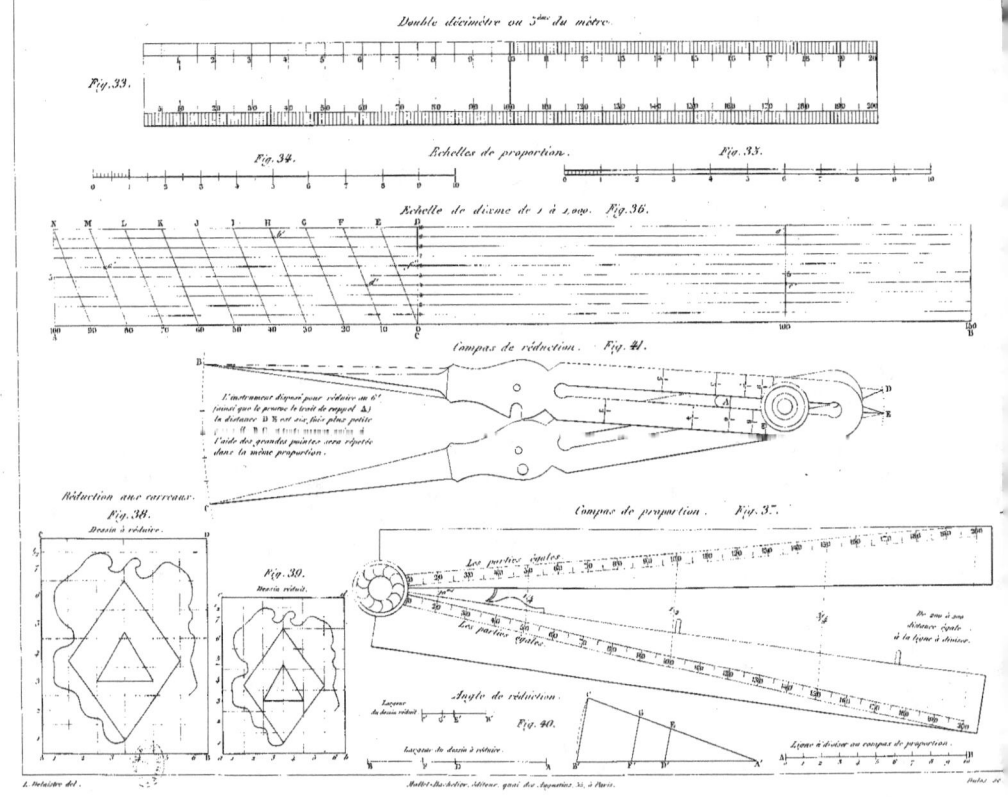

Double décimètre ou 5ᵈᵐᵉ du mètre.

Fig. 33.

Fig. 34.   Échelles de proportion.   Fig. 35.

Échelle de dixme de 1 à 1,000. Fig. 36.

Compas de réduction. Fig. 41.

Réduction aux carreaux.
Fig. 38.
Dessin à réduire.

Compas de proportion. Fig. 37.

Fig. 39.
Dessin réduit.

Angle de réduction.
Fig. 40.

L. Delaistre del.   Mallet-Bachelier, Éditeur, quai des Augustins, 55, à Paris.

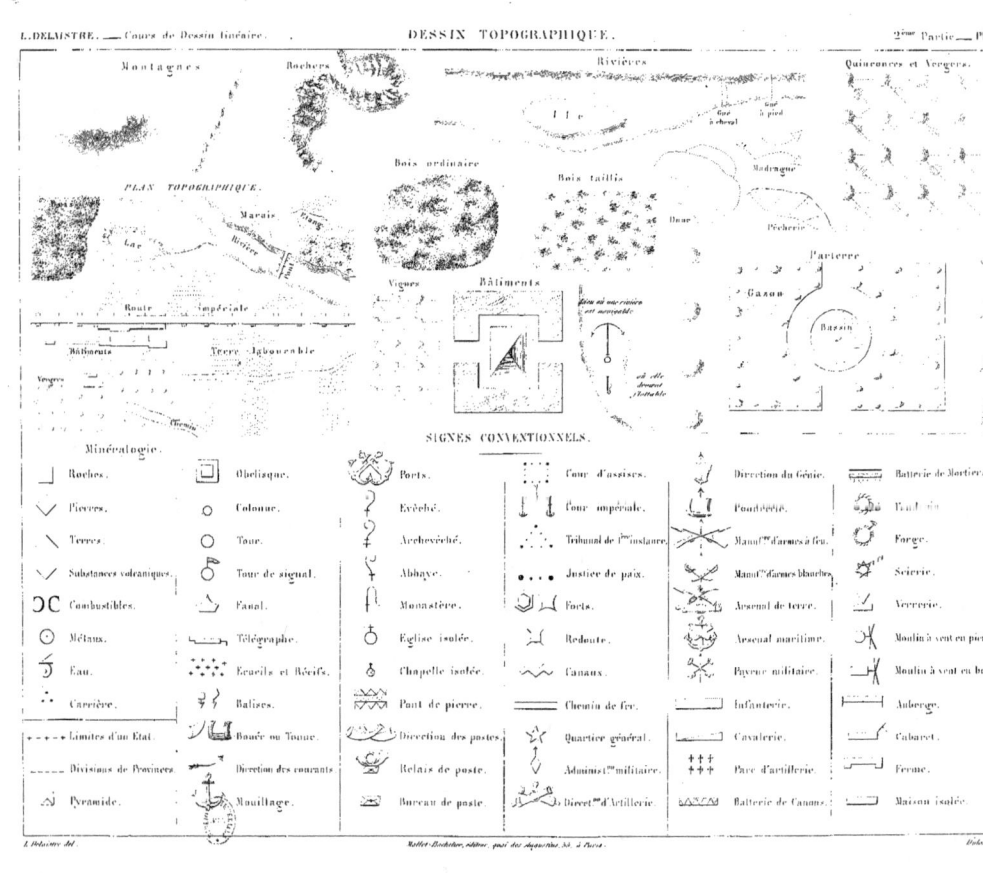

SIGNES CONVENTIONNELS.

L. Delmstre del.   Mallet-Bachelier, éditeur, quai des Augustins, 55, à Paris.   Visher

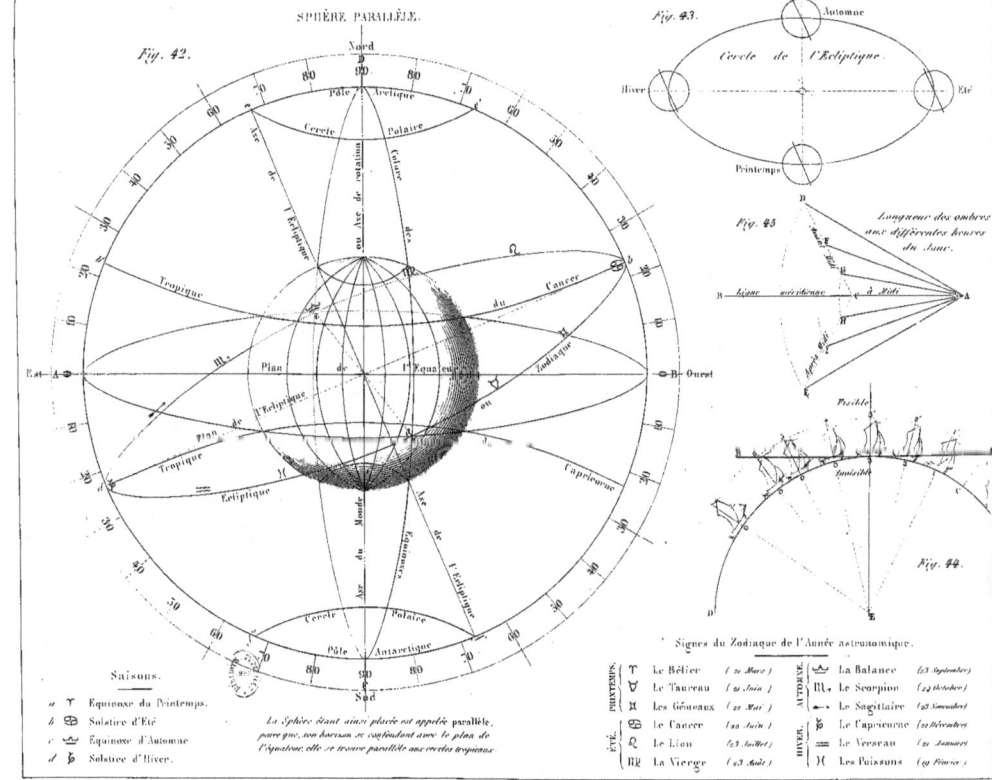

SPHÈRE PARALLÈLE.

Fig. 42.

Fig. 43.

Fig. 43.

Fig. 44.

Saisons.

a ♈ Équinoxe du Printemps.
b ♋ Solstice d'Été.
c ♎ Équinoxe d'Automne
d ♑ Solstice d'Hiver.

La Sphère étant ainsi placée est appelée parallèle, parce que, son horizon se confondant avec le plan de l'Équateur, elle se trouve parallèle aux cercles tropicaux.

Signes du Zodiaque de l'Année astronomique.

PRINTEMPS.	♈	Le Bélier	(21 Mars)	AUTOMNE.	♎	La Balance	(23 Septembre)
	♉	Le Taureau	(21 Juin)		♏	Le Scorpion	(23 Octobre)
	♊	Les Gémeaux	(22 Mai)		♐	Le Sagittaire	(23 Novembre)
ÉTÉ.	♋	Le Cancer	(22 Juin)	HIVER.	♑	Le Capricorne	(22 Décembre)
	♌	Le Lion	(23 Juillet)		♒	Le Verseau	(21 Janvier)
	♍	La Vierge	(23 Août)		♓	Les Poissons	(19 Février)

Placée à 45 degrés de latitude.   *Fig. 46.*

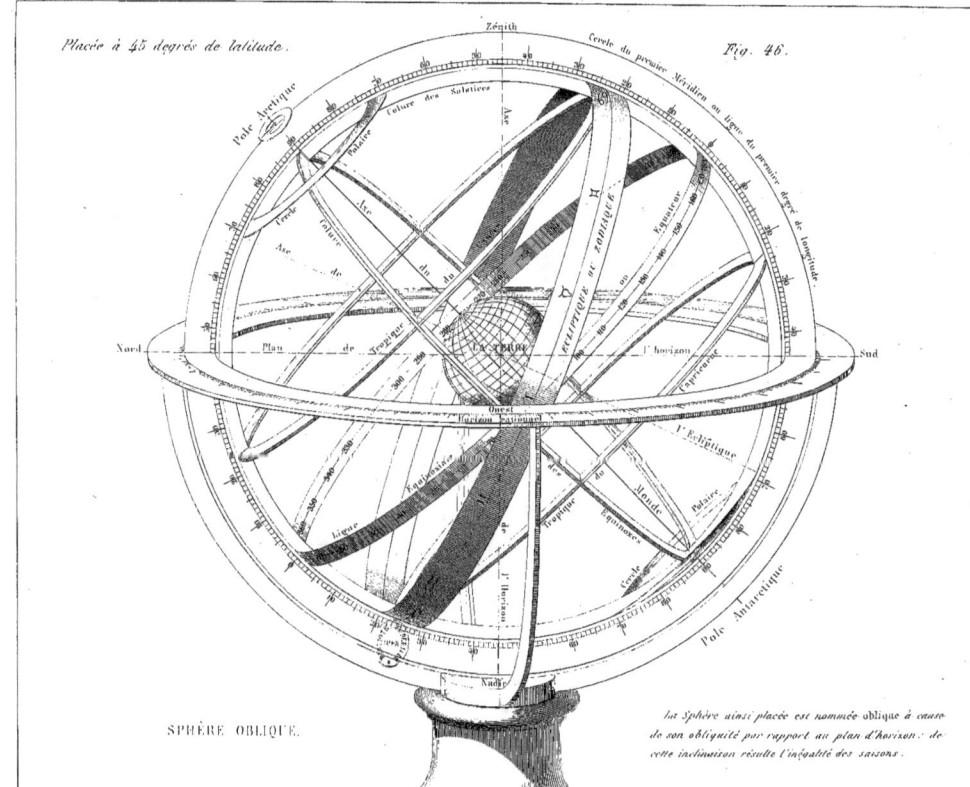

SPHÈRE OBLIQUE.

La Sphère ainsi placée est nommée oblique à cause
de son obliquité par rapport au plan d'horizon: de
cette inclinaison résulte l'inégalité des saisons.

L. Delaistre del.   Mallet-Bachelier éditeur, quai des Augustins, 55, à Paris.   Dulos sc.

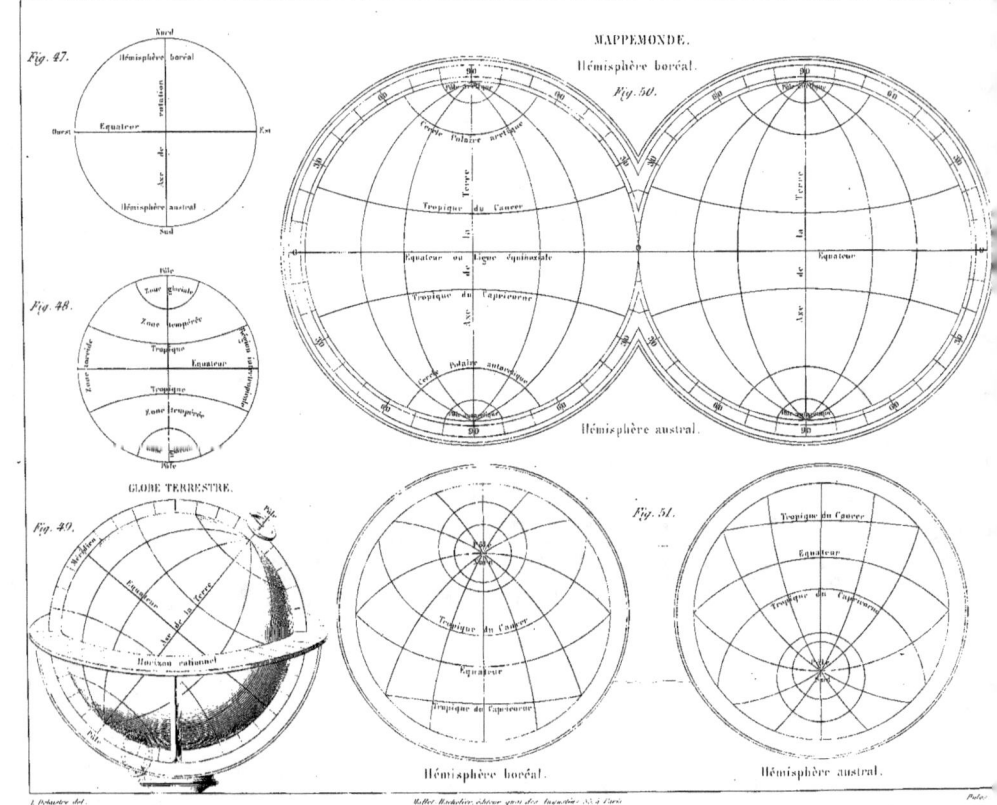

MAPPEMONDE.

Hémisphère boréal.

Fig. 47.

Fig. 48.

Fig. 49.

GLOBE TERRESTRE.

Fig. 50.

Fig. 51.

Hémisphère austral.

Hémisphère boréal.

Hémisphère austral.

L. Delaistre del.   Mellet-Rachelier, éditeur, quai des Augustins, 55, à Paris.   Paris.

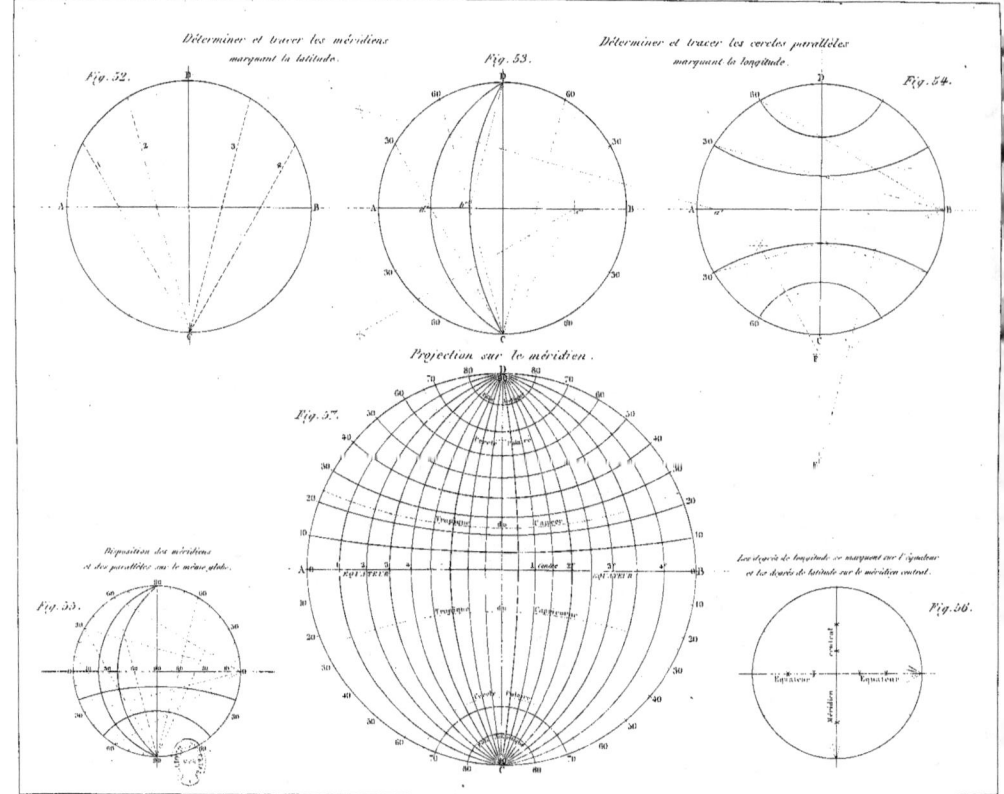

Déterminer et tracer les méridiens marquant la latitude.

Déterminer et tracer les cercles parallèles marquant la longitude.

Fig. 52.

Fig. 53.

Fig. 54.

Projection sur le méridien.

Fig. 57.

Disposition des méridiens et des parallèles sur le même globe.

Fig. 55.

Les degrés de longitude se marquent sur l'équateur et les degrés de latitude sur le méridien central.

Fig. 56.

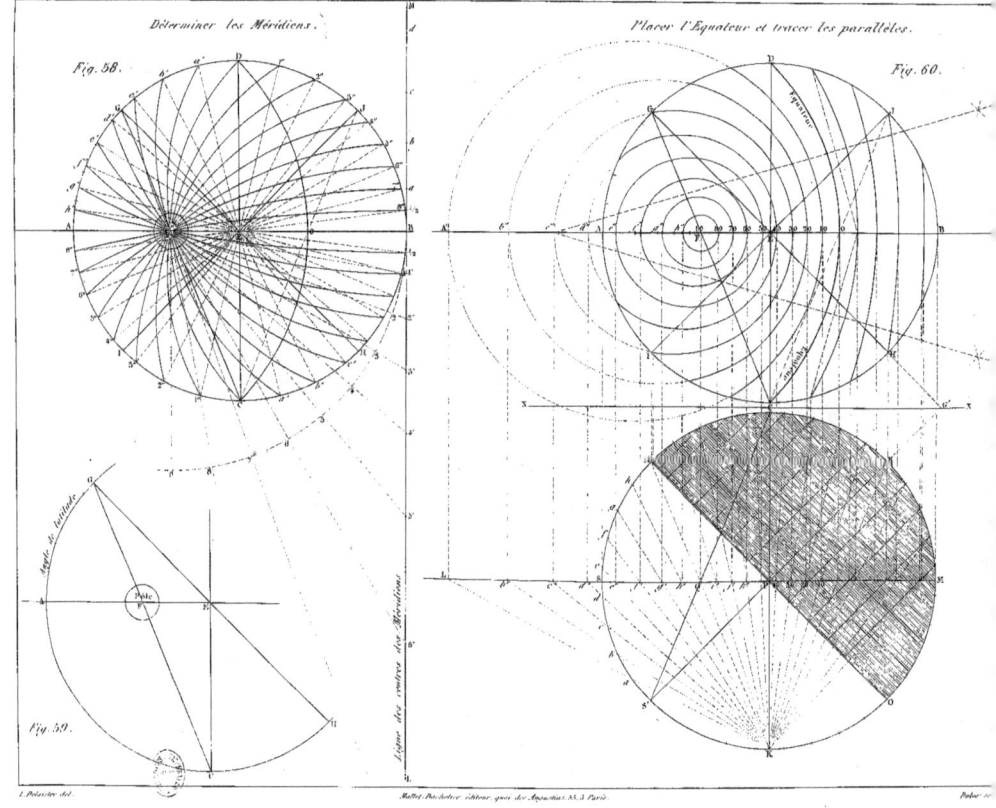

Déterminer les Méridiens.

Placer l'Équateur et tracer les parallèles.

Fig. 58.

Fig. 60.

Fig. 59.

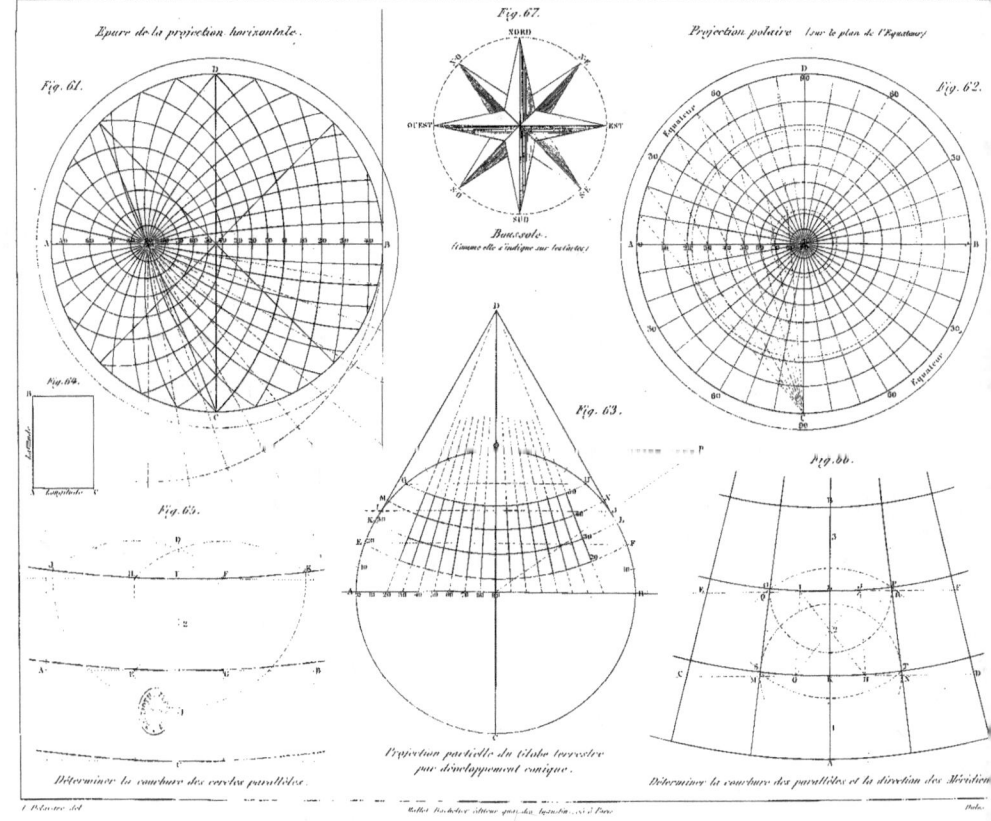

Epure de la projection horizontale.

Fig. 61.

Fig. 67.

NORD

OUEST   EST

SUD

Boussole.
(comme elle s'indique sur les cartes.)

Projection polaire (sur le plan de l'Equateur)

Fig. 62.

Fig. 64.

Fig. 65.

Fig. 63.

Fig. 66.

Projection partielle du globe terrestre
par développement conique.

Déterminer la courbure des cercles parallèles.

Déterminer la courbure des parallèles et la direction des Méridiens.

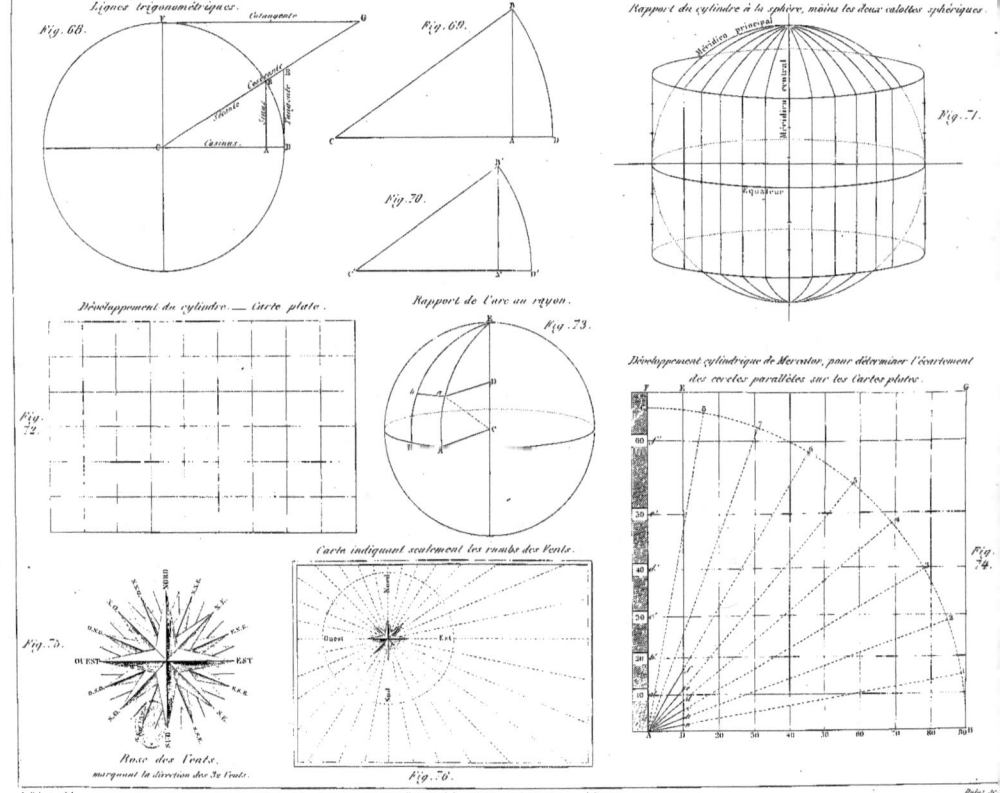

Lignes trigonométriques.

Fig. 68.

Fig. 69.

Fig. 70.

Rapport du cylindre à la sphère, moins les deux calottes sphériques.

Fig. 71.

Développement du cylindre. — Carte plate.

Fig. 72.

Rapport de l'arc au rayon.

Fig. 73.

Développement cylindrique de Mercator, pour déterminer l'écartement des cercles parallèles sur les Cartes plates.

Fig. 74.

Carte indiquant seulement les rumbs des Vents.

Rose des Vents, marquant la direction des 32 Vents.

Fig. 75.

Fig. 76.

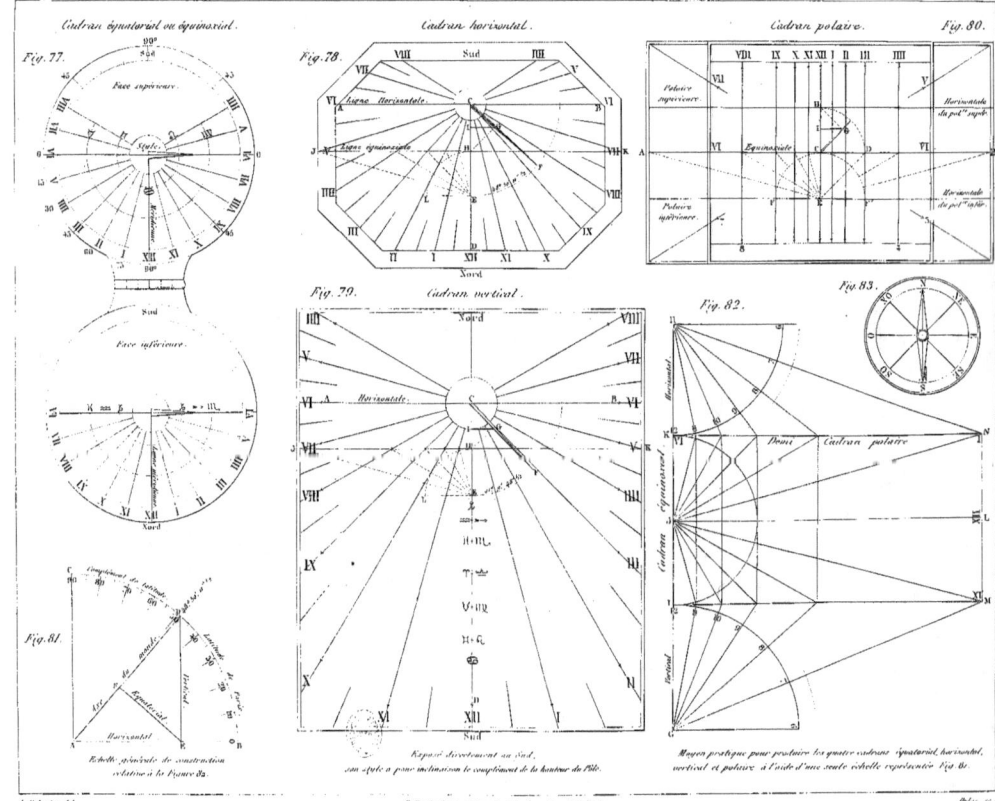

TROISIÈME PARTIE.

ARCHITECTURE, TRACÉ DES VOUTES, DES ESCALIERS ET DES VASES.

SECTION I.

ARCHITECTURE.

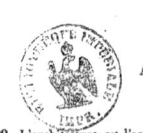

199. L'architecture est l'art de construire, de disposer et d'orner les édifices. C'est particulièrement sous ce dernier point de vue que nous l'envisagerons, car l'ornementation est l'application la plus immédiate, la plus usuelle et la plus intéressante des études linéaires.

Les cinq ordres d'architecture, d'après Vignole. (Planche I.)

200. C'est dans la Grèce, patrie commune de tous les arts, que l'architecture a reçu les proportions imposantes et les formes gracieuses qui l'ont rendue classique, c'est-à-dire qui sont l'expression la plus élevée du goût le plus pur. C'est aux artistes d'Athènes et de ses colonies que nous devons ces majestueuses colonnes qui sont la base fondamentale en même temps que le plus bel ornement d'un grand édifice. Comme elles sont l'élément le plus apparent d'une construction, le génie grec s'est complu à leur donner les proportions les plus régulières et à épuisé dans leur ornementation toutes les ressources d'une imagination brillante et féconde.

Plus tard les Romains, devenus les maîtres du monde, employèrent les mêmes types pour décorer leurs monuments, et s'ils y introduisirent certains changements, ces changements furent dignes de la grandeur et de la majesté de l'empire. Vitruve fut le législateur et l'historien de l'architecture romaine.

Le moyen âge produisit le style *roman* ou *byzantin*, né de l'art grec dégénéré, et vit l'Europe entière se couvrir des merveilles de l'architecture ogivale; mais la Renaissance ressuscita le goût de l'art antique. Parmi les artistes de cette dernière époque, on remarque Palladio, Scamozzi et Vignole. Comparant le texte de Vitruve aux monuments encore debout ou aux ruines qui jonchaient le sol, ils présentèrent à leur tour trois modes de proportions : mais celui de Vignole prévalut.

De là sont nés les cinq *ordres* d'architecture, c'est-à-dire cinq genres de colonnes distinguées entre elles par leur structure et leur ornementation.

201. Un ordre se compose de trois parties : la colonne proprement dite, le piédestal et l'entablement.

La *colonne* est la partie principale de l'ordre : c'est d'elle que dérivent toutes les autres. On la divise en *base*, *fût* et *chapiteau*.

Le *piédestal*, divisé en *base*, *dé* et *corniche*, supporte la colonne. Il est d'invention romaine; chez les Grecs, la base de l'édifice, que l'on nommait *stylobate*, en tenait presque toujours lieu.

Au-dessus de la colonne se trouve l'*entablement* qui couronne l'ordre, et dont les parties principales sont l'*architrave*, la *frise* et la *corniche*.

202. Pour régler les proportions des différents ordres, on a pris pour point de départ le diamètre de l'extrémité inférieure de la colonne. La moitié de ce diamètre a reçu le nom de *module*. Le module se divise en *minutes*, dont le nombre varie suivant le genre de colonne que l'on veut représenter. Ainsi, pour le toscan et le dorique, le module se divise en 12 minutes; dans l'ionique, le corinthien et le composite, il comprend 18 minutes. A l'égard des proportions à observer entre les parties d'un même ordre, nous dirons que la colonne (base, fût et chapiteau) contient trois fois la hauteur de son piédestal et quatre fois la hauteur de son entablement; que la limite inférieure du fût est la *ceinture*, et la limite supérieure l'*astragale*.

203. Les cinq ordres d'architecture sont : le *Toscan*, le *Dorique*, l'*Ionique*, le *Corinthien* et le *Composite*.

204. *Ordre Toscan (fig. 1).* — Cet ordre remonte à une haute antiquité. On l'attribue aux Étrusques, peuple qui habitait la partie de l'Italie nommée aujourd'hui la Toscane, et auquel les Romains furent redevables des premiers éléments de leur civilisation.

L'ordre toscan est le moins orné et le plus massif; aussi ne l'emploie-t-on que rarement et toujours seul.

La colonne toscane a 7 diamètres ou 14 modules de hauteur, savoir : pour la base A, 1 module; pour le fût B, 12 modules; pour le chapiteau C, 1 module.

La hauteur du piédestal est de 4 modules 8 minutes, savoir : pour la base D, 6 minutes; pour le dé E, 3 modules 8 minutes; pour la corniche F, 6 minutes.

L'entablement a pour hauteur 3 modules 6 minutes, savoir : pour l'architrave G,

1 module; pour la frise H, 1 module 2 minutes; pour la corniche I, qui se compose du *larmier* et de la *cymaise*, 1 module 4 minutes.

Dans l'ordre toscan le total des modules est donc de 22 modules 2 minutes; non compris le piédestal, il est de 17 modules 6 minutes.

L'*entre-colonnement*, ou distance des colonnes, doit être de 4 modules 8 minutes.

205. *Ordre Dorique* (*fig.* 2). — Inventé par les Doriens, peuplade grecque du Péloponèse, cet ordre est presque aussi massif que le toscan; mais son caractère de grandeur l'a généralement fait préférer. D'ailleurs il est moins nu, car son entablement est souvent richement orné. On y voit des *mutules* à la corniche, des triglyphes à la frise, et quelquefois même des sculptures entre les triglyphes dans l'espace réservé que l'on nomme *métope*. Son architrave est aussi couronnée d'une sorte de listel nommé *ténie*, et au-dessous de la ténie se trouvent les *gouttes*, qui servent de complément aux triglyphes. Ajoutons qu'à partir de l'ordre dorique les colonnes peuvent être cannelées.

La colonne dorique a 8 diamètres ou 16 modules de hauteur, savoir : pour la base, 1 module; pour le fût, 14 modules; pour le chapiteau, 1 module.

Le piédestal a pour hauteur 5 modules 4 minutes : pour la base, 10 minutes; pour le dé, 4 modules; pour la corniche, un demi-module ou 6 minutes.

L'entablement a pour hauteur 4 modules : pour l'architrave, 1 module; pour la frise et pour la corniche, chacune 1 module 8 minutes.

Dans l'ordre dorique le total des modules est de 25 modules et 4 minutes; non compris le piédestal, il est de 20 modules.

L'entre-colonnement est de 5 modules 6 minutes.

206. *Ordre Ionique* (*fig.* 3). — Cet ordre, qui unit la simplicité à la grâce et à la noblesse, nous vient des Ioniens, colonie grecque de l'Asie Mineure. Il est remarquable par les volutes qui décorent son chapiteau et qui présentent la forme de cornes de bélier; par les denticules qui ornent la corniche de son entablement; enfin par les plates-bandes qui se partagent son architrave.

La colonne ionique a 9 diamètres ou 18 modules de hauteur : 1 module pour la base; 16 modules 6 minutes pour le fût, qui s'étend de *a* en *b*; 12 minutes pour le chapiteau.

Le piédestal a 6 modules de hauteur : pour la base, 9 minutes; pour le dé, 5 modules; pour la corniche, 9 minutes.

L'entablement a 4 modules 9 minutes de hauteur : 1 module un quart pour l'architrave; 1 module et demi pour la frise; 1 module trois quarts pour la corniche.

La somme des modules de la colonne ionique est de 28 modules et demi; non compris le piédestal, elle est de 22 modules et demi.

L'entre-colonnement est de 4 modules un tiers.

La colonne ionique peut s'employer avec ou sans cannelures.

207. *Ordre Corinthien* (*fig.* 4). — L'ordre corinthien surpasse tous les autres ordres en élégance, en richesse et en grandeur. L'invention en est due à Callimaque, architecte de Corinthe. Son chapiteau surtout est admirable : il est entouré de feuilles d'acanthe, d'où sortent des tiges qui se terminent en volutes et que l'on nomme *caulicoles*. Celles-ci sont au nombre de seize, savoir : huit grandes et huit petites. La corniche de cet ordre est aussi très-remarquable : elle est ornée de *modillons* et de *denticules*; son architrave est divisée en plates-bandes séparées par des moulures.

La colonne corinthienne a 10 diamètres de hauteur, savoir : pour la base, 1 module; pour le fût, 16 modules 12 minutes; pour le chapiteau, 2 modules 6 minutes.

La hauteur du piédestal est de 7 modules : 12 minutes pour la base; 5 modules 10 minutes pour le dé; 14 minutes pour la corniche.

L'entablement a 5 modules de hauteur : pour l'architrave, 1 module 9 minutes; pour la frise, 1 module 9 minutes; pour la corniche, 2 modules.

La hauteur totale est de 32 modules; non compris le piédestal, elle est de 25.

L'entre-colonnement est de 4 modules 12 minutes.

La colonne corinthienne est toujours ornée de cannelures.

208. *Ordre Composite* (*fig.* 5). — Cet ordre est d'invention romaine. Il offre un mélange d'ionique et de corinthien, sans en avoir les perfections. Ses volutes sont peu gracieuses, sa corniche est sans modillons et son architrave n'a que deux plates-bandes.

La colonne composite a 20 modules de hauteur : pour la base, 1 module; pour le fût, 16 modules et 12 minutes; pour le chapiteau, 2 modules et 6 minutes.

Le piédestal a pour hauteur 7 modules, savoir : pour la base, 12 minutes; pour le dé, 5 modules et 10 minutes; pour la corniche, 14 minutes.

L'entablement a 5 modules de hauteur : 1 module 9 minutes pour l'architrave; 1 module 9 minutes pour la frise; 2 modules pour la corniche.

La hauteur totale est de 32 modules, y compris le piédestal.

L'entre-colonnement est de 4 modules et 12 minutes.

La colonne est ornée de cannelures.

209. Les proportions que nous venons d'énumérer pour chacun des cinq ordres n'ont pas été rigoureusement observées à toutes les époques; bien des monuments anciens et modernes présentent à cet égard des anomalies, qui ont un caractère différent suivant l'époque à laquelle ils appartiennent et suivant l'architecte qui a présidé à leur construction. Ces dissemblances se remarquent surtout dans le dorique, divisé par ce fait en deux classes : le dorique grec ou ordre de Pœstum, et le dorique romain qui a servi de base à Vitruve pour en établir les dimensions. Comme l'ordre de Pœstum est vraiment remarquable, nous en donnons une idée dans une des planches qui vont suivre. Quant aux proportions que nous avons données aux cinq ordres, ce sont celles qui ont été établies par Vignole, et qui ont été adoptées pour l'architecture classique.

Détails d'architecture. (Planche II.)

210. La *fig.* 6 représente une colonne dorique tout entière; elle est la récapitulation de ce que nous avons dit relativement à cet ordre. Les élèves devront s'exercer à construire de même les autres ordres, en se servant des proportions que nous avons énumérées dans les numéros précédents.

211. *Manière de galber les colonnes.* — Bien que nous connaissions déjà les proportions des colonnes pour les cinq ordres principaux, nous ne possédons cependant pas encore tous les éléments nécessaires pour les tracer convenablement. Les colonnes ayant deux diamètres inégaux, et celui de l'extrémité supérieure étant le plus petit, il semblerait que la diminution du diamètre dût s'effectuer proportionnellement sur toute leur longueur, depuis l'extrémité inférieure du fût jusqu'à son sommet. Néanmoins cette décroissance n'a pas lieu à partir du point de départ, elle ne commence qu'au tiers inférieur de la colonne, et se produit de deux manières : la première s'applique aux ordres toscan et dorique; la seconde aux trois autres ordres.

Première opération. — Sur la ligne CD, prise pour base de la colonne, on élève une perpendiculaire AB (*fig.* 7), d'une longueur proportionnelle au nombre de modules qui entrent dans l'ordre que l'on veut construire. On divisera cette hauteur en trois parties égales AE, EF, FB, et par le milieu de EF et FB on mènera les lignes 1 et 3 parallèles à KL. Puis du point E, avec une ouverture de compas égale à EK, qui représente le demi-diamètre inférieur AC, on décrira une demi-circonférence, et des points G et H, diamètre supérieur dont la longueur est égale aux ⅔ de la base, on mènera GI et HJ parallèles à AB. On divisera ensuite les arcs KI et LJ en autant de parties égales qu'il y a de grandes divisions dans la distance EB, et par chacun des points de division de la demi-circonférence on mènera des parallèles à EB : les points de rencontre de ces parallèles avec les lignes 1, 2, 3, 4 seront les points de passage du galbe de la colonne que nous avons tracé de L en H.

Deuxième opération. — Sur une ligne horizontale CD (*fig.* 8) on élèvera une perpendiculaire égale à la hauteur que doit avoir la colonne, et on la divisera en huit parties égales. On déterminera ensuite la distance CD pour le diamètre inférieur, et la distance EF pour le diamètre supérieur. Par le point G, tiers de la colonne, on mène sur AB une perpendiculaire indéfinie GJ, et prenant sur cette ligne la distance GH égale à la moitié du diamètre inférieur et clef de l'opération, on la portera au point F, et de ce point on tracera l'intersection I sur la ligne AB. Ensuite du point F on fera passer par le point I une droite qui coupera la ligne indéfinie HJ au point J. Joignant le point J aux divisions 3, 4, 5, 6 et 7 de la ligne AB, par des droites indéfinies, on reportera sur chacune d'elles la division GH, déjà reportée de F en I, et l'on obtiendra les intersections qui serviront à déterminer les points de passage du galbe de la colonne que nous avons donné en HF. Quant aux lignes horizontales, elles servent au tracé du côté opposé.

212. *Tracé des moulures.* — Nous avons indiqué (*Pl. I*) l'emplacement et la forme des différentes moulures; nous allons maintenant donner la manière de les tracer. Ces moulures sont : le congé, le tore, le cavet, le quart de rond, le talon, la doucine et la scotie.

Le *congé* (*fig.* 9) est moins une moulure qu'une terminaison gracieuse, servant à adoucir la jonction de la colonne ou du piédestal à une moulure quelconque. Pour le tracer, on formera un carré ABCD, et du point A, avec un rayon AB, on décrira l'arc BC qui sera la courbe du congé.

Le *tore* (*fig.* 10) est obtenu par une demi-circonférence décrite avec un rayon AB égal à la moitié de la hauteur CD.

Le *cavet* (*fig.* 11 et 12), employé dans les corniches, résulte d'un quart de cercle dont le centre est placé en dehors de la figure; placé comme *fig.* 11, il est dit *renversé.*

Le *quart de rond* (*fig.* 13) est formé par un quart de cercle décrit du point intérieur A, avec un rayon AB égal à AC, hauteur de la moulure.

Le *talon* (*fig.* 14 et 15) est une moulure moitié concave et moitié convexe. On le nomme *talon renversé,* lorsque la partie concave est dans le haut. On peut le tracer de deux manières, suivant que sa cambrure est plus ou moins prononcée : 1° on joint les points extrêmes de la saillie par une droite AB que l'on divise en deux parties égales, et sur chaque moitié EB et EA on construit un triangle équilatéral, dont le sommet D ou C devient le centre de chaque courbe; 2° la saillie CD (*fig.* 15) étant égale à la hauteur AD, on forme un carré ABCD que l'on divise en quatre parties égales par deux perpendiculaires FG et HI; les points H et I seront les centres des courbes à décrire.

La *doucine* (*fig.* 16 et 17) se place de deux manières et s'obtient soit en formant un parallélogramme rectangle ABED de même hauteur que la moulure et d'une largeur égale à sa saillie; soit en formant deux triangles équilatéraux sur la ligne de saillie BE, car dans l'un et l'autre cas les centres de courbure seront toujours aux points A et D. La doucine *fig.* 16 est dite *renversée.*

La *scotie* (*fig.* 18) est une moulure concave qui se place entre les tores de la base d'une colonne. Elle est en usage dans les ordres ionique, corinthien et composite, mais plus particulièrement dans ces deux derniers. Pour tracer la courbe de cette figure, du point B on abaissera sur la base une perpendiculaire BA, et, la distance AD étant déterminée, on élèvera au point D une perpendiculaire indéfinie sur laquelle on portera cette distance de D en E et de E en F, puis on mènera au point E une autre perpendiculaire EH, et une oblique de F à A. On décrira enfin la courbe BHID en traçant successivement, des points C, G, F, avec les rayons CB, GH, FD, les arcs BH, HI et ID.

213. *Tracé des triglyphes.* — Cet ornement, spécial à l'ordre dorique, est une sorte de console ayant deux cannelures au centre (*fig.* 19) et deux demi-cannelures sur ses côtés. Son tracé ne présentant pas de difficultés, puisqu'il ne se compose que de lignes perpendiculaires et parallèles, nous nous sommes contenté d'indiquer ses proportions sur notre planche. On concevra sans peine que la ligne AB est perpendiculaire à la base et qu'il faut commencer par elle, afin de donner au triglyphe une bonne direction et surtout pour l'établir à la place qui lui sera assignée.

214. *Tracé des cannelures.* — Tous les ordres, à l'exception du toscan, peuvent recevoir des cannelures. Dans l'ordre dorique elles sont à vive arête; dans les autres, elles sont séparées par un listel. Elles sont au nombre de vingt-quatre, cependant le dorique n'en a quelquefois que vingt. On peut placer à chaque cannelure une baguette montant au tiers de sa hauteur. Pour le tracé des cannelures on se sert de différents moyens, selon que leur cavité est plus ou moins profonde, et sous ce rapport le dorique est le moins creux. Nous commencerons par cette figure.

Du point C, milieu du diamètre AB (*fig.* 20), et d'un rayon CA, on décrira une demi-circonférence que l'on divisera en parties égales, et par chacun des points de division on fera passer des rayons. Ensuite avec un rayon DE ou DF, égal à la moitié d'une division, on décrit des demi-circonférences extérieures, comme EGF, qui donneront, par leur intersection avec chaque rayon du demi-cercle principal, le centre de chaque cannelure; enfin on tracera les perpendiculaires qui en marqueront les limites.

Pour les cannelures de l'ordre corinthien (*fig.* 21), on choisira un rayon DE, et on décrira des demi-circonférences en prenant pour centre chaque point de division. La *fig.* 22 représente la première opération renversée, le point D étant le centre de la courbe AB. La *fig.* 23 offre le tracé d'une cannelure effectuée à l'aide d'un triangle équilatéral ABC, le point C étant pris pour centre de la courbe.

215. *Tracé des balustres.* — Le balustre est une petite colonne qui, posée à jour, sert à garnir ou à orner une hauteur d'appui de fenêtre, de balcon, de plate-forme ou de terrasse. Il se compose de quatre parties : la *base*, la *panse* qui est la partie renflée du milieu, le *col* et le *chapiteau* : il a donc à peu près la forme d'un vase. On les emploie par rangée symétrique, en donnant aux intervalles la largeur de l'un d'eux. Quant aux proportions à donner aux balustres, elles dépendent du goût et de la nature du bâtiment. Pour faciliter l'exécution du dessin que nous donnons (*fig.* 24), nous dirons que son plus grand diamètre doit être égal à la base et au chapiteau, et que la hauteur totale AB est divisée en trois parties égales.

Colonne torse, Frontons et Chambranles. (Planche III.)

216. *Tracé de la colonne torse.* — On trace d'abord le fût d'une colonne ordinaire (*fig.* 25), à laquelle on donne les proportions de l'ordre dont on a fait choix, et c'est à l'aide de ce tracé préparatoire que l'on parvient à effectuer le tracé complémentaire.

1°. Ayant tracé une ligne horizontale indéfinie AG, on détermine sur cette ligne le diamètre inférieur AB, et aux points A, C et B on élève les perpendiculaires AE, BF et CD. Divisant ensuite la ligne CD en 48 parties égales, on mène, par chacun des points de division, des parallèles à AG jusqu'à la rencontre de GH, et sur la ligne supérieure on établit en LF le second diamètre de la colonne. Par la 16° division, ou tiers de la hauteur, on trace une ligne indéfinie KN; puis, prenant sur cette ligne la distance KJ, on la reportera de L en M sur la ligne CD à l'aide d'un quart de cercle, et on prolongera la ligne oblique LM jusqu'à sa rencontre avec la ligne indéfinie KN, où elle déterminera le point N considéré comme le foyer des rayons que l'on fera passer par chacun des points de division. Prenant ensuite, de nouveau, la distance KJ, on la portera sur tous ces rayons, ce qui déterminera sur chacun d'eux le point de passage de la courbe.

2°. Sur la ligne d'axe *ab* on décrit un cercle d'un diamètre égal à la saillie de la colonne, et un second cercle intérieur égal à son rentrant, c'est-à-dire à la distance *a'b'* placée près de la base inférieure. On divisera ce cercle en huit parties égales par les lignes *ae*, *cd*, *g* et *f*, qui donneront sur le cercle intérieur les points *i*, *k*, *j*, *h*, par lesquels on mènera des parallèles à l'axe qui serviront à obtenir l'hélice intérieure. Pour avoir les deux courbes de la colonne torse, il suffira de reporter horizontalement à l'hélice intérieure les mesures prises sur la figure préparatoire, et le reste de l'opération dépendra de la justesse du tracé. Quant aux points *l* et *m*, ils indiquent l'inclinaison extérieure de la courbe, qui peut être assimilée à un pas de vis.

217. *Tracé des frontons.* — On nomme *fronton* une sorte de corniche triangulaire qui couronne la façade d'un édifice; quelquefois aussi il sert d'ornement aux portes, aux fenêtres, etc. La partie creuse du milieu, nommée *tympan*, est tantôt lisse, tantôt occupée par un bas-relief. Les petits piédestaux placés à chaque extrémité de la corniche (*fig.* 27) se nomment *acrotères* et sont destinés à recevoir des figures ou des vases. Le tracé des frontons s'exécute de deux manières.

1°. Soit à tracer le fronton ABE (*fig.* 26). Étant données la largeur AB et CD perpendiculaire sur son milieu, du point C et avec un rayon CA on décrit un arc de cercle ADB. Le point D, intersection de cet arc et de la ligne *c*D, sera le centre de l'arc de cercle qui déterminera le sommet du fronton E.

2°. Le second moyen (*fig.* 27) est plus simple et permet d'augmenter et de diminuer à volonté la hauteur du fronton. Sur le milieu de AB élevez une perpendiculaire indéfinie CE; prenez sur cette ligne un point quelconque, du haut aux points A et B : vous aurez un triangle isocèle qui donnera la figure demandée. La porte que nous avons représentée est dessinée sur les deux points A et B.

218. *Tracé des chambranles.* — Les chambranles (*fig.* 28) sont des encadrements destinés à orner les portes, les fenêtres et les cheminées. Leurs proportions ne sont pas soumises à des règles positives; on leur donne ordinairement pour hauteur le double de leur largeur dans le toscan et le dorique, et dans les autres ordres on les augmente d'un cinquième. La porte que nous avons représentée est dessinée suivant le premier de ces deux modes; ainsi, pour la tracer, on décrira deux cercles tangents, et inscrivant le premier dans un carré GHNM, on divisera ce carré par deux diagonales qui, prolongées de G en K et de H en L, serviront à tracer les moulures formant pieds-droits en AI et JB, ainsi que le linteau en KG et LH.

Tracé de la Volute ionique. (Planche IV.)

219. La volute, dont nous avons déjà indiqué la forme et l'emploi (n° 206), est un des plus gracieux ornements de l'ordre ionique. Elle est engendrée par une spirale tournant autour d'un petit cercle nommé *œil*; c'est du tracé de cet œil que dépend la justesse de l'opération.

Pour construire l'œil de la volute (*fig.* 29), on tracera deux lignes réciproquement perpendiculaires, sur lesquelles on formera un carré que l'on divisera en quatre parties égales par les lignes 1 3 et 2 4. On divisera chaque moitié de ces deux lignes en trois parties égales que l'on numérotera suivant l'ordre indiqué sur la figure, et de chacun de ces points on mènera des parallèles; enfin on tirera trois droites indéfinies, l'une perpendiculaire du point 1, l'autre du point 4 par le point 6, et la troisième du point 8 par le point 9. L'œil doit avoir le huitième de la hauteur totale de la volute.

Soit ABCD (*fig.* 30) la volute à tracer, avec listel au premier tour. Ayant mené les deux perpendiculaires AB et CD, comme pour la figure précédente, on divise la ligne AB, nommée *cathète*, en 16 parties égales, savoir : 9 au-dessus du point d'intersection et 7 au-dessous. Du point d'intersection des deux perpendiculaires comme centre, et avec un rayon égal à l'une des divisions, ont décrit une circonférence, qui sera l'œil de la volute.

Ces constructions préliminaires terminées, du point 1, avec une ouverture de compas égale à 1 0, on décrira l'arc 0 1'; du point 2, avec un rayon 2 1', on décrira l'arc 1' 2'; et ainsi de suite jusqu'au douzième arc inclusivement.

Pour décrire le listel on suivra la même marche, mais en partant de points différents. Pour plus de clarté, reportons-nous à la figure précédente. Dans cette figure, la distance de 1 à 5 est divisée en quatre parties égales et la première de ces subdivisions se trouve reproduite de 2 à 6, de 3 à 7, de 4 à 8, etc. Ces points sont les centres de la courbe du listel, qui aura d'ailleurs pour épaisseur le quart de la distance de 0 à 4'.

La volute suivante (fig. 31) sera le complément de l'opération. Attendu les grandes proportions de cette figure et les explications précédentes, nous croyons inutiles de nouveaux détails. Nous nous contenterons de recommander aux élèves d'apporter à sa construction tout le soin nécessaire pour arriver à un bon résultat. Comme exemple des déformations qui peuvent résulter du moindre défaut de précision, nous citerons la fig. 30, que nous avons à dessein tracée avec quelque inexactitude de détail. Dans cette figure, la courbe de la volute, arrivant au chiffre 4', passe au-dessus de la division de la cathète, tandis qu'au contraire elle devrait passer au-dessous, comme nous l'avons fait pour la fig. 31.

Ornements d'Architecture. (Planche V.)

220. Nous avons réuni dans cette planche plusieurs ornements dont l'emploi est assez fréquent.

Le *modillon* (fig. 32) est une petite console qui sert à supporter une corniche.

La *console* (fig. 33) sert également à soutenir de petites corniches, des galeries, des balcons, des figures, des vases et autres corps : elle est susceptible de recevoir beaucoup d'ornements.

Les *oves* (fig. 34 et 35) sont des moulures dont la coupe est un quart de rond. On les nomme *fleuronnés* quand ils sont entourés de feuilles sculptées.

Viennentensuite le *feston double* (fig. 36), l'*astragale* (fig. 37 et 38), le *câble* (fig. 39), les *écailles* (fig. 40), les *postes* (fig. 41), les *feuilles de chêne* (fig. 42), les *rais de cœur* (fig. 43), le *nœud arabe* (fig. 44) et la *palmette* (fig. 45). L'examen de ces différentes figures en donnera une idée plus claire et plus exacte que toute explication. Pour les tracer, il suffit de mener des lignes perpendiculaires et parallèles par les points indiqués. Il n'est pas jusqu'au nœud arabe qui ne soit formé de la manière la plus simple : son tracé primitif est un véritable canevas dont le carré est la base et dont les fils sont numérotés; quant aux courbes qui s'y rencontrent, les centres en sont marqués par un point apparent situé à l'angle du carré intérieur.

221. *Tracé des oves au chapiteau ionique.* — Par le point C, milieu d'une ligne AB divisée en parties égales (fig. 35), on mène une perpendiculaire indéfinie, et on prend sur AB la distance DE comme largeur du diamètre supérieur de la colonne. On décrira ensuite une courbe, de laquelle on abaissera deux perpendiculaires en D et E et l'on divisera en huit parties égales l'arc compris entre ces perpendiculaires. De chacun des points de division on mène des perpendiculaires sur AB, et prenant une distance DF égale à DE, on obtiendra le point F; ce point sera le foyer

des droites qui, menées aux points de division de la ligne DE, détermineront l'inclinaison des oves, comme les droites parallèles en ont marqué l'écartement. Pour éviter la déformation des oves, nous avons tracé un cercle o 8 d'un rayon arbitraire très-étendu ; mais si l'on voulait faire l'opération d'une façon parfaitement régulière, il faudrait décrire cet arc de cercle avec un rayon CA égal à la moitié du diamètre de la saillie du chapiteau, ainsi que nous l'avons fait pour le tracé des cannelures par rapport au diamètre supérieur de la colonne.

222. *Tracé de la palmette.* — Sur le milieu de la droite AB (fig. 45) on abaissera la perpendiculaire C o, et des points A et B comme centres on décrira deux arcs se joignant au point C. On divisera ensuite la ligne de hauteur en cinq parties égales, et par les points de division on mènera des parallèles à AB. Puis, prenant la moitié d'une des divisions de la hauteur, on obtiendra les points E et D, d'où l'on tracera deux lignes obliques EC et DC. Ces lignes, par leurs intersections avec les droites parallèles, serviront au tracé des divers enroulements, et assureront la symétrie de leurs motifs.

Plan, Coupe et Élévation d'un édifice. (Planche VI.)

On peut considérer un édifice sous l'un des trois aspects suivants : le plan, la coupe et l'élévation. Pour mieux faire comprendre les rapports de ces manières d'envisager une construction, nous avons représenté un édifice peu chargé de détails et appartenant à l'ordre dorique grec, dont les colonnes manquent de piédestal.

223. *Du plan.* — Le plan est la représentation géométrale d'un objet que l'on suppose coupé horizontalement, et où se retrouve seulement la trace de ses points de contact avec le sol. On doit donc trouver dans le plan d'un édifice la distribution des différentes pièces, l'étendue et l'épaisseur des murailles, enfin l'emplacement des portes. Ainsi dans le plan ABCD (fig. 46), nous avons indiqué la division du temple en trois parties, savoir : le péristyle, la nef et le sanctuaire, et l'emplacement des colonnes. Les lignes parallèles qui encadrent la figure, représentent les marches, et les espaces réservés H et I marquent l'entrée principale et les portes latérales.

224. *De la coupe.* — On nomme coupe, la représentation d'un édifice que l'on suppose coupé verticalement : elle indique par conséquent la structure intérieure, c'est-à-dire l'épaisseur des planchers, la distribution et la hauteur des étages; la disposition des voûtes, la forme des portes et des croisées. La coupe s'exécute par rapport à toutes les faces : il peut donc y avoir, pour un même bâtiment, une coupe antérieure, une coupe postérieure et deux coupes latérales. L'exemple que nous donnons (fig. 47), représente une portion de la coupe latérale du temple prise du côté de la façade. La concordance des lettres G, F, H, I avec celles de la figure précédente indique les rapports du plan et de la coupe.

225. *De l'élévation.* — L'élévation est la représentation de la façade d'un bâtiment dans sa largeur et dans sa hauteur. La fig. 48 offre la vue antérieure de l'édifice dont nous venons d'expliquer le plan et la coupe. On y retrouve même diamètre pour les colonnes, même entre-colonnement, même nombre de marches que sur le plan. Les hauteurs sont les mêmes que celles de la figure précédente.

Tracé des Voûtes. — *Coupe des Pierres.* (Planche VII.)

226. Une voûte est un corps de maçonnerie disposé en cintre et dont les pierres sont appareillées de manière à se soutenir entre elles. Si la courbure est un demi-cercle, on la nomme *plein cintre*; moindre que la demi-circonférence, elle est dite *surbaissée*; plus élevée que le demi-diamètre, elle est *surhaussée*: à cette dernière catégorie appartient *l'ogive*; la voûte *arabe* tient à la fois du plein cintre et de l'ogive. Nous entrerons dans des explications particulières pour chacune de ces voûtes, car chacun des arcs dont nous venons de parler nécessite une marche spéciale dans la coupe des pierres destinées à le former : ces pierres se nomment *voussoirs* ou *voussseaux*.

Les voûtes se placent sur des *pieds-droits*, dont la dernière pierre leur donne naissance. Ces pierres, nommées *sommiers*, sont placées à gauche et à droite de la voûte. La surface intérieure d'une voûte est appelée *intrados*, la surface extérieure *extrados*, et lorsque ces deux courbes sont parallèles, on dit qu'elle est *extradossée*. L'intrados doit toujours être divisé en un nombre impair de parties, afin de réserver une place pour la pierre du milieu, nommée *clef*. Chaque voussoir se compose de plusieurs faces, qui portent différents noms : la face verticale se nomme *coupe*; celle de l'intrados, *douille*; la face opposée, *extrados du voussoir*; enfin chacune des deux autres faces latérales se nomme *joint*. Lorsque les voussoirs sont destinés à former une plate-bande, comme on le voit souvent au couronnement des portes et des fenêtres, ils se nomment *claveaux*. Les voussoirs et les claveaux sont dits à *crossette*, lorsqu'ils ont une partie saillante et en retour, placée dans la direction des assises et se raccordant avec elles.

227. *Voûte à plein cintre.* — Les voussoirs de cette voûte sont à crossette (*fig.* 49). La courbure est une demi-circonférence dont le centre est en C. On obtient les voussoirs en divisant la courbe ADB en un nombre impair de parties *égales*. Dans notre figure le nombre des divisions est onze; le sixième intervalle D est occupé par la clef de voûte, dont nous avons indiqué l'intrados et l'extrados.

228. *Voûte en anse de panier.* — La courbe de cette voûte se décrit d'après la méthode déjà indiquée (Ire Partie, n° 51, *Pl. IX, fig.* 75). Ainsi par le milieu de AB on mène une perpendiculaire indéfinie CC'; joignant A à C et B à C, on prend les distances AE et BD égales au demi-diamètre AF ou BF. Divisant ensuite les droites AE et BD en deux parties égales par des perpendiculaires, on obtient sur AB les points G et H, et leur rencontre sur CC' donne le point I. Les points G, H et I sont les centres de la courbe qui détermine l'intrados de la voûte.

229. *Voûte en arc de cercle.* — On tracera une droite AB coupée en son milieu C par une perpendiculaire indéfinie. Du point C, avec un rayon CA, on décrira la demi-circonférence ADB, et du point D, avec un rayon DA, on décrira l'arc AEB. Cet arc sera le cintre de la voûte.

230. *Voûte à plate-bande.* — Le tracé de cette figure est semblable à celui de la précédente, sauf l'arc AEB qui est remplacé par la droite AB (*fig.* 52). Les voussoirs de la plate-bande se nomment *claveaux*.

231. *Arc surbaissé.* — Cet arc convient surtout aux arches des ponts. Pour trouver le centre de la courbe, on tracera une ligne AB (*fig.* 53) reposant sur les piles, et l'on divisera cette ligne en deux parties égales. On déterminera la montée CD de l'arche, et menant les droites DA et DB, on les divisera en deux parties égales par deux perpendiculaires; le point K où se rencontrent ces perpendiculaires, sera le centre de l'arc demandé.

Tracé des Ogives. (Planche VIII.)

232. *Arc arabe.* — Cette voûte, qui remonte à l'époque de la domination des Maures en Espagne, se voit surtout dans l'Alhambra, palais des califes de Grenade, un des plus remarquables monuments de l'architecture arabe.

Pour la tracer, on mène la droite AB (*fig.* 54) et la perpendiculaire CD. On détermine ensuite sur AB les naissances de l'arc en E et en F, à égale distance de la perpendiculaire, et on divise EF en trois parties égales. Puis, avec un rayon égal à la distance F a, on décrit l'arc 2G; du point G, intersection de cet arc avec la perpendiculaire, et d'un rayon GF on décrit la circonférence de la voûte. Il ne reste plus qu'à établir les points nécessaires au tracé des voussoirs situés dans la région inférieure. A cet effet, élevant les pieds-droits jusqu'à la rencontre de la ligne AB, on aura les points a et e que l'on reportera en b et en d par un arc de cercle décrit avec un rayon a E, afin de diminuer la pesanteur de la voûte. Il résultera de cette double opération que les voussoirs placés au-dessus de la ligne HI auront leur centre au point G, et que les autres auront leurs centres aux points b et d. En abaissant des perpendiculaires des points E et F, on aura aussi en JK, sur le second cercle, les centres des courbes des deux sommiers qui forment une sorte de chapiteau, et font ressembler les pieds-droits à deux pilastres.

233. *Ogives.* — La seule difficulté du tracé des ogives consiste à trouver les centres des courbes qui concourent à les former. Le moyen le plus simple sera de faire passer des droites par les extrémités de ces courbes, et de diviser ensuite ces droites par moitié à l'aide de perpendiculaires menées à la ligne de base, ou à une ligne parallèle située au-dessus et que nous nommerons *directrice*.

234. La *fig.* 55 offre le tracé le plus ordinaire, basé sur le triangle équilatéral ADB. Les centres des axes AD et BD sont en A et en B. C'est l'ogive à *tiers-point*.

Si l'ogive était plus ou moins surhaussée, il faudrait, pour trouver les centres de ses courbes, avoir recours à une construction subsidiaire, qui consisterait à partager la ligne AD en deux parties égales par une perpendiculaire EF; puis du point B, où la perpendiculaire prolongée rencontre la base AB, on tracera la courbe de l'ogive.

235. La *fig.* 56 est une ogive plus compliquée, mais dépendant néanmoins de la précédente. Du point C comme centre, et avec un rayon CA, on décrit la demi-circonférence AEB, qui servira à tracer le triangle intérieur FEG. Partageant ensuite les distances CF et CG chacune en deux parties égales, on obtiendra les points J et K, et de ces points on élèvera deux perpendiculaires JH et KI qui serviront à établir les ogives intérieures.

Quant aux trois rosaces, on les obtiendra en prenant pour centre le point E pour la plus grande, et les points L et M pour les deux autres.

236. L'ogive représentée *fig.* 57 est moins surhaussée et ne peut être obtenue qu'à l'aide d'un déplacement du centre. Ayant formé le triangle ADB, on divise le côté AD en deux parties égales par une perpendiculaire EE', prolongée jusqu'à la base au point F, centre de la courbure. Le tracé de la toiture JLK n'offre pas de difficulté.

237. Dans la *fig.* 58 se trouve la ligne *directrice* KL dont nous avons parlé. L'ogive représentée est à double courbure. Pour l'obtenir, ayant construit le triangle isocèle ADB et les deux triangles scalènes ABH et BAG, on divisera le côté BH en deux parties égales par une perpendiculaire qui, prolongée en P, donnera la longueur PB, rayon de la courbe inférieure BH et des courbes concentriques. Quant à la partie supérieure de la courbe ogivale, on l'obtiendra aussi en traçant une perpendiculaire à HD, partie restante du triangle isocèle. Prolongeant cette perpendiculaire jusqu'au point L, on mènera la directrice LK qui servira à répéter l'opération pour avoir la double courbure opposée formant le complément des tracés de l'ogive.

238. La *fig.* 59 est établie sur les mêmes bases que la précédente; mais elle fait voir de plus que la directrice peut varier, comme le prouve L'M' correspondante au cintre E. Les autres points indiqués par des lettres serviront de points de repère pour faciliter le tracé.

SECTION II.

CHARPENTE. — ASSEMBLAGES.

La charpente est une des parties les plus importantes de l'art de bâtir; même dans les constructions en pierre, son secours est nécessaire, soit pour les combles ou les planchers, soit pour former le cintre de soutènement des voûtes. Notre but étant de fournir des éléments d'études au dessin linéaire, nous n'entrerons pas dans les détails de l'exécution des pièces de charpente; nous nous bornerons à citer les noms des principales, et les figures de nos planches achèveront d'en donner une idée.

Combles. (Planche IX.)

239. La hauteur des combles a subi de fréquentes variations. Dans la seconde moitié du moyen âge, elle était fort considérable. Au dix-septième siècle, l'architecte Mansard a introduit une modification remarquable dans leur forme : il a inventé les combles brisés, et les petites chambres construites à la hauteur de la pente inférieure ont reçu le nom de mansardes. Dans les figures qui représentent des combles, nous avons donné, comme règle à suivre dans un bâtiment ordinaire, la moitié de la largeur de l'édifice pour la hauteur des combles.

La *fig.* 60 représente les lignes nécessaires au tracé d'un *comble droit*, et la *fig.* 61

celles du *comble brisé*. Dans ces deux figures, le canevas primitif est identique; la différence résulte de la disposition des lignes de construction qui, pour le premier, offrent un triangle, et, pour le second, la moitié d'un octogone régulier. Nous avons représenté les épures de ces deux sortes de combles (*fig.* 62 et 63) munies de lettres de renvoi, qui correspondent au tableau des noms de chaque pièce. Ces indications seront suffisantes pour le tracé de cette partie de la charpente.

Assemblages.

240. On nomme *assemblage* la jonction de deux pièces de bois, de manière à donner à leur réunion une grande solidité. Les principaux assemblages sont les suivants, dont le nom indique le mode de jonction : *A tenon et à mortaise* (*fig.* 64); *en queue d'aronde* ou *d'hirondelle* (*fig.* 65); *à onglet*, ou mieux *à anglet* (*fig.* 66), qui a lieu en diagonale sur la largeur du bois, et qui est lié par tenon et mortaise; *à mi-bois* (*fig.* 67); *à enfourchement simple* (*fig.* 68); *à double enfourchement* (*fig.* 69).

Planchers et Pans de bois.

241. Les *planchers* étaient anciennement d'une forme lourde et massive; ils laissaient apparaître leurs énormes poutres dans l'intérieur des appartements et triomphaient de toutes décorations. Aujourd'hui ils sont plus légers : ils se composent de solives d'enchevêtrure, de chevêtres et de solives de remplissage, qui donnent de la force sans que cette force soit apparente.

242. Les *pans de bois* ne conviennent qu'à des séparations intérieures ou à des constructions légères, et encore est-on obligé d'y placer des tirants maintenus par des ancres pour éviter l'écartement. La *fig.* 70 représente un fragment d'une construction à pan de bois. La poutre marquée *a* se nomme *poteau, b* est le *poteau cornier*, c'est-à-dire celui qui est situé à l'angle; *c* est une *décharge oblique*, qui soulage les *tournisses* ou poteaux de remplissage *d*. Les pièces de bois *e*, *e* se nomment poteaux d'*huisserie*, parce qu'elles sont destinées à former l'ouverture de la porte; les pièces *f* sont les poteaux de *remplage* : elles servent à remplir les parements des murailles; *g* est le *linteau*, et *h* les solives.

Escaliers. (Planche X.)

243. Les escaliers servent de communication entre les différents étages d'un bâtiment. Ils se composent de marches appuyées les unes sur les autres et assujetties par un côté à une pièce de bois nommée *limon*. Le plancher de repos qui se trouve au niveau de chaque étage, se nomme *palier*; la première marche du bas de l'étage inférieur, généralement plus grande que les autres, est la marche *palière*. La partie de la marche où l'on pose le pied a reçu le nom de *giron*, et la partie verticale, placée en contre-bas et déterminant la hauteur du degré, est dite *contre-marche*.

La *fig.* 71 représente un escalier à vis et à noyau, appelé aussi *limon droit*. La *fig.* 72 représente un escalier à double montée et à *limon rampant*.

Pour tracer ces deux figures, qui ont une échelle de hauteur commune, il faut

— 58 —

commencer par établir les plans géométraux. Le mouvement progressif des marches sera déterminé par le plan de chaque figure dont le centre ou les points de fuite seront marqués O, et leur élévation sera fixée par l'échelle de hauteur. Le mécanisme des deux opérations repose sur un système de lignes horizontales et de perpendiculaires.

Tracé des Vases. (Planche XI.)

244. Un *vase*, considéré sous le point de vue de la décoration architecturale, est un ornement isolé et creux, de forme gracieuse, que l'on pose sur un socle ou sur un piédestal. Les vases sont d'un grand usage dans la décoration des jardins : outre qu'ils sont déjà un ornement par la beauté de leur matière et par l'élégance de leur forme, ils reçoivent encore dans leurs cavités des plantes qui, en se développant, les couronnent d'un gracieux bouquet. Souvent ils sont enrichis de bas-reliefs, et quelquefois de peintures.

Les formes des vases varient à l'infini : nous ne citerons que les plus remarquables.

Chez les anciens, et particulièrement chez les Grecs, un vase à deux anses était appelé *diota* (fig. 73 et 74) ; un vase à une seule anse et à bec se nommait *aiguière* lorsqu'il était léger de forme ; de structure plus grossière, il était dit *amphore* (fig. 77). Une *patère* était un vase très-ouvert et presque plat. Une grande coupe à large ouverture, supportée par un pied, se nommait *cratère* (fig. 81). Les cornets d'aujourd'hui sont les *calathos* des anciens (fig. 76). Quant aux urnes cinéraires, destinées à recevoir les cendres des morts, elles ont conservé leur nom (fig. 78).

Il serait difficile de réduire en préceptes le tracé de chaque espèce de vases. Cependant nous dirons d'une manière générale : Commencez par mener deux lignes l'une horizontale qui servira de base, et une ligne verticale qui passera par le milieu du vase. Ensuite, pour obtenir les centres des courbes qui forment les contours, coupez la verticale par une ou plusieurs perpendiculaires, en ayant soin de les mener, autant que l'habitude et la justesse du coup d'œil le permettront, le plus possible dans la position du point cherché. La formation d'un triangle isocèle qui permettra de décrire deux courbes égales, sera souvent d'un grand secours pour la solution du problème.

FIN DE LA TROISIÈME PARTIE.

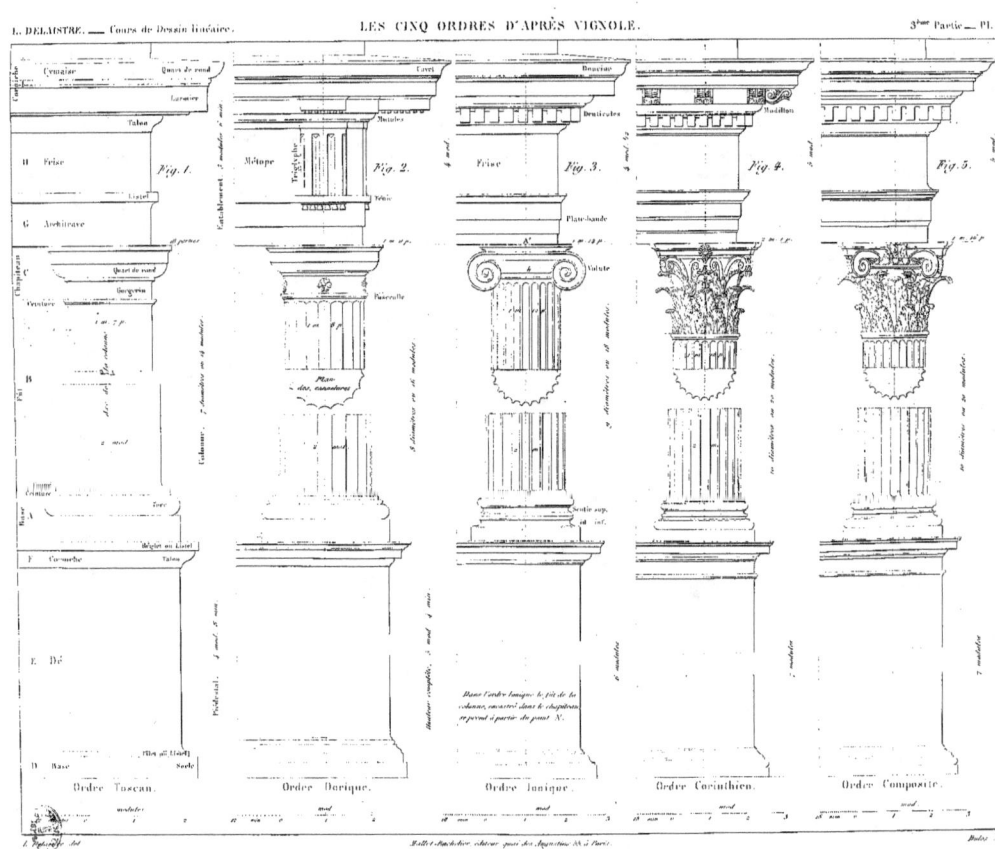

Ordre Toscan.   Ordre Dorique.   Ordre Ionique.   Ordre Corinthien.   Ordre Composite.

Mulot-Machelier, éditeur quai des Augustins 38 à Paris.

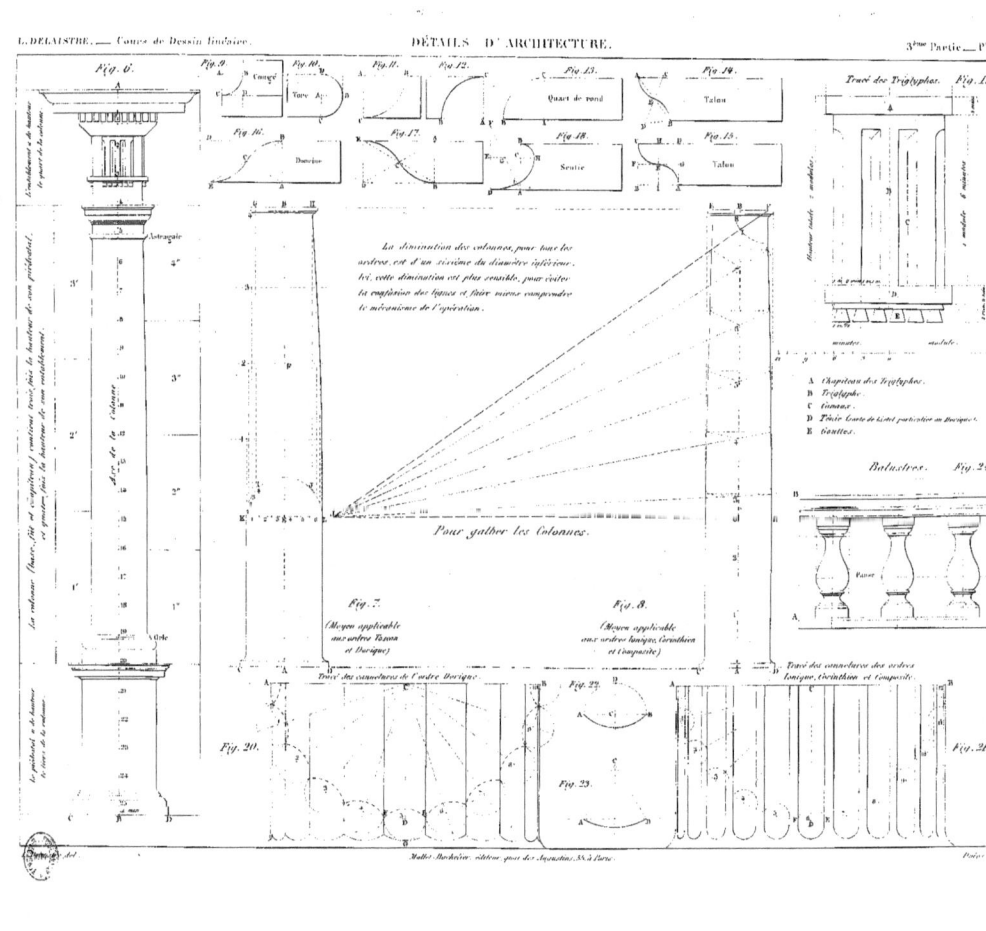

La diminution des colonnes, pour tous les
ordres, est d'un sixième du diamètre inférieur.
Ici, cette diminution est plus sensible, pour éviter
la confusion des lignes et faire mieux comprendre
le mécanisme de l'opération.

Pour galber les Colonnes.

A   Chapiteau des Triglyphes.
B   Triglyphe.
C   Canaux.
D   Filet (Goutte de Listel particulier au Dorique).
E   Gouttes.

Balustres.   Fig. 24.

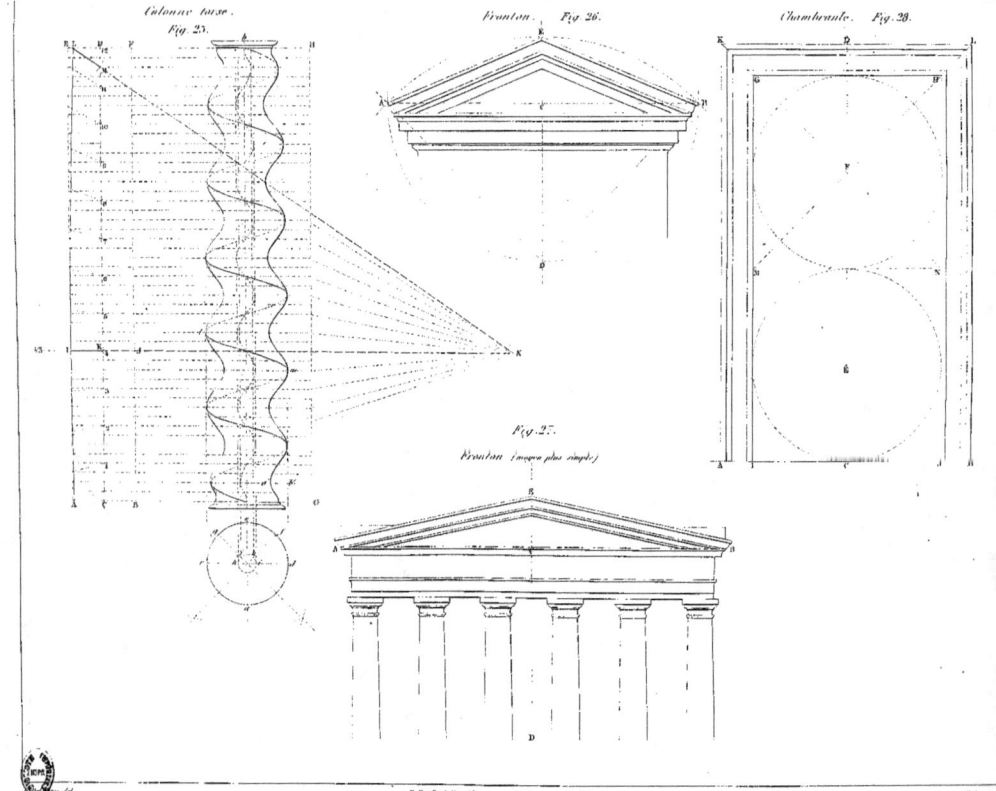

Colonne torse.
Fig. 25.

Fronton.   Fig. 26.

Chambranle.   Fig. 28.

Fig. 27.
Fronton (moyen plus simple).

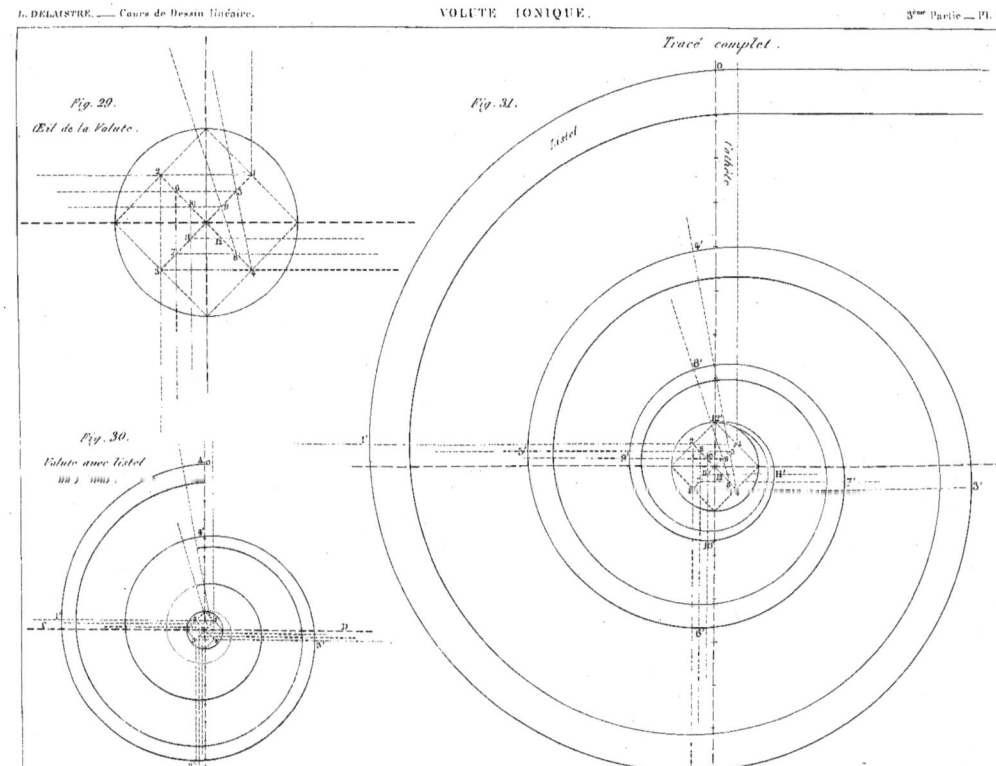

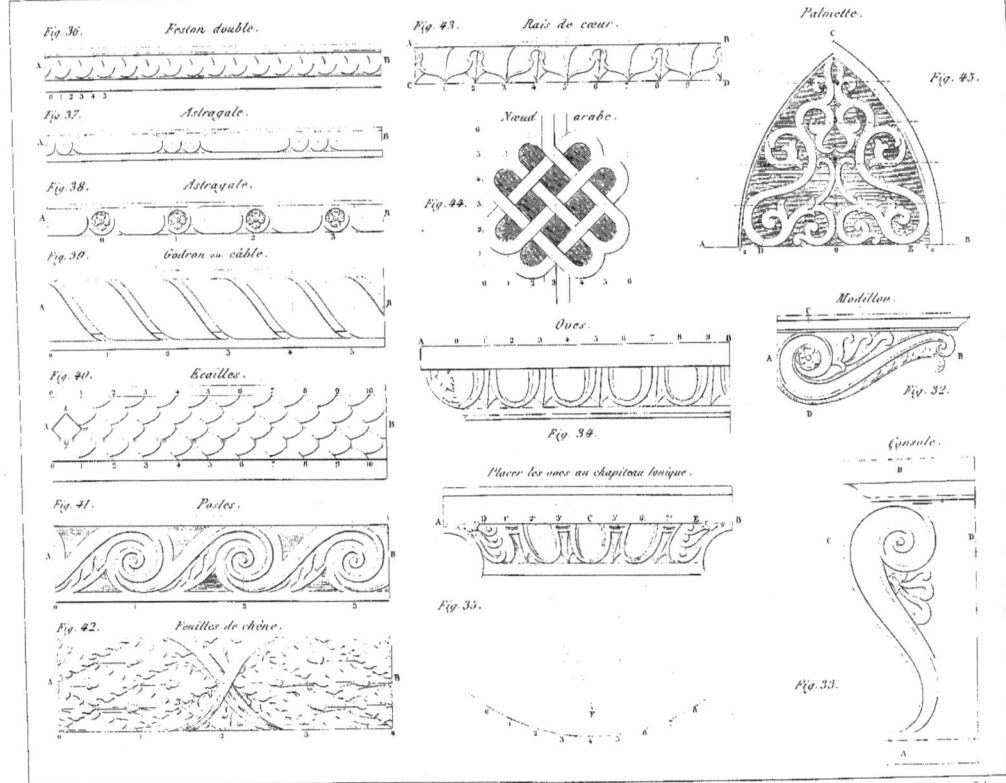

Fig. 36. Feston double.
Fig. 37. Astragale.
Fig. 38. Astragale.
Fig. 39. Godron ou câble.
Fig. 40. Ecailles.
Fig. 41. Postes.
Fig. 42. Feuilles de chêne.

Fig. 43. Rais de cœur.
Nœud arabe.
Fig. 44.
Oves.
Fig. 34.
Placer les oves au chapiteau Ionique.
Fig. 35.

Palmette.
Fig. 43.
Modillon.
Fig. 32.
Console.
Fig. 33.

Vue antérieure.

Vue intérieure de la partie latérale.

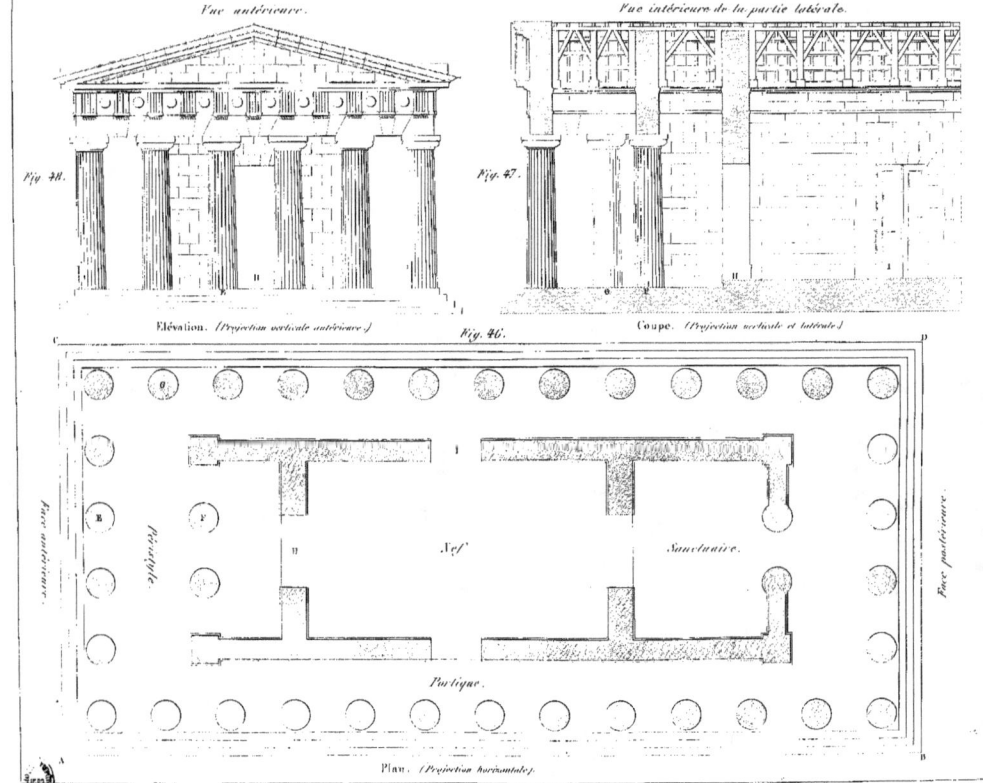

Fig. 48.

Fig. 47.

Élévation. (Projection verticale antérieure.)   Fig. 46.   Coupe. (Projection verticale et latérale.)

Péristyle.

Portique.

Nef.   Sanctuaire.

Plan. (Projection horizontale.)

Mallet-Bachelier, éditeur, quai des Augustins, 55, à Paris.

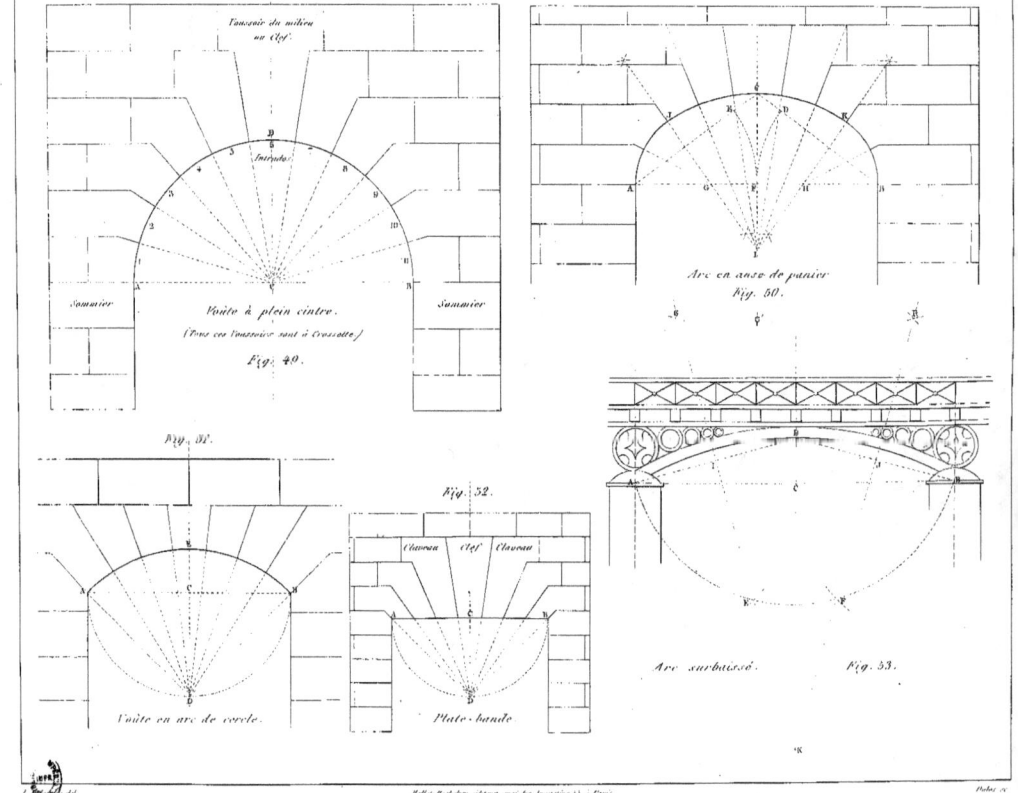

Extrados.

Voûte à plein cintre.
Fig. 49.

Arc en anse de panier.
Fig. 50.

Voûte en arc de cercle.

Plate-bande.

Arc surbaissé.   Fig. 53.

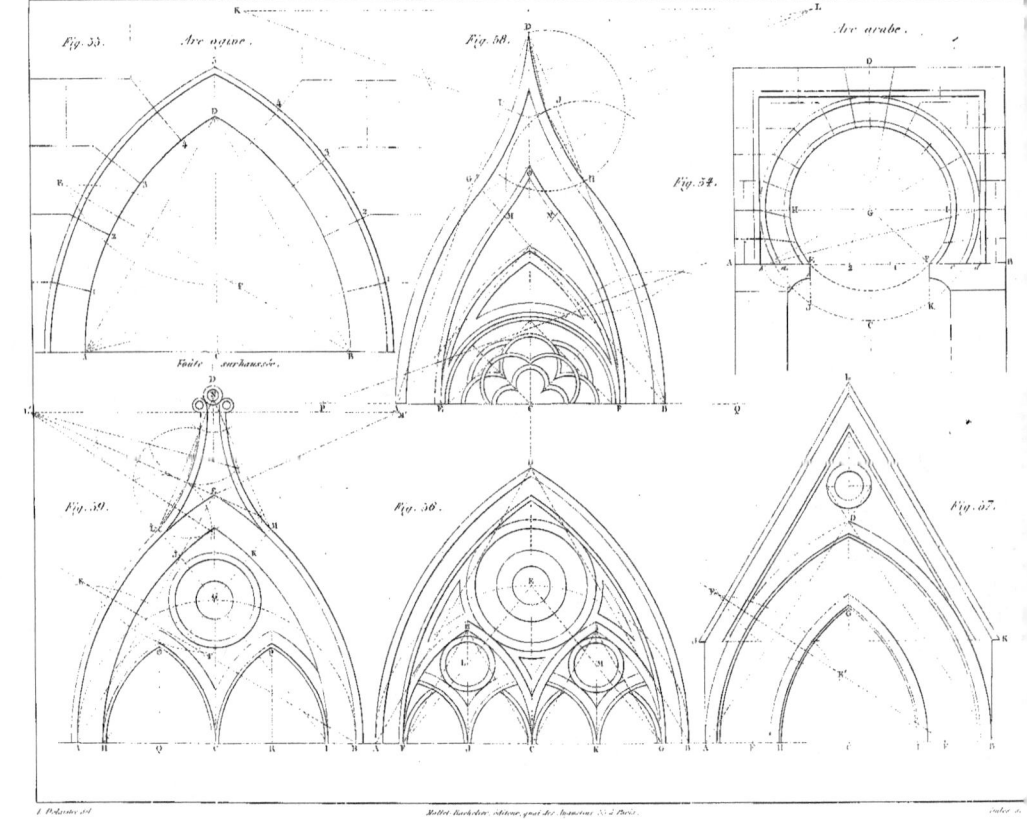

Fig. 53. — Arc ogive.
Fig. 58.
Fig. 54. — Arc arabe.
Fig. 59. — Voûte surhaussée.
Fig. 56.
Fig. 57.

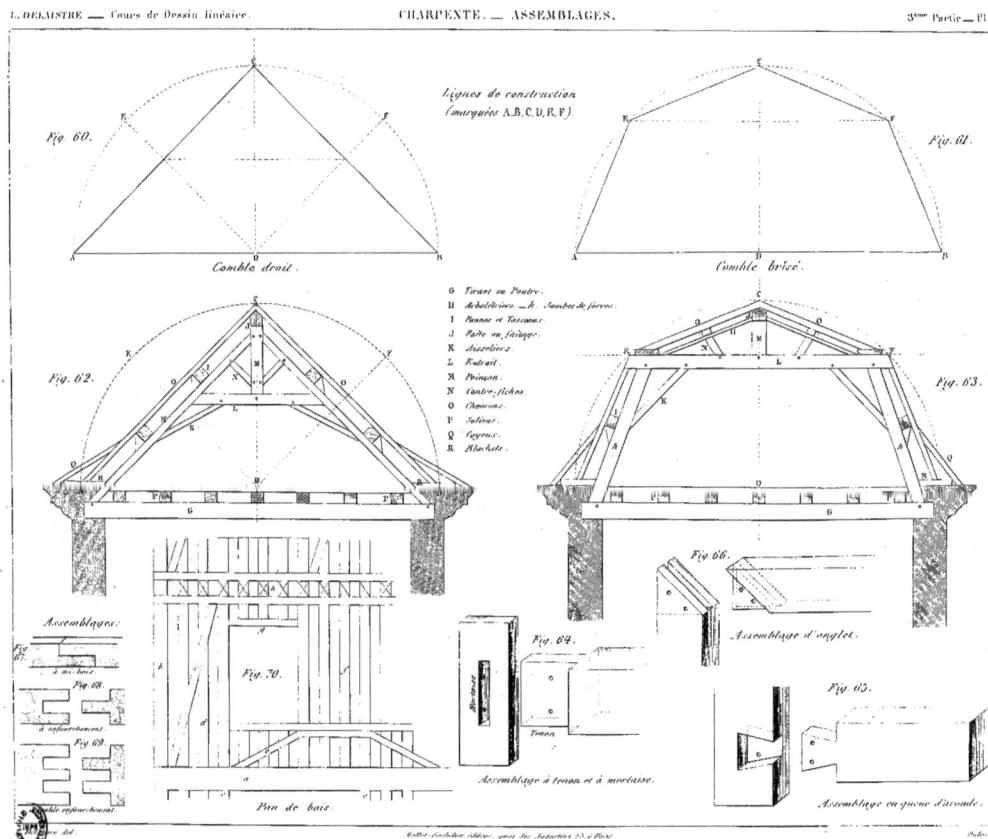

Fig. 60.   Lignes de construction (marquées A.B.C.D.E.F)   Fig. 61.

Comble droit.   Comble brisé.

G   Tirant ou Poutre.
H   Arbalétriers. — h. Jambes de forces.
I   Pannes et Tassaux.
J   Faîte ou faîtage.
K   Aisseliers.
L   Entrait.
M   Poinçon.
N   Contre-fiches.
O   Chevrons.
P   Sablières.
Q   Coyaux.
R   Blochets.

Fig. 62.   Fig. 63.

Assemblages:

Fig. 67. à mi-bois.

Fig. 68. à embrèvement.

Fig. 69.

Fig. 70.

Pan de bois.

Fig. 64.

Tenon.

Assemblage à tenon et à mortaise.

Fig. 66.

Assemblage d'onglet.

Fig. 65.

Assemblage en queue d'aronde.

Mathei-Bachelier éditeur, quai des Augustins 55, à Paris

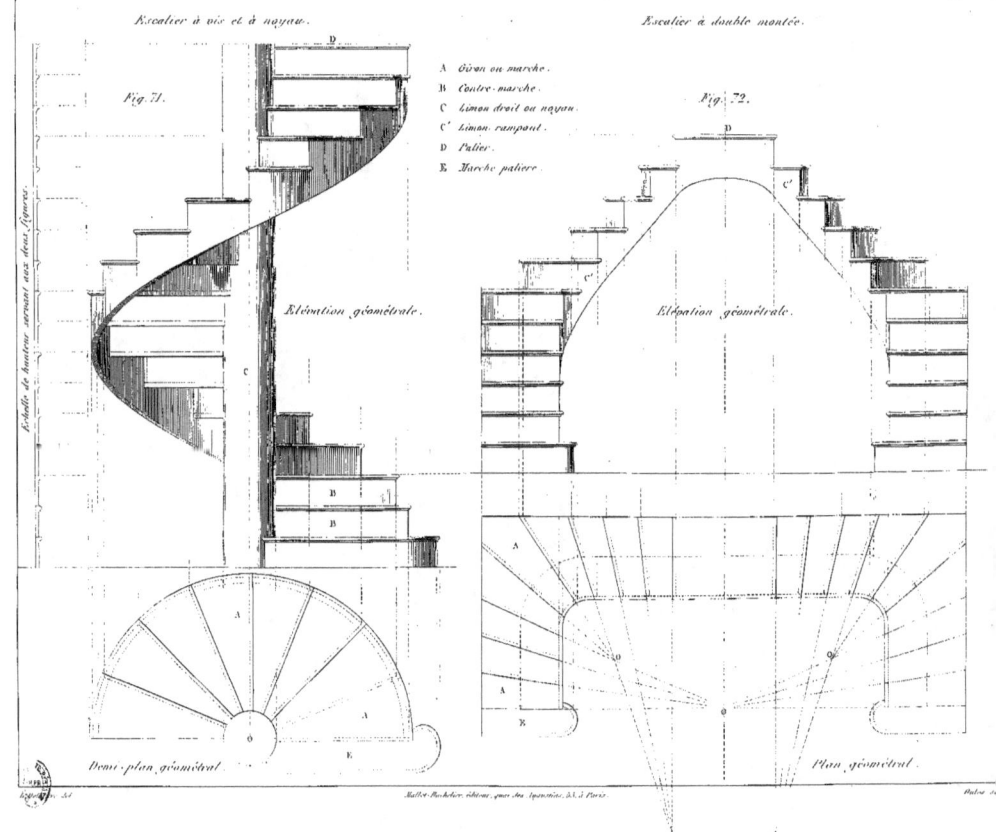

Escalier à vis et à noyau.

Escalier à double montée.

Fig. 71.

Fig. 72.

A   Giron ou marche.
B   Contre-marche.
C   Limon droit ou noyau.
C'   Limon rampant.
D   Palier.
E   Marche palière.

Élévation géométrale.

Élévation géométrale.

Échelle de hauteur servant aux deux figures.

Demi-plan géométral.

Plan géométral.

Mallet-Bachelier, éditeur, quai des Augustins, 55, à Paris.

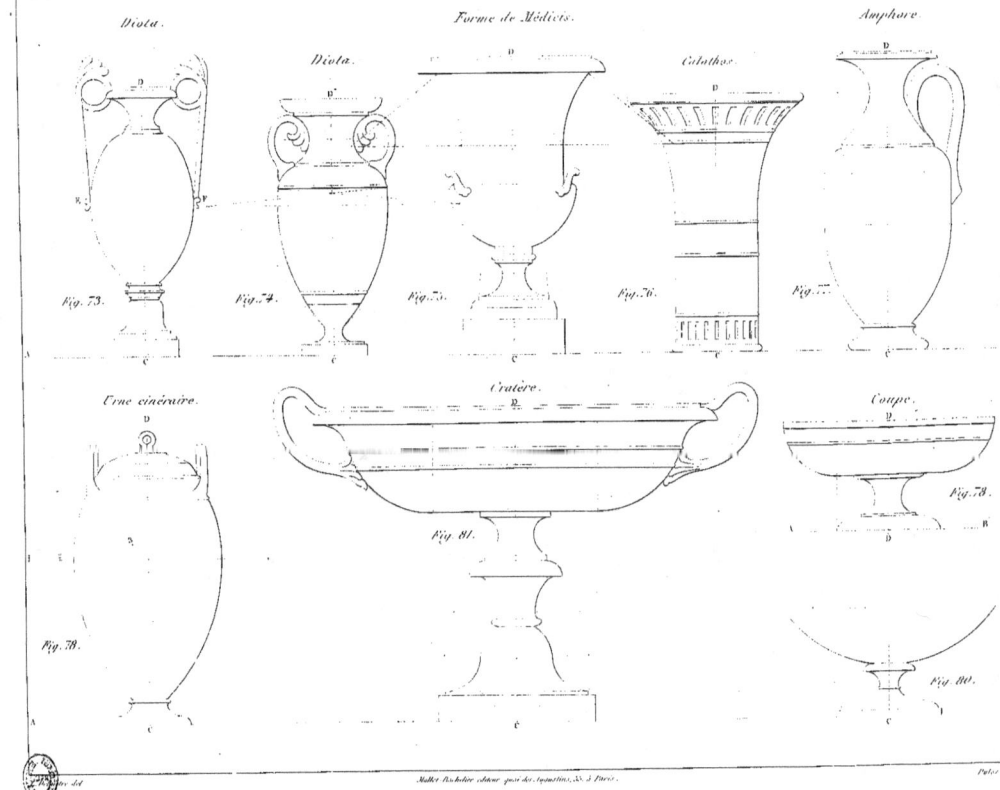

Diota.   *Diota.*   *Forme de Médicis.*   *Calathos.*   *Amphore.*

Fig. 73.   *Fig. 74.*   *Fig. 75.*   *Fig. 76.*   *Fig. 77.*

Urne cinéraire.   *Cratère.*   *Coupe.*

Fig. 79.   *Fig. 81.*   *Fig. 78.*

Fig. 80.

Mallet Bachelier éditeur quai des Augustins, 55, à Paris.

QUATRIÈME PARTIE.

DESSIN LINÉAIRE APPLIQUÉ A L'INDUSTRIE. ÉTUDES DE LAVIS ET DE PERSPECTIVE.

245. Après avoir exposé, dans la Ire Partie de cet ouvrage, les principes de Géométrie qui sont la base du Dessin linéaire, nous avons consacré deux autres Parties aux applications de cette science : l'une, au dessin et à la mesure de la surface de la terre; l'autre, au dessin et à la description des éléments qui entrent dans une construction architecturale. Pour compléter ces études, il nous reste à étudier le dessin dans ses applications à l'industrie, étude aussi utile et aussi intéressante que les précédentes. Cependant notre travail serait incomplet si nous ne donnions les moyens de dessiner un objet sous tous ses aspects et particulièrement avec les modifications qu'il subit par l'effet de la distance et sous l'action de la lumière : c'est dans ce but que nous ajoutons, pour complément à ces études, des notions pratiques de perspective linéaire, de lavis et de perspective aérienne.

SECTION I

DESSIN LINÉAIRE APPLIQUÉ A L'INDUSTRIE.

246. Il n'entre pas dans notre plan d'exposer dans tous leurs détails les applications du dessin aux arts industriels; notre but est d'enseigner aux élèves les connaissances générales nécessaires au tracé graphique des objets. Quand nos préceptes se seront bien fixés dans leur mémoire et quand les exercices préparatoires les auront familiarisés avec notre méthode, il leur sera facile d'appliquer à un dessin quelconque les procédés que nous allons expliquer. Nous étudierons successivement le développement des surfaces, la pénétration des solides, le tracé des vis, du serpentin et des divers engrenages.

Développement des surfaces et pénétration des solides.
(Planches I et II.)

247. *Développement du cylindre.* — Pour développer le cylindre (*fig.* 1), c'est-à-dire pour obtenir une surface plane d'une étendue égale à la surface de ce solide,

on décrira d'abord une circonférence d'un rayon égal à celui du cylindre. Nous nous sommes contenté de tracer la moitié du plan géométral, ce qui suffira à l'intelligence de l'explication.

On divisera cette circonférence en un nombre quelconque de parties égales, 12 par exemple, et, prolongeant la ligne de base, on portera sur cette ligne autant de divisions qu'il y en a sur le cercle; la 12e sera en B. Au point B' on élèvera une perpendiculaire BG, égale à CD, hauteur du cylindre, et l'on achèvera le rectangle en menant GD parallèle à CB : le rectangle CBGD sera le développement cherché. En effet, si de chacune des 12 divisions de la base du cylindre on élève des perpendiculaires dans le plan de sa surface, ces perpendiculaires détermineront sur la surface entière 12 bandes rectangulaires égales entre elles, et par conséquent égales aux bandes du rectangle CBGD, puisqu'elles ont même base et même hauteur.

248. *Développement du cône.* — Ce développement a lieu d'une manière analogue au précédent. Après avoir décrit le plan géométral, que nous devons supposer être une circonférence entière (*fig.* 2), on le divise en parties égales, en 12 par exemple. Du point C, avec un rayon CB, on décrit un arc de cercle, sur lequel on reporte ces 12 divisions, de B en D. Joignant CD, on obtient le triangle mixtiligne BCD, composé d'un nombre de triangles égal à celui de la surface du cône, pour les raisons données dans le numéro précédent.

249. *Développement des sections coniques.* — Supposons le cône ABC' (*Pl. II, fig.* 15) coupé par un plan DE perpendiculaire à l'axe et par un plan sécant DC oblique à l'axe. Ayant tracé le plan géométral, on le divise, comme précédemment, en parties égales, et l'on joint chaque point de division par une droite au sommet C'. On exécute ensuite le développement du cône comme s'il était entier (*fig.* 16). Pour avoir le développement de la section DE, il suffira de porter sur chaque ligne de division une longueur égale à DB; la bande comprise entre B'AB' et D'ED' sera le développement de cette section. Pour avoir celui de la section oblique DC, on portera sur les lignes de division de la *fig.* 16 les longueurs égales à DB et à toutes les hauteurs intermédiaires, jusqu'à AC inclusivement. Ainsi BD donnera B'D', et les longueurs suivantes iront en diminuant jusqu'à AC qui se trouvera en A'C'. La bande comprise entre les courbes B'A'B' et D'C''D' sera le développement de la portion du cône comprise entre ABDC.

250. *Développement de la sphère.* — La sphère n'est pas géométriquement développable; cependant, comme dans l'industrie on a quelquefois besoin d'effectuer ce développement, par exemple dans la construction des ballons et des cartes destinées à couvrir les globes terrestres, nous avons cherché le moyen d'y parvenir, et nous croyons l'avoir trouvé dans le procédé suivant, fondé sur la division de la surface de la sphère en fuseaux sphériques.

1°. La première opération consiste à décrire la circonférence ADBE (*fig.* 3), que l'on considère comme la sphère qu'il s'agit de développer. Au-dessous de ce cercle, et sur le prolongement de l'axe AB, on décrit, du point B′ comme centre et avec un rayon B′D′ égal à CA, le demi-plan de la sphère. On divise ce demi-cercle en six parties égales; mais, afin d'avoir un fuseau au centre, on ne prend à partir de D′ et de E′ que des demi-divisions: il résulte de là que la demi-circonférence contient cinq parties entières, et que la sixième est représentée par les deux demi-parties contiguës au diamètre D′E′. On joint ensuite chaque point de division par un rayon au centre B′, ce qui détermine autant de demi-fuseaux représentés en plan horizontal. Cette construction préparatoire est très-importante, car c'est sur elle que repose tout le mécanisme de l'opération.

Les divisions du plan étant ainsi établies, on divise également la circonférence ADBE en douze parties égales, par lesquelles on mène des lignes horizontales, et de chacun de ces points on abaisse une perpendiculaire sur D′E′; puis du centre B′, et avec les rayons B′1′ et B′2, on décrit les demi-circonférences 1′b′1′ et 2′c′2, qui déterminent sur chaque fuseau des divisions en rapport avec celles de la circonférence de la sphère ADBE.

Maintenant si les points a′a′ on élève des perpendiculaires à la sphère jusqu'à la rencontre des horizontales qui la traversent, la distance aa des points de contact sera égale à la distance a′a′. Il en sera de même des points b′b′ en bb, c′c′ en cc, parce que, conformément à la méthode des projections (Ire Partie, n°s 88 à 90), ils sont supposés situés dans un même plan à égale distance du centre. Donc les demi-circonférences A*cbabe*B et B*ebaeb*A, qui en résulteront, formeront le fuseau principal, c'est-à-dire celui qui servira à déterminer les autres par la figure suivante.

2°. Nous arrivons maintenant à la seconde opération, qui nous donnera le développement pratique complet, en nous permettant de déterminer la longueur des fuseaux.

Ayant de nouveau tracé le demi-plan géométral (*fig.* 4), on le divisera en six parties égales; ces six divisions, reportées sur la verticale AB de part et d'autre du point C, de Ce en E, de Ee en F, de Fe en G, puis de C en E′, de E′ en F′ et de F′ en B, donneront sur AB le développement vertical, puisque la droite AB est égale à la demi-circonférence du plan.

Cela posé, on mènera, par chacun des points de division de la droite AB, des parallèles à CD; les parallèles EJ, FK, AL et E′G, F′H, BI seront situées à égale distance l'une de l'autre, et cette distance sera égale à celle qui est comprise entre deux points de division de la demi-circonférence du plan. Alors de chaque côté du point *x*, milieu de o1, on porte sur CD une longueur *x*o égale à C*a* (*fig.* 3); de chaque côté de y, on porte la même longueur. et ainsi de suite jusqu'à la douzième

division. Pour obtenir les autres largeurs des fuseaux, on prend une longueur égale à la moitié de bb (*fig.* 3), et on la reporte successivement de part et d'autre des points *x*′, y′, z′, etc. On fera de même aux points *x*″, y″, z″, etc., avec une longueur égale à la moitié de cc. On répétera ensuite ces opérations au-dessous de la ligne CD, ce qui donnera les points b, b, c, c. Pour avoir le contour de chaque fuseau, il suffira de faire passer une courbe par chacun des points A′, c, b, o, b, c, B′, c, b, 1, b, c, qui en marquent la limite.

251. *Pénétration de deux cylindres.* — Etant donnés les deux cylindres EC et AB (*fig.* 5), de même diamètre, pénétrant l'un dans l'autre suivant une direction perpendiculaire, tracer le développement de chaque cylindre. La marche la plus facile à suivre pour l'exécution de ce tracé est la méthode des projections.

On commence par décrire les plans *ab* et *a′b′*, que l'on divise chacun en 6 parties égales. Des points de division de chaque plan on élève des droites parallèles entre elles, et leurs intersections donnent les points DGHCHGD. Ces points nous fournissent les données nécessaires au développement de chaque cylindre.

1°. Pour obtenir le développement du cylindre supérieur (*fig.* 6), on mène une ligne droite E″F″, et sur son milieu une perpendiculaire E′C′; puis on porte sur E″E″ 12 divisions égales à celles du plan géométral. Prenant ensuite la distance EC, on la reporte en E′C′; on fera de même o H′ égal à o H, o G′ égal à o G, FD′ égal à FD. Il suffit de décrire deux courbes par les points obtenus C′, h, y, D′, G′, H′, pour avoir le développement demandé.

2°. En second lieu, après avoir tracé le parallélogramme rectangle résultant du développement du cylindre inférieur (*fig.* 7), on porte sur la ligne de division I′J la distance I′D″ égale à ID, o G″ égale à o G, o H″ égale à o H, et A′C égale à AC. Les courbes symétriques qui passent par les points C′, H″, G″, D″, g′, h′, C″, déterminent le développement de la pénétration des cylindres.

252. *Pénétration angulaire de deux cylindres coudés.* — Le développement de ces deux cylindres (*fig.* 9 et 10) s'obtient d'une manière analogue à celle que nous avons employée dans le numéro précédent. Ainsi la distance o A doit être reportée en o A (*fig.* 9 et 10), o′C en o C, et 6B en o B.

253. *Section cylindre oblique.* — Le développement de cette section (*fig.* 11) s'effectue absolument par la même méthode. Cependant nous engageons les élèves à répéter dans toutes ses parties la démonstration sur laquelle s'appuie le tracé de notre dessin (*fig.* 12).

254. *Pénétration d'un cylindre dans une sphère.* — Une sphère pénétrée par un cylindre (*fig.* 13) est nommée *repos de chaleur* par les chaudronniers. Nous nous bornerons à donner le dessin de la pénétration proposée, ainsi que le plan et la section de la sphère (*fig.* 14), en rappelant que *toute section faite par un plan sur une sphère est un cercle.* L'inspection seule de nos deux figures suffit pour faire voir que le diamètre AB du cylindre pénétrant est égal au diamètre A′B′ de la section.

Vis, Serpentin et Vis sans fin. (Planche III.)

255. La *vis* se compose d'un cylindre que l'on nomme *noyau*, autour duquel s'enroule une cannelure, plus ou moins saillante, désignée sous le nom de *filet*. La distance qui sépare chaque tour du filet est appelée *pas de vis*.

Les vis servent à serrer fortement, et leur action est d'autant plus grande que l'inclinaison de leurs filets est plus petite, et d'autant plus faible que cette inclinaison est plus étendue. Elles sont reçues dans des trous préparés en forme de moules et que l'on nomme *écrous*. Les écrous se creusent à l'aide d'un *taraud*, et les vis se forment au moyen d'une *filière*.

Les vis ont plusieurs formes, qui dépendent de la nature de leurs filets : elles sont dites, pour cette raison, *à filets triangulaires, à filets arrondis*, ou *à filets carrés*.

Outre la faculté d'assembler et maintenir, les vis servent encore de moteurs : mais il faut pour cela qu'elles se combinent avec la roue dentée, et alors elles sont pourvues à chaque extrémité d'un *tourillon* formant pivot. C'est cet assemblage que l'on nomme *vis sans fin*.

Nous allons exposer la manière de tracer les vis ordinaires et les vis sans fin ; mais avant cette dernière nous placerons le *serpentin*, à cause de l'analogie de son tracé avec celui des premières.

256. *Vis à filets triangulaires.* — Le tracé de la vis est basé sur celui de l'hélice cylindrique. On construira donc un plan CD (*fig.* 17), comme pour l'hélice (Ire Partie, n° 114) ; mais sur ce plan on décrira un second cercle EF : la distance CE des deux circonférences concentriques déterminera l'épaisseur du filet. Les règles données pour le tracé de l'hélice et les lignes de construction de notre figure feront suffisamment comprendre le tracé de ce dessin. La ligne AB est l'axe ; la hauteur du pas est la distance comprise entre 0 et 12, distance égale à l'une des six divisions de la grande circonférence ; le demi-filet s'étend de 0 à 6.

257. *Vis à filets carrés.* — Le plan de ce dessin (*fig.* 18) est le même que celui de la figure précédente, et l'opération ne diffère qu'en ce que le tracé de cette vis résulte de deux hélices parallèles. La distance de ces hélices détermine l'épaisseur des filets, qui est le plus souvent égale à la moitié du pas ; o6 indique le plein de la vis ; le creux est compris entre 6 et 12.

258. Les *fig.* 19 et 20 offrent des vis tracées suivant un procédé plus facile et plus expéditif, et que l'on emploie souvent pour les dessins de petite dimension. La courbure des filets y est remplacée par une ligne droite. Ces figures s'obtiennent à l'aide de perpendiculaires, que l'on divise en parties égales pour avoir l'inclinaison et la dimension des filets.

259. La *fig.* 21 représente une tête de vis, et la *fig.* 22 est la coupe d'un écrou destiné à recevoir la vis (*fig.* 20). On les obtient par le moyen que nous venons d'indiquer.

260. *Serpentin.* — Le serpentin est un tube contourné produit par une sphère dont le centre parcourt une hélice. Pour obtenir cette figure, on décrit un cercle ACB que l'on divise en parties égales (*fig.* 23), et de chaque point de division comme centre on décrit des circonférences d'un diamètre égal à la largeur du tube. Si l'on trace ensuite deux cercles tangents aux petits cercles, la bande comprise entre ces circonférences concentriques donnera le plan géométral du dessin. Élevant alors, des points A et B, deux perpendiculaires, on les divise en parties égales en prenant pour unité le diamètre de la sphère génératrice, mais en n'en embrassant de A en 0 que la moitié de cette distance. On joint ces points par des droites qui sont parallèles par construction, et, pour déterminer la marche du serpentin, on mène des lignes transversales de 0 à 1, de 1 à 2, de 2 à 3, etc. Du centre de chacun des petits cercles du plan on élève des perpendiculaires ; l'intersection de celles-ci avec les lignes transversales donne les centres des nouveaux cercles qui servent à déterminer les contours du tube.

261. *Vis sans fin.* — La vis sans fin se composant de l'engrenage d'une vis à filets carrés dans une roue dentée, nous commencerons par établir quelques données préparatoires sur le tracé de la roue. Nous n'indiquerons, pour le moment, qu'un procédé approximatif, nous réservant d'entrer plus tard dans des détails plus précis et plus étendus.

1°. Une roue se compose d'une *jante* ou couronne K (*fig.* 24) et d'un *moyeu* L, réunis quelquefois par des rayons que l'on appelle *bras* ou croisillons. Dans les roues ordinaires la jante s'étend jusqu'au *limbe* ou périmètre extérieur. Dans les roues dentées, la jante est le cercle sur lequel reposent les dents. Quant au moyeu, il reçoit une tige de fer nommée *essieu* dans les roues de voitures, et *arbre* dans les usages mécaniques ; c'est par le centre de cette partie que passe l'axe de rotation C″. Dans les roues de petite dimension, la jante et le moyeu sont d'une seule pièce, souvent sans croisillons.

Les dents sont divisées en deux parties distinctes par un cercle N, nommé *cercle générateur*, que l'on suppose passer par chaque division. Ce cercle fictif, que nous avons figuré par des points, détermine sur chaque dent les points de contact, c'est-à-dire ceux par lesquels la roue communique son mouvement. La partie inférieure des dents, relativement à ce cercle, se dirige vers l'axe ; la partie supérieure est légèrement arrondie, afin de faciliter le mouvement en prolongeant la durée du contact.

Un moyen facile, mais seulement approximatif, de déterminer la courbure des dents consiste à diviser le cercle générateur en parties égales (*fig.* 25) ; puis, de chacun des points de division comme centre, et avec un rayon égal aux trois quarts de la distance qui les sépare, on décrit des arcs jusqu'à la rencontre du cercle générateur : le croisement de ces arcs déterminera la largeur et la courbure de chaque dent.

Il résulte de la construction précédente que pour tracer la roue (*fig.* 24), qui a son rayon C″C sur le bord d'une de ses dents, il faut diviser l'arc CB en trois parties, et déterminer en C′ le point de départ des divisions, en prenant la distance de la ligne CC′ à C′ égale au quart d'une des divisions de l'arc CB. Le point C′ servira de centre aux arcs de cercle qui détermineront la courbure des dents de la roue.

2°. Pour opérer l'assemblage de la roue avec la vis, la roue étant établie sur la

6

ligne horizontale CD, on trace une perpendiculaire EF passant par l'axe de la vis et coupant CD au point H. Menant ensuite MN′ perpendiculaire au rayon C″G et parallèle à EF, on obtiendra en G le point de contact de la vis considérée comme moteur. Les lignes OP et QR déterminent les limites de la saillie des filets de la vis, en raison de la longueur des dents de la roue.

Engrenages, Cycloïde, Épicycloïde. (Planche IV.)

262. Les engrenages sont des espèces de leviers à action continue et centrifuge servant à transmettre le mouvement qu'ils reçoivent d'un moteur quelconque. Ils sont droits, cylindriques ou coniques. L'engrenage *droit* est composé d'une roue dentée et d'une crémaillère; l'engrenage *cylindrique* résulte du contact immédiat de deux roues droites à axes parallèles; il est *conique* lorsque deux roues, ayant la forme d'un cône tronqué, sont placées sur des axes qui forment entre eux un angle quelconque, mais qui se rencontrent à un sommet commun : les roues de l'engrenage conique se nomment *roues d'angle*.

Lorsque deux roues dentées ont un diamètre différent, la rapidité de la rotation est en raison inverse de la longueur des diamètres; en d'autres termes, *la roue gagne en vitesse ce qu'elle perd en étendue* : c'est-à-dire que, si la grande roue se compose d'un nombre de dents cinq fois plus grand que celui de la petite nommée ordinairement *pignon*, celle-ci devra fournir cinq tours pendant que l'autre n'accomplira qu'une seule révolution. En effet, les dents des deux roues étant de même largeur, il en résulte que la petite en contient moins. Or toutes les dents de la plus grande devant successivement se mettre en contact avec celles de la petite, il est clair que, si l'une est armée de 40 dents et l'autre de 8 seulement, celle-ci fera autant de tours que le nombre 8 est contenu de fois dans 40 avant que celle-là ait achevé sa première révolution. Le rapport des deux vitesses sera représenté par les chiffres 8 et 40, ou, plus simplement, par 1 et 5.

263. Pour tracer la forme extérieure des dents à partir du cercle générateur, on se sert de trois sortes de courbes résultant d'un même système; ce sont : la *développante*, la *cycloïde* et l'*épicycloïde*. Ces courbes sont engendrées par le développement circulaire de la roue durant sa révolution, soit sur une surface plane, soit sur une surface cylindrique ou conique; elles sont toujours formées par une perpendiculaire au rayon du cercle générateur, ou, en d'autres termes, par la tangente.

264. *Développante.* — Lorsque sur une circonférence A est enroulé un fil (*fig.* 26), si on le déroule en le tenant par une de ses extrémités et en ayant soin de le maintenir constamment tendu, la courbe o 1′2′3′..., décrite par l'extrémité du fil, est une *développante*.

Pour décrire cette courbe, on divise une circonférence en un nombre quelconque de parties égales; à chaque point de division on mène un rayon, et à chacun des rayons, dans une même direction, on élève une tangente indéfinie. Puis, du point 1 comme centre et d'un rayon pris de 1 à o, on décrit l'arc o 1′; du point 2 et avec un rayon 2 1′, on décrit l'arc 1′2′; du point 3 et avec un rayon égal à 3 2′, on trace l'arc 2′3′. La courbe o 1′2′3′... est la développante cherchée.

265. *Cycloïde.* — La cycloïde est la courbe engendrée par le point de contact de la circonférence d'un cercle qui se met en mouvement et qui roule en ligne droite dans un plan perpendiculaire sur une surface plane. Pour faire comprendre cette définition, supposons que o E (*fig.* 27) soit une roue de locomotive en repos, posée sur le rail BA au point O. Si l'on met la roue en mouvement pour la faire avancer jusqu'au point A, le point de contact primitif décrira la courbe o E′ : cette courbe est la *cycloïde*. Il est inutile d'ajouter que tous les points d'une roue ou d'un disque roulant ainsi sur une surface plane décrivent, chacun à leur tour, une cycloïde à partir de l'instant de leur contact.

Soit à tracer une cycloïde engendrée par le point o d'un cercle de rayon o C roulant sur la ligne BA. On divise d'abord la circonférence en un nombre quelconque de parties égales, assez petites cependant pour que la distance du point 1 à la ligne BA soit peu considérable; on porte sur la ligne BA les mêmes divisions, et de celles-ci l'on élève des perpendiculaires jusqu'à la rencontre de CC′ engendrée par le centre C du cercle en mouvement et parallèle à BA. Les points a, b, c, d, e, etc., ainsi obtenus sont les centres de la circonférence lorsqu'elle se trouve aux points 1, 2, 3, 4, 5, etc. De chacun de ces centres, et avec un rayon égal à o C, on décrit les arcs de cercles ponctués. Enfin, menant des lignes horizontales par les points de division de la circonférence, on obtiendra, aux points de rencontre de ces lignes avec les arcs de cercle décrits des points a, b, c, d, e, etc., les points de passage de la cycloïde.

Lorsque le point o est arrivé en un point E′ où le diamètre dont il fait partie est de nouveau perpendiculaire sur AB, le cercle générateur a accompli la moitié de son développement. En faisant avancer le cercle sur le prolongement de BA jusqu'à son entier développement, on obtiendrait une autre cycloïde, semblable à la première, mais s'abaissant progressivement.

266. *Épicycloïde.* — L'épicycloïde est une courbe engendrée par le point de contact d'une circonférence roulant à l'extérieur ou à l'intérieur d'une autre circonférence. Elle diffère donc de la cycloïde en ce que le cercle générateur, au lieu de s'avancer sur un plan droit, se meut autour d'un cercle fixe. Nous ne parlerons que du tracé de l'épicycloïde extérieure, comme étant celle dont l'emploi est le plus fréquent.

Soient donc AFBE le cercle fixe (*fig.* 28) et FC′D le cercle générateur. Du point C et avec un rayon CC′, on décrira la courbe que doit tracer le centre C′ dans sa marche autour du cercle principal. On divisera ensuite le cercle générateur en un certain nombre de parties égales, et l'on reportera ces divisions sur le cercle principal. Du centre de celui-ci et par les points de division, on mènera des rayons jusqu'à la circonférence directrice abcd... Les points a, b, c, d, e, situés de part et d'autre de C′, seront les centres successifs du cercle générateur lorsque le contact aura lieu aux points de division 5, 4, 3, 2 et 1. De chacun de ces centres et avec un rayon égal à C′D on décrira de nouvelles circonférences. Enfin du centre C on décrira des arcs de cercle passant par les points de division 1, 2, 3, 4, 5 du cercle générateur. Les points d'intersection de ces arcs de cercle avec les circonférences qui marquent les positions successives du cercle générateur, seront les points de passage de l'épicycloïde.

267. _Engrenage droit._ — Pour construire l'engrenage droit, résultant d'une roue dentée et d'une crémaillère, on doit commencer par le tracé de la roue.

1°. Soit donné le cercle primitif de la roue d'un rayon CH' (_fig._ 29), et soit AB la droite primitive de la crémaillère. Si nous supposons que la droite I'H' roule tangentiellement sur la circonférence principale, le point de contact H' engendrera une développante H'F'. La propriété de cette courbe est de pousser constamment le point de contact H' dans la direction de la droite I'J'. Si donc on divise la circonférence principale en autant de parties égales que la roue doit avoir de dents et de creux, et que de chaque point de division on mène une développante semblable à H'F', toutes les courbes ainsi obtenues jouiront de la même propriété. A partir du point H', on déterminera sur I'J' des divisions égales à celle du cercle principal.

Le principe suivant sert à déterminer la longueur des dents : la dent de la roue qui commande ne doit pas abandonner celle qui laquelle elle agit, avant que la dent qui la suit immédiatement commence son action. Ainsi la dent qui agit sur le point H' ne doit abandonner cette dent qu'au point K, c'est-à-dire à l'instant où le point L agira sur le point M lorsque l'un et l'autre se confondront au point H'.

2°. Si l'on considère le rayon CH' comme diamètre d'un cercle intérieur au cercle principal, et qu'on fasse rouler ce petit cercle sur la droite I'J' à partir du point H', le point de contact H' engendrera une épicycloïde H'G' qui déterminera la courbure des dents de la crémaillère. D'un autre côté, si l'on fait rouler le petit cercle dans l'intérieur du cercle principal, le même point H' engendrera une épicycloïde droite qui se confondra avec le rayon CH'. La courbe H'G' sera celle que l'on devra donner aux dents de la crémaillère, et la droite CH' sera le côté du flanc de la roue, car si l'on fait mouvoir la crémaillère de droite à gauche, la courbe H'G' s'appuiera constamment sur la droite CH' et lui restera tangente.

Comme il serait trop long de déterminer la courbure de chaque dent, on se contente d'en obtenir exactement une première, et celle-ci sert de patron pour toutes les autres. Les points marqués à l'intérieur de la roue de _a_ à _e_ et 1' à 5' indiquent les centres des courbes génératrices de chaque développante.

268. _Engrenage cylindrique._ — L'engrenage cylindrique est formé par deux roues droites dont les dentures sont parallèles et taillées sur des surfaces cylindriques. Lorsque les roues sont d'inégale grandeur, la plus petite se nomme _pignon_ (fig. 30). La courbure des dents de cet engrenage s'obtient par les moyens indiqués précédemment. Ainsi l'épicycloïde HK est engendrée par la circonférence de rayon HI roulant autour du cercle principal du pignon, et l'épicycloïde HL par le cercle de diamètre HC' roulant sur la circonférence du cercle principal de la grande roue.

Pour obtenir deux roues destinées à se transmettre mutuellement le mouvement, il faut donner à leurs circonférences primitives des dimensions proportionnelles au nombre de dents qu'elles doivent contenir. Ce rapport sera donc exprimé par la différence des diamètres. Ainsi le diamètre de la roue principale étant d'un quart plus grand que celui du pignon et cette roue ayant douze dents, le pignon n'en devra recevoir que neuf, ou les trois quarts de douze.

Roue d'angle. (Planche V.)

269. _Engrenage conique. Construction de la roue d'angle._ — Cet engrenage résulte, avons-nous dit, de deux roues que l'on assimile à deux cônes inclinés l'un vers l'autre et ayant un sommet commun. Ce système sert à transposer la direction des forces motrices. Il peut varier dans son inclinaison; ainsi, lorsque les deux axes forment entre eux un angle droit, l'engrenage conique est dit à 90 degrés (_fig._ 31); d'autres fois l'angle est de 45 degrés (_fig._ 32). Pour connaître la grandeur de l'angle, on mène des parallèles aux axes, comme _ab_, _ao_ (_fig._ 31), et _a'c'_, _a'b'_ (_fig._ 32); ou bien des perpendiculaires, comme _ao_, _ab_, ou _a'd'_, et _a'c'_. On peut aussi se servir du rapporteur, en plaçant son centre au sommet des deux cônes et son diamètre sur l'axe de la grande roue, comme nous l'avons fait au point C de chaque figure.

Pour construire cet engrenage, on commence par tracer la ligne AB et une perpendiculaire indéfinie; puis, ayant déterminé le sommet C de la roue principale, on achèvera ce premier cône. Élevant ensuite une perpendiculaire indéfinie au point A, on coupera celle-ci par une autre perpendiculaire indéfinie CF qui sera l'axe du second cône; on terminera ce cône en prolongeant la ligne BC jusqu'en D. Quant au tracé des cônes extérieurs ABE pour la roue principale et ADF pour le pignon, on l'obtiendra en menant EF perpendiculaire à CA et aboutissant à chacun des axes. Cette ligne sera d'ailleurs facile à tracer suivant le procédé ordinaire; en effet, prenant sur CA une distance AK, on la reporte en AL sur le prolongement de CA; puis, des points K et L décrivant les intersections M et N, on aura deux points par lesquels passera la perpendiculaire.

Pour obtenir les dents, on construit le plan de chacune des deux roues ou plutôt leur projection horizontale A'B (_fig._ 33) et A''D' (_fig._ 34), en menant des perpendiculaires aux lignes AB et AD. On déterminera aussi leur dimension intérieure en faisant passer par le point I les lignes GJ parallèle à EF, IH parallèle à AB et IR parallèle à AH.

La _fig._ 34 représente le tracé géométral de l'engrenage de la roue d'angle et du pignon. Le point de contact est en O; les arcs nécessaires à la courbure des dents sont OP et OQ.

SECTION II.

PERSPECTIVE LINÉAIRE, ÉTUDE DU LAVIS, PERSPECTIVE AÉRIENNE.

PERSPECTIVE LINÉAIRE.

Théorie de la Perspective. (Planche VI.)

270. La Perspective a pour but de représenter sur une surface plane, nommée _tableau_, la forme des objets tels qu'ils nous apparaissent, c'est-à-dire avec la dimi-

6.

nution progressive que semblent subir leur masse et leurs teintes en raison directe de leur éloignement. On en distingue deux espèces : la perspective *linéaire*, qui s'exécute par des lignes, et la perspective *aérienne*, qui se produit par la dégradation des teintes. Pour rendre l'exécution de celle-ci plus facile, nous la ferons précéder par l'étude du Lavis.

271. Nous n'apercevons un objet qu'autant qu'il reçoit la lumière et qu'il nous renvoie un rayon réfléchi de chacun de ses points. Ces rayons, en pénétrant dans notre œil, se croisent en un point situé derrière le cristallin, corps lenticulaire et transparent, et forment un angle que l'on nomme *angle visuel*, sous lequel on voit tous les objets qui se peignent à l'intérieur de l'œil entre les arêtes prolongées. Il résulte de là que plus l'éloignement tend à en diminuer l'ouverture, plus la petitesse apparente diffère de la grandeur réelle : c'est ce qui explique pourquoi deux lignes parallèles, marchant vers l'horizon, semblent se rapprocher l'une de l'autre à mesure qu'elles s'éloignent, et paraissent s'y rencontrer si on les prolonge suffisamment. L'angle de réduction qui résulte de ce phénomène s'appelle *angle optique*, et c'est sur lui que repose le principe de la perspective.

En raison des points nombreux auxquels ils se rapportent, l'angle visuel et l'angle optique forment deux faisceaux coniques qui ont un axe commun et dont les extrémités se terminent, l'une au centre de l'œil du spectateur, l'autre sur la ligne d'horizon.

272. Pour exprimer tous les effets produits par la vision, on a recours à trois sortes de lignes et trois sortes de points. Les trois lignes sont : la *ligne de terre*, la *ligne d'horizon*, et la *ligne verticale*. Les trois points sont : le *point de vue*, le *point de distance*, et le *point accidentel*.

La *ligne de terre*, marquée AB dans les six figures de cette planche, est toujours placée parallèlement à l'horizon ; elle détermine la base du tableau.

La *ligne d'horizon*, DPD, est la ligne qui résulte du contact apparent du ciel et de la terre : elle détermine la profondeur du plan qu'embrasse le tableau. Cette ligne n'existe en réalité que lorsque le plan perspectif est terminé par la mer ou par une plaine unie ; lorsque des montagnes bornent la vue, on suppose l'horizon un peu plus élevé que la base de ces montagnes, à cause de leur inclinaison.

La *ligne verticale*, XX, coupe à angle droit la ligne d'horizon. Elle est toujours en face du spectateur, et par conséquent inséparable du point de vue. Passant par le zénith et traversant la terre, elle partage le tableau en deux parties.

273. Le *point de vue*, que nous désignerons toujours par P, et que l'on nomme indistinctement *point central* ou *point de fuite principal*, représente le sommet de l'angle optique ; les deux lignes qui forment cet angle sont en réalité parallèles, mais, relativement à l'organe de la vision, elles semblent se réunir à l'horizon. Ce point de fuite se trouve constamment situé sur la ligne d'horizon, et paraît toujours en face du spectateur et à la hauteur de son œil : il résulte de là que plusieurs personnes ne peuvent avoir à la fois le même point de vue, et que l'on ne saurait monter ou descendre sans déplacer ce point. Il sert de foyer commun à toute ligne droite qui, dans le plan géométral, est perpendiculaire à la ligne de terre, c'est-à-dire qui forme un angle droit avec elle.

274. Le *point de distance*, désigné par la lettre D, représente la distance qui sépare l'œil du spectateur et le tableau ou l'objet. Il se place sur le prolongement de la ligne d'horizon, de chaque côté et à égale distance du point de vue. Ce point sert à déterminer la profondeur des plans, c'est-à-dire la distance qui les sépare de la base du tableau. Nous reviendrons sur le point de distance, lorsque nous parlerons de la position la plus convenable qu'il doit occuper relativement au tableau, afin que celui-ci ne subisse pas de déformations choquantes produites par un trop grand rapprochement.

275. Le *point accidentel*, que nous avons représenté par D' (*fig.* 38), est celui auquel viennent aboutir les lignes qui forment avec la ligne de terre un angle autre qu'un angle droit ou demi-droit. On le nomme *horizontal*, *aérien* ou *terrestre*, suivant les positions qu'il occupe. Ce point remplit d'ailleurs des fonctions analogues à celles du point de distance ordinaire.

Remarque. — La ligne de terre est invariable. — La ligne d'horizon s'élève ou s'abaisse suivant que le spectateur monte ou descend : ce qui fait que des personnes placées à des hauteurs différentes ne sauraient la voir dans la même place. — La ligne verticale peut occuper différentes positions, suivant la nature de l'objet que l'on veut représenter ; car, étant inséparable du point de vue, celui-ci peut changer de position, mais dans des cas fort rares, lorsque l'on veut, par exemple, attirer l'attention vers un des côtés du tableau. Le point accidentel, suivant le besoin, se placera dans toutes les directions et à toutes les hauteurs ; cependant il doit toujours s'accorder avec la ligne d'horizon, ou se rattacher à une ligne qui lui soit perpendiculaire, c'est-à-dire qui soit placée au même degré d'éloignement.

276. *Tableau, plan géométral et plan perspectif.* — Le tableau (*fig.* 36) est supposé représenter l'effet que produiraient sur une vitre, placée parallèlement à l'horizon et dans le sens vertical, entre le spectateur et l'objet à reproduire, tous les rayons visuels qui partent de ce dernier. Le *plan géométral* est un plan qui touche la ligne de terre dans une position perpendiculaire aux rayons visuels qui partent des yeux du spectateur. Sur ce plan les objets apparaissent, avec leurs formes réelles, comme s'ils étaient vus à vol d'oiseau. Dans le *plan perspectif*, au contraire, formant un angle droit avec le plan géométral sur la ligne de terre, les objets offrent des formes toutes différentes, et les lignes de leur contour diminuent de grandeur à mesure qu'ils s'éloignent. Les descriptions suivantes feront comprendre ces principes.

277. *Applications.* — Soit proposé de dessiner sur un plan perspectif le carré AF'G'B. On commence par tracer la ligne de terre AB, qui doit former la base du tableau ABCE. La ligne d'horizon étant DPD, nous supposons le spectateur placé à une distance égale à trois fois la largeur du tableau, car l'expérience a prouvé que l'œil n'embrasse distinctement qu'une étendue dont la largeur égale environ le tiers de la distance où il se trouve placé. L'espace compris entre la ligne de terre et l'horizon forme le plan perspectif ; c'est dans cet espace que nous allons reproduire, d'après les lois de la perspective, les figures qui composent notre plan géométral. Si nous menons la ligne verticale XX, son intersection avec la ligne d'horizon nous donne le point de vue P. Les côtés AF' et BG' du plan géométral, étant parallèles entre eux et perpendiculaires à la ligne de terre, se dirigeront vers ce point P ;

obliques en apparence et par une illusion d'optique, ils conservent en réalité leur parallélisme. Joignons donc les points A et B au point de vue P; le point G′ du carré géométral se trouvera sur un point de la ligne BP, et le point F′ sur un point de la ligne AP. Maintenant, ayant mené dans le carré ABG′F′ les diagonales AG′ et BF, qui partagent chaque angle droit en deux angles de 45 degrés, conduisons la diagonale AG au point de distance D; cette ligne déterminera par son intersection avec BP le point G, et GB sera la longueur de BG′ dans le plan perspectif. Nous obtiendrons de la même manière le point F, et, joignant F à G, nous aurons en FG le côté du carré le plus éloigné. Le point O′, centre du carré, résulte naturellement de l'intersection des diagonales AD et BD au point O du plan perspectif.

L'opération serait la même pour le rectangle MJ′K′I, que l'on retrouve en MJKI.

278. Le plan géométral de la *fig.* 37 représente un carré inscrit dans un carré. Nous venons de voir par quels moyens on obtient en AFGB la perspective linéaire du carré AF′G′B. Cherchons les rapports qui existent entre les différents points de ces deux figures. Le carré HJ′I′K a ses côtés obliques sur la ligne de terre AB, et forme avec celle-ci des angles demi-droits; les droites HJ′ et HK′ ne prendront pas la direction du point de vue P, mais elles se dirigeront vers le point de distance D, que nous supposons également placé à la droite du tableau. Nous obtiendrons le point J à l'intersection de AP, côté du grand carré avec la ligne HD; le point K se déterminera d'une manière analogue. Si enfin nous joignons les points K et J aux points de distance que nous supposons placés comme à la figure précédente, nous déterminerons le point d'intersection I, et nous aurons en IJHK le plan perspectif du carré inscrit HJ′I′K′.

279. La *fig.* 38 présente l'application du point accidentel. Nous y retrouvons d'abord le carré AF′G′B reproduit sur le plan perspectif par la méthode employée dans les figures précédentes. L'opération principale consiste à reproduire la perspective du carré inscrit Q′M′N′L′, dont l'angle Q′ forme avec la ligne de terre AB un angle autre qu'un demi-droit : il en résulte que ses côtés ne se dirigeront ni vers le point de vue, ni dans le sens des points de distance ordinaires; il faudra donc chercher un autre point, que nous avons nommé *point de distance accidentel*. Du point A comme centre et avec un rayon égal à AM′, décrivons le quart de cercle M′R′ jusqu'à la ligne de terre, et menons une droite de R′ au point de distance D : nous obtenons ainsi le point M sur la ligne AP. Traçant ensuite du point Q′ et par le point M une ligne droite, cette droite, prolongée jusqu'à la ligne d'horizon, déterminera le point accidentel D′. Quant au second point accidentel, il sera situé à gauche du point P, et d'autant plus près de ce point que le premier en sera plus éloigné. Pour le trouver, du point B comme centre et avec un rayon égal à BL′, on décrira le quart de cercle L′T′; puis, joignant T′ au point de distance D, on obtiendra, au point d'intersection L, la longueur QL de la ligne perspective; alors prolongeant cette ligne jusqu'à l'horizon, elle donnera en D le point demandé; et l'on aura ainsi toutes les données nécessaires à la construction de la figure. Quant aux autres lignes, elles servent à tracer la perspective du troisième carré U′Y′Z′I′, opération en tout point semblable à la précédente.

280. Les trois autres figures de cette planche sont relatives à l'élévation des plans.

La première (*fig.* 39) représente une voûte dont les naissances sont situées au niveau de l'horizon. Pour la construire, sa largeur réelle étant égale à la base du tableau et ce dernier étant exprimé par le rectangle ABEC, on conduit les points A et B au point de vue P; ce qui détermine la direction des murs parallèles intérieurs. Ensuite, on porte sur la ligne de terre la profondeur de A à F; et le point F, étant conduit en D, déterminera cette distance au point d'intersection F′. La hauteur réelle des pieds-droits se portera à son tour sur les côtés du tableau; et, la voûte commençant au niveau de l'horizon, cette hauteur se trouvera de A en Y. Nous ferons observer que les points A, Y, P forment un triangle dont la propriété est de diminuer proportionnellement toutes lignes parallèles à son côté AY et marchant ainsi au point de vue P. D'où il résulte que F′J égale à GK, comme HL à IM, représentant la hauteur des parois de la voûte, seront en réalité égales à AY, leur diminution apparente n'étant que l'effet de l'éloignement. On terminera l'opération en décrivant les deux courbes de la voûte, l'une de rayon PJ, l'autre de rayon PL.

281. Mais, s'il s'agissait de construire une voûte semblable, en la plaçant, d'une part au fond d'une galerie rectangulaire divisée en plusieurs travées, de l'autre en disposant ses naissances au-dessous de l'horizon, on commencerait (*fig.* 40) par déterminer sur la ligne de terre AB, la distance AF qui représente la profondeur de la première travée. Conduisant ensuite du point F une droite au point de distance, on obtiendra sur AP les points G et c. Celui-ci donnera le point H, en menant horizontalement G en G′. On agira de même pour les autres points. Quant à la profondeur des plans, elle sera déterminée en M, R, N, Q sur les lignes CP et EP. On terminera l'opération en prenant à volonté une élévation BY que l'on conduira au point P; car, pour obtenir le premier arc, il suffira d'élever une perpendiculaire V′T et de tracer une horizontale TS ayant son centre en U. Pour le second, on élèvera aussi une droite *ab* que l'on ramènera perpendiculairement de *b* en *b*, ce qui donnera le centre en *c*. Les arcs de la voûte seront décrits avec les rayons U′T et *cb*.

282. Soit maintenant à dessiner une allée d'arbres (*fig.* 41), on opère d'une manière semblable. Les points C, B, A, E sont conduits au point de vue P; la distance qui sépare chaque arbre est portée en AF sur la ligne de terre, et le point F reporté en G sur AP à l'aide du point de distance. On agira de même pour G et I en se servant de H. Les parallèles GG′, II′, KK′, VV′ donneront le côté opposé de la figure. Les points J et K, élevés à volonté sur les côtés du tableau et conduits au point de vue, donneront en JP et KP les lignes de fuite qui détermineront la hauteur de la naissance des branches pour tous les arbres, en supposant qu'ils soient taillés symétriquement.

Perspective des Plans. (Planches VII et VIII.)

283. Ce que l'on nomme *perspective des plans* serait plus exactement désigné par la dénomination de *perspective horizontale*, car les plans peuvent occuper un nombre indéfini de positions, tandis qu'il n'est question ici que de celui qui s'étend de la ligne de terre à celle d'horizon. Nous avons cependant conservé la première expression comme étant consacrée par l'usage.

284. *Mettre un point en perspective sur le plan horizontal.* — Soit à ramener sur le plan perspectif un point quelconque A (*fig.* 42) placé sur le plan géométral. On élèvera de ce point une perpendiculaire à la ligne de terre au point B. Or on sait que toute perpendiculaire à la ligne de terre va aboutir au point de vue ; si donc on mène une droite de B à P, le point A devra se trouver quelque part sur la droite BP. Pour déterminer la position de ce point sur cette droite, on décrira du point C comme centre et avec un rayon BA, le quart de cercle AC : ce qui donnera sur la ligne de terre BC égal à BA. Du point C on mènera une droite au point de distance D, et l'intersection *a* des droites BP et CD sera le lieu du point A mis en perspective.

Cette opération est la base de celles qui vont suivre ; en effet, les figures à mettre en perspective étant terminées par des lignes ou des angles dont les extrémités sont des points, il s'ensuit que les diverses constructions employées se réduisent, en dernière analyse, à reporter sur le plan perspectif un certain nombre de points, tout en conservant sur ce plan leurs positions relatives ; il suffirait alors de joindre ces points par des droites, pour obtenir les contours d'une figure donnée. Les opérations suivantes sont l'application de ce principe.

285. *Mettre en perspective une ligne horizontale.* — Chaque extrémité d'une ligne étant un point, cette opération revient, en vertu du principe posé plus haut, à doubler celle de la figure précédente. Soit AB la ligne donnée (*fig.* 43). La position du point A sera déterminée en *a* par l'intersection de CP et de ED ; celle de B le sera en *b* par l'intersection de DP et de FD. Les points *a* et *b* étant les extrémités de la ligne AB, il suffira de les joindre par une droite pour avoir la perspective de la ligne horizontale donnée.

286. *Mettre en perspective une ligne verticale.* — Soit AB la ligne verticale (*fig.* 44). Comme cette ligne est située dans une direction perpendiculaire à la ligne de terre, on la prolongera jusqu'à cette dernière au point *e*, et on mènera une droite de ce point au point de vue P. Pour avoir la profondeur des deux extrémités de la ligne, on décrira l'arc AE d'un rayon *e*A et l'arc BF d'un rayon *e*B. Les lignes ED et FD menées au point de distance D formeront avec *e*P les intersections *a* et *b*, et la ligne *ab* sera la droite AB mise en perspective.

287. *Mettre en perspective une ligne oblique formant un angle demi-droit avec la ligne de terre.* — Soit A′B′ la ligne oblique (*fig.* 45). Des points A′, B′ élevez les lignes A′F et B′E perpendiculaires à la ligne de terre, et joignez les points F et E au point de vue. Prolongez ensuite la ligne oblique A′B′ jusqu'à la ligne de terre, et joignez le point C au point de distance D. La droite comprise entre les intersections A et B sera la ligne demandée.

288. *Mettre en perspective un triangle équilatéral.* — Cette opération revient à chercher la position des points A′, B′, C′ du triangle (*fig.* 46). Élevons les trois perpendiculaires A′H, B′J, C′I, et joignons les points H, J, I au point de vue. Décrivant ensuite les trois quarts de cercle A′E, B′F et C′G, joignons les points E, F et G au point de distance. Les intersections A, B, C seront les points de position des angles du triangle mis en perspective.

289. *Mettre en perspective un parallélogramme rectangle.* — Soit A′B′E′C′ le parallélogramme (*fig.* 47). Comme dans l'opération précédente, je commence par joindre les perpendiculaires A′C′ et B′E′ à la ligne de terre ; puis je joins les points I et H au point de vue P. Au moyen des arcs de cercle C′F et A′G, je détermine la profondeur du plan perspectif. Joignant ensuite les points F et G au point de distance D, j'obtiens aux intersections C et A la profondeur du parallélogramme ; les parallèles AB et CE donnent sa largeur en perspective.

290. *Mettre en perspective une double suite de dalles.* — Soient A, B, C′, E′ des dalles carrées (*fig.* 48), séparées entre elles par une dalle blanche d'une étendue double des premières. Joignez d'abord au point de vue P les extrémités A, F′, G′, B des perpendiculaires à la ligne de terre ; puis, au moyen des quarts de cercle I′G′, H′A, E′J, déterminez les points G′, A, J qu'il faut réunir au point de distance. Les intersections M, L, K, N, O seront les points de passage des parallèles KM, NQ. Si nous joignons le point Q au point de distance, nous obtenons les points R et S. En opérant de la même manière, on pourrait continuer la perspective jusqu'au point de vue P.

291. *Tracer un cercle en perspective sur le plan horizontal.* — Pour établir le plan géométral (*fig.* 49), on supposera le cercle inscrit dans un carré ; on divisera le carré en quatre parties égales par ses deux diagonales, et l'on joindra à la ligne de terre les points d'intersection H′ et G′. Comme dans cette figure tous les côtés sont semblables, nous ne donnons, pour abréger, que la moitié du plan géométral.

Soient donc A′C′E′B′ le demi-plan géométral, et les perpendiculaires G′I′ et H′J′. On commence par joindre au point de vue P, à partir de la ligne de terre A′B′, les perpendiculaires C′A′, G′I′, K′F′, H′J′ et E′B′ ; puis on conduit une droite des points A′ et B′ à leur point de distance respectif : on obtient ainsi la perspective du carré entre les points A′, B′, C, E. Pour trouver sur ce carré les points de passage du cercle, on fait passer une perpendiculaire KP par le centre F, ce qui donne les points KF′, correspondants aux points K′F′ du plan géométral. Par l'intersection F des deux diagonales du carré, et par conséquent centre du cercle, on mène AB parallèle à la ligne de terre, et on obtient les points A et B. Les intersections des lignes I′P et J′P avec les diagonales A′D et BD détermineront quatre autres points G, G′, H, H′, qui correspondent aux points d'intersection du cercle avec les diagonales du carré circonscrit. On connaît donc huit points, K, H, B, H′, K, G′, A, G, par lesquels doit passer le cercle : on trace celui-ci à la main, en conduisant une courbe par ces divers points.

Les demi-cercles placés de chaque côté du tableau (*fig.* 50 et 51), bien que présentant des courbes différentes, se traceront par les mêmes moyens : leur dissemblance résulte de leur position respective relativement au point de vue. Ainsi, si l'on voulait mettre en perspective le plan géométral de trois colonnes, le rang du milieu serait représenté par le cercle de la *fig.* 49, et les rangs latéraux par les *fig.* 50 et 51.

292. *Position du point de distance.* — Nous avons dit que le point de distance sert à représenter l'éloignement d'un objet relativement à l'œil du spectateur ; mais, comme la mesure de cet éloignement est facultative, on comprendra qu'à défaut de règles fixes et invariables, on ait cherché à déterminer, du moins approximativement, la distance la plus propre à produire de bons résultats, et surtout la moins capable d'entraîner la déformation des lignes. L'expérience a fait connaître que cette distance doit être égale à trois fois la largeur de l'objet ou du tableau qu'embrasse la vue; toutefois cette mesure n'est pas d'une rigueur absolue, et l'on a vu de grands artistes ne donner à la distance que deux fois ou une fois et demie la largeur de leur tableau. On cite comme exemple l'*École d'Athènes* de Raphaël, dont la distance égale la largeur : ce tableau était destiné à une petite salle, et devait être observé de fort près. D'un autre côté, pour suppléer au défaut d'étendue d'un atelier, on a cherché le moyen de ramener le point de distance sur le côté du tableau et de s'en servir comme s'il était beaucoup plus éloigné. Ce moyen, nous allons l'exposer.

293. *Ramener le point de distance sur le côté du tableau, quel que soit son éloignement réel.* — Soit ABEC le cadre du tableau (*fig.* 52) et le point de distance réel D situé à une distance égale à une fois la largeur. Il s'agit de représenter en perspective le carré HIKA et le carré LᴏM'M. Par la méthode déjà connue, en nous servant du point de distance réel, nous obtenons la profondeur du premier en K, et celle du second en M'.

Mais supposons le tableau d'une grande dimension et la salle trop petite pour que le point de distance puisse y être contenu; de sorte que l'on soit obligé de ramener en DR, que nous nommerons *distance rapportée*, le point de distance réel D. Pour y parvenir, on comptera d'abord combien de fois la distance PR est contenue dans la distance réelle PD, et l'on trouvera que cette distance s'y reproduit deux fois, de P en ɪ et de ɪ en 2. Or, si l'on prend pour base de l'opération la distance PR égale à la moitié de la distance réelle, il s'ensuit qu'il faudra également réduire de moitié la base de chaque objet; on joindra donc le point J, milieu de la base HI au point DR, et L', milieu de la base du carré supérieur, également au même point : ces deux droites donneront aussi les intersections K et M'.

294. La *fig.* 53 offre un second exemple du point de distance rapporté sur le côté du tableau. Dans celui-ci nous supposons le spectateur placé à une distance égale à trois fois la largeur du cadre, savoir : de o à 2, de 2 à 4, de 4 à 6, et nous prenons pour unité de mesure la demi-largeur oɪ à partir du point P, parce que le point réel étant au point 6, et le point accidentel DR au point ɪ, la distance PR est égale à une demi-largeur. Si donc on prend DR pour point de distance, il faudra diviser en six parties égales la profondeur du plan rapporté sur la ligne de terre au point F, ainsi que l'écartement rapporté au point H. Alors, au lieu de se servir des points F et H, on mènera les lignes des distances à partir des points ɪ et ɪ'. On voit par la figure que les lignes menées à chacun des points de distance ont une intersection commune, aux points B et E, et conduisent par conséquent à un résultat semblable.

Perspective des Élévations. (Planche IX.)

295. La perspective des élévations est basée sur celle des plans. Elle en diffère seulement par l'*échelle de hauteur* nécessaire à la mesure des élévations. Placée dans la direction de l'objet sur le plan perspectif, cette échelle est presque toujours le profil du solide que l'on veut représenter.

296. *Perspective d'un cube parallèle à la ligne de terre.* — Soit A'C'E'B' (*fig.* 54) le plan horizontal du cube, dont on a effectué la perspective ACEB suivant les moyens ordinaires, et soit le profil ou plan vertical F'G'I'H'. Des quatre angles du plan perspectif, élevez les perpendiculaires indéfinies AM, BM', EN', CN. Des points G' et I' qui forment la ligne de hauteur, menez une *ligne de base* G'J, et une *ligne d'élévation* I'J' se joignant à l'horizon. Par les points B et A, menez une parallèle à la ligne de terre jusqu'au point K de la ligne de base, et du point K élevez une perpendiculaire jusqu'à la rencontre de la ligne d'élévation en M' : vous aurez en KM' la hauteur du cube G'I' relativement à sa distance de la base du tableau. Si de ce point vous conduisez une nouvelle parallèle à la ligne de terre, cette parallèle déterminera les points M et M', et vous aurez une face du cube ABM'M. Menez de même la ligne horizontale EC. vous aurez en L'N' la hauteur CN. Tirez ensuite, des points M, M', deux lignes au point de vue, vous aurez les points N et N' qui formeront avec M et M' la face supérieure du cube, et par là même le cube tout entier.

297. *Perspective d'un cube formant un angle de 45 degrés avec la ligne de terre.* — D'après les principes posés plus haut (nᵒ), la diagonale A'E' du plan géométral (*fig.* 55), étant perpendiculaire à la ligne de terre, doit aboutir au point de vue. Sur cette ligne A'P, je prends A'F égal à l'une des faces du plan, et j'élève quatre perpendiculaires aux quatre angles du plan carré en perspective. La ligne A'F sera la ligne d'élévation. Les droites menées du point F aux points de distance donneront deux autres points G et H, qui, étant ramenés, serviront à compléter la figure, en déterminant le point I par leur intersection.

298. *Mettre en perspective un cube reposant sur une de ses arêtes.* — Le plan géométral étant A'C'E'B' (*fig.* 56) et F'G' représentant l'arête en contact, on joint A' et B', au point de vue P; et, au moyen des arcs de cercle F'N' et C'M', on descendra les points N'M'. Si de ces points on mène des droites au point de distance D, elles donnent les points F et ɪ, par lesquels on fait passer les parallèles FG et ɪF', ce qui donne la position de l'arête sur laquelle repose le cube. Élevant ensuite la ligne de hauteur I'J' égale à la diagonale du demi-plan d'élévation I'H'J'L', on tire au point de fuite K' la ligne de base I'K' et les lignes d'élévation H'K' et J'K'. On prolonge alors la parallèle FC jusqu'au point ɪ, d'où l'on élève une perpendiculaire jusqu'à la ligne d'élévation J'K', ce qui donne le point j. On obtiendra de même le point h en élevant une perpendiculaire au point m de la parallèle ɪE'' prolongée. Maintenant, élevant des perpendiculaires aux points A', B', F, C, e et E'', et faisant passer par les points H', h, j les parallèles H'L, hQ, jK, on aura déterminé tous les angles du cube. Pour le terminer, il suffit de mener les droites FQ, QH, KL, LF, CL, LJ, JO et OC.

299. *Tracer en perspective un prisme rectangulaire reposant sur un cube suivant un angle de 45 degrés.* — Dans l'explication des opérations précédentes nous sommes entré dans des développements assez étendus, pour nous croire dispensé de répéter les détails de ce problème. Nous engageons toutefois les élèves à le résoudre au moyen des procédés employés ci-dessus, et à écrire les divers raisonnements par lesquels on arrive à la solution. La *fig.* 57 leur donne, du reste, 1ᵒ le plan géométral A'B'C'E', la largeur B'F du cube, et HV la ligne de contact du prisme incliné relativement à la ligne de terre ; 2° le profil des deux solides, ou plan vertical, servant à construire l'échelle d'élévation dont la ligne de hauteur est G'K', la ligne de base G'M' et la ligne d'élévation K'M'. Ainsi ils trouveront sur cette échelle les hauteurs réelles G'a, G'N', G'L' et G'K' reproduites selon leur degré d'éloignement en Q'b, Q'S', QT et Q'R'. Il ne restera plus qu'à prolonger des droites horizontales pour obtenir les points correspondants.

300. *Construire des cercles sur divers plans.* — Pour le plan horizontal (*fig.* 58), nous renvoyons au n° 291. Quant au cercle vertical ; il s'obtiendra au moyen de l'échelle d'élévation dont M'L' est la hauteur et T' le point de fuite. Les cercles une fois décrits, la construction des polygones réguliers n'offrira aucune difficulté ; car, au lieu de décrire des courbes, on joindra seulement par des droites chacun des points obtenus à l'aide des lignes de construction.

Suite de la Perspective des Élévations. (Planche X.)

301. *Tracer une voûte en arc de cloître.* — La *fig.* 59 montre la marche à suivre pour faire l'opération dont la *fig.* 60 représente l'épure.

Ce genre de voûte, dont la base est un carré, se compose de quatre arcades placées verticalement à chacune de ses faces et de deux grands arcs se dirigeant perpendiculairement l'un à l'autre dans la direction de ses diagonales ; d'où il résulte que son tracé est encore une réminiscence du cercle établi sur le plan perspectif, tel que nous l'avons démontré dans notre perspective des plans (n° 291).

On commencera donc par établir le plan géométral (dont nous n'avons tracé que la moitié) et l'on reproduira ce plan sur le plan perspectif. Puis, élevant des perpendiculaires de chacun des points désignés par les lettres A, B, E', C', m, g, a, g, m', f', b, f, on reportera ce même plan en A'B'E''C'', au-dessus de la ligne d'horizon. Cela fait, on prendra sur le demi-plan géométral les hauteurs AH et AC pour les reporter aussi sur les côtés de la figure de A' en H' et de A' en C''. Élevant alors les perpendiculaires marquées par les chiffres 1, 2, 1, 2, et menant C'' et E'' au point de vue P ainsi que H'H', on obtiendra sur chacune des faces latérales, par les intersections 1, 2, a, 1, 2, b, les points de passage des deux arcades, dont on pourra construire l'épaisseur en se servant des mêmes moyens. A l'égard des grands arcs ils iront de A' à E'' et de B' en C'', se croisant à o'' et passant l'un par gf, l'autre par fg. Les arcs antérieurs seront décrits de rayon nA' et de rayon m''C''.

Perspective des Plans inclinés. (Planche XI.)

302. La perspective des plans inclinés consiste à remplacer le point de fuite principal par un point accidentel, sujet à changer de position, selon la direction du plan, et nécessitant le concours d'une nouvelle ligne d'horizon, nommé *rationnel*, et de deux points de distance considérés comme auxiliaires. Ainsi il changera de dénomination suivant que le plan s'étendra (*fig.* 61) de bas en haut, comme de P à Q, ou de haut en bas, comme de P à R.

On appelle plan *horizontal* (n° 1), le plan qui s'étend de la ligne de terre à la ligne d'horizon ; le plan *ascendant* (n° 2) est celui qui s'élève au-dessus de la ligne d'horizon ; enfin le plan *descendant* (n° 3) est celui qui se trouve au-dessous de cette ligne. Ces différentes manières d'envisager les plans ne regardent que la base des figures ; leur partie supérieure se rapporte toujours à l'horizon réel, parce qu'il n'existe en principe qu'un seul et même point de vue.

303. Soit à mettre en perspective la *fig.* 61 située sur le plan horizontal. On se servira, comme précédemment, du point de vue P et du point de distance D, on trouvera ses lignes de fuite en ab sur aP, et en a'b' sur a'P.

304. Mais la *fig.* 62, se trouvant placée sur le plan ascendant, nécessitera l'application d'une nouvelle ligne d'horizon, et il faudra employer pour sa base le point accidentel Q et son point de distance E. Pour sa région supérieure horizontale abcd, on reviendra à l'horizon réel en reprenant les points de fuite qui s'y trouvent situés.

305. Il en sera de même de la *fig.* 63 relativement à ses points de distance. Le plan ascendant abcd de cette figure ira concourir aux points EE de l'horizon rationnel, et le plan horizontal ira aboutir en DD de l'horizon réel.

306. Le bâtiment représenté (*fig.* 64) se prolongera sur deux plans. De K en L il appartiendra au plan horizontal, et de L en M il s'étendra sur le plan descendant.

307. Les *fig.* 65 et 66 ont été construites pour donner une idée de ces différences. La ligne de toiture SV est conduite au point P. Le point accidentel S' est pris selon l'inclinaison du toit ; la ligne TX marche dans la direction de P, et la ligne VX dans la direction du point S'. Quant à la porte NON'O', elle n'offre rien de particulier.

308. Pour mieux faire comprendre le sujet de cette leçon, nous allons donner le moyen de placer des objets ou des figures sur les différents plans dont nous venons de parler. Ce moyen consiste à établir une échelle relativement à chacun de ces plans.

309. Pour la *fig.* 67 située sur le plan horizontal, l'échelle de proportion se trouve placée verticalement, sur le côté du tableau, de a en b, et nous lui supposons 4 mètres de hauteur. Il résulte de là que toute ligne perpendiculaire placée dans l'intérieur de l'angle aPb, depuis a jusqu'à P, aura 4 mètres. Le bâton cf aura donc 4 mètres en de ; il en sera de même de gj et kl en ih.

310. La *fig.* 68 est divisée en zones qui représentent les différents plans. Ainsi de la base au point R s'étend le plan descendant ; de R à P, le plan horizontal ; de P à Q, le plan ascendant. Les dimensions des objets étant susceptibles de varier suivant l'inclinaison des plans, nous avons établi pour chacun d'eux une échelle particulière, ayant la même étendue, mais différant par son point de fuite, et nous avons placé la ligne d'élévation de ces trois échelles dans la direction horizontale, afin de réunir les trois opérations.

L'échelle a'b' fuyant en p' sert au plan horizontal ; l'échelle a'b' fuyant en q' sert au plan ascendant ; l'échelle a'b' fuyant en r' se rapporte au plan descendant. La base commune de ces échelles est supposée avoir 2 mètres, et les mesures doivent se prendre dans le sens horizontal, pour être redressées ensuite verticalement à partir du point correspondant qui leur sert de base. Ainsi, voulant placer au point e', sur le plan horizontal, un bâton égal à a'b', on ramènera ce point horizontalement sur l'échelle a'b'p' où l'on trouvera sa longueur en ed, que l'on reportera ensuite de e' en d'. Il en sera de même pour les bâtons if et ml relativement aux autres plans. Tous ces bâtons auront chacun 2 mètres, et leur diminution apparente sera en raison de la distance et de l'inclinaison de leur plan.

Application des points de fuite. Réflexion dans l'eau.
(Planche XII.)

311. Nous avons appliqué, dans les figures précédentes, les points de fuite à l'inclinaison des terrains; nous allons compléter notre travail en employant les points de fuite à diverses sortes d'élévations partielles.

312. *Mettre en perspective une porte ogivale.* — Pour représenter une porte (*fig.* 69) que nous supposons toucher à la ligne de terre et dirigée perpendiculairement à l'horizon, on commence par tracer le plan. Pour cela, on divise la base en six parties égales de o' à 6', et par chacun des points de division l'on mène des perpendiculaires à la ligne de terre. Ensuite avec un rayon égal à o'6' on décrira les arcs de la courbe qui se toucheront en X, et sur o'6' on formera le carré o'A'6'B'; enfin par les points d'intersection o on mènera des lignes horizontales donnant sur la perpendiculaire o'A' les divisions C'E'.

Le plan étant ainsi tracé, on reportera sur la ligne d'élévation o'R les divisions o'A' en o"A pour avoir la hauteur du carré circonscrit à l'ogive. Pour avoir ensuite la largeur de la porte et la diminution progressive de toutes les divisions de la base de l'ogive, on conduira au point de distance tous les points compris entre o' et 6'. Ayant alors mené des droites à partir des points A, C, E jusqu'au point de vue P ou du moins une portion de ces droites, on élèvera des perpendiculaires aux points de division, o', 1, 2, 3, 4, 5, 6, et l'intersection de ces perpendiculaires avec les droites tirées de E, A C, donnera en 1", 2", 3", 4", 5" les points de passage des arcs de l'ogive.

Quant à la porte ogivale placée au fond, sur le mur en retour, il faut, pour la construire, déterminer l'éloignement de son plan, en élevant une perpendiculaire FG sur la ligne fuyante o'P, ce qui donnera en H la hauteur de base de l'ogive. La largeur de cette porte est égale à E"F', et les arcs de l'ogive A", B", C" qui la termine sont décrits d'un rayon semblable en prenant successivement les points A" et B" pour centre.

313. *Mettre en perspective des escaliers droits.* — Pour tracer le premier escalier (*fig.* 70), qui touche à la ligne de terre, on établira en profil un certain nombre de marches, comme nous l'avons fait pour les trois marches ABC, CEF et FG; puis de chacun des points A, B, C, etc., on mènera des droites au point de vue. Cela fait, on prend sur AP, la profondeur réelle ou une longueur quelconque, AH par exemple, qui sera la longueur de la première marche. Au point H on élève la droite HI perpendiculaire à la ligne d'horizon. On mène ensuite IH' parallèle à CB, et les autres droites H'I', I'H", H"I" comme on l'a fait pour le premier degré.

Pour superposer un second escalier en retour, situé à la hauteur du point Q, on mènera de ce point une ligne horizontale jusqu'à la ligne fuyante FP au point J. Élevant ensuite la perpendiculaire JK, on obtiendra la hauteur de la première marche, que l'on achèvera en traçant la parallèle KT et en joignant T à Q. Conduisant alors le point T au point de vue P et le point R au point de distance D, le point d'intersection U sera la profondeur de la marche, représenté en QR qui est elle-même égale à la distance JJ'. A partir du point Q et par le point U, on tracera une ligne indéfinie jusqu'à la rencontre de la verticale PS; le point S sera le point de fuite nécessaire à la construction des autres marches, dont la hauteur réelle sera déterminée sur la ligne d'élévation QX' en TVV'V". Quant à leur profondeur, elle s'obtiendra en conduisant successivement chacune des divisions de cette ligne au point de vue par leur intersection avec la ligne ascendante QS.

314. La *fig.* 71 se produira, 1° à l'aide d'une échelle de décroissement déterminée par la profondeur réelle de la première marche en AC sur la ligne de terre; 2° par la ligne de rampe AM dont la diagonale AR donnera la direction. Le point M sera le point accidentel ascendant auquel iront converger les droites parallèles fuyantes partant de B et du point Q. Les points E, G, I, K, seront déterminés par les lignes qui joignent au point de distance les points C, F, H, J ramenés horizontalement sur la droite CP. Ce sera en un mot le même tracé que celui de la *fig.* 41, *Pl. VI.*

315. *Tracer la perspective d'une porte ouverte.* — Lorsque l'on fait tourner une porte sur ses gonds, on lui fait décrire un arc de cercle autour de la ligne d'axe qui passe par les charnières; on commencera donc par établir le plan de cet arc de cercle (*fig.* 72), ou plutôt d'un demi-cercle, suivant la marche que nous avons indiquée au n° 291, et sur ce plan l'on déterminera en CX la ligne d'ouverture, que l'on prolongera jusqu'à la ligne de terre en Y. Le plan géométral étant reporté sur le plan perspectif, si l'on mène la droite YC', on aura en C'G la base de la porte; et si l'on prolonge YC' jusqu'à la rencontre de la ligne d'horizon, on aura en J un point accidentel, auquel on mènera le point H sommet de la ligne GH, hauteur de la porte, ce qui déterminera la longueur de la ligne C'K, ainsi que la direction de la ligne KH. L'ouverture de la porte sera de C' en C" conformément au rayon.

316. L'opération suivante (*fig.* 73), qui consiste à mettre en perspective un coffre ouvert, est basée sur une construction analogue, c'est-à-dire sur deux demi-circonférences, ou plutôt sur la première, qui a pour rayon EC; l'ouverture est en EF, ligne parallèle à E'F'.

Réflexion dans l'eau.

317. La théorie de la réflexion dans l'eau est basée sur les lois auxquelles sont soumis les rayons lumineux. La première de ces lois est celle-ci : Un rayon lumineux tombant sur une surface réfléchissante se relève et forme un *angle de réflexion* égal à l'*angle d'incidence*. Ce principe nous démontre pourquoi les objets réfléchis dans l'eau, bien que ne se peignant qu'à la surface, paraissent submergés et occupent une position renversée.

Sans entrer dans des détails scientifiques qui ne sont pas de notre sujet, nous

7

dirons que, pour le tracé des réflexions dans l'eau, la question la plus nécessaire au dessinateur est de trouver le *niveau d'eau*. Ce niveau s'obtient en abaissant une perpendiculaire de chacun des points de l'objet jusqu'à la rencontre de la surface de l'eau. Lorsque le point à réfléchir se trouve à une distance plus grande que ne le comporte le plan perspectif, comme le soleil ou la lune, le niveau d'eau se prend sur la ligne d'horizon, qui est la plus éloignée qu'on puisse atteindre par la perspective. Le niveau d'eau une fois déterminé, on n'aura plus qu'à représenter les objets en sens inverse, en ayant soin de leur donner les dimensions et la forme qu'ils ont dans la nature.

318. *Réflexion de divers objets.* — Soit AB' (*fig.* 74) un bâton dont on veuille déterminer la réflexion. Prenant avec un compas une longueur égale au bâton, on la reporte du niveau A en B'', et l'on obtient AB'' pour la réflexion cherchée.

De même, on trouvera en X (*fig.* 75) le niveau d'eau du bâton oblique C'D. Prolongeant la perpendiculaire C'X d'une quantité égale à elle-même, et menant la perpendiculaire D'D'', si du point X et avec un rayon XD' on décrit un arc de cercle, le point d'intersection D'' sera le point extrême de l'objet réfléchi. Joignant ensuite C'' à D'' par une droite, celle-ci sera l'image renversée du bâton C'D'.

Si l'on considère un oiseau planant dans l'espace (*fig.* 76), son niveau d'eau sera en G', distance supposée de son point d'élévation à la surface de l'eau, et son point de réflexion sera en F''. L'image de l'oiseau sera donc renversée et éloignée du point G' d'une distance égale à G'F'.

319. *Réflexion d'une arche de pont.* — La profondeur de la voûte de ce pont (*fig.* 77) nécessite l'emploi de deux niveaux d'eau. Le premier se trouve en EF sur la ligne AB et le second en III. Pour décrire les arcs de cette réflexion, on se servira d'un rayon CE pour l'axe principal EGF, et d'un rayon LI pour l'axe secondaire IKH. Les autres parties du dessin seront tracées suivant la méthode ordinaire, telle que nous l'avons exposée dans la III° Partie, *Pl.* VII.

Perspective des Ombres portées. (Planche XIII.)

320. Dans la I° Partie de ce Cours (n° 120), nous avons expliqué la théorie des ombres tracées selon les principes de la géométrie; les détails que nous ajouterons ici regardent plus particulièrement la perspective.

Lorsqu'un rayon lumineux vient frapper un corps situé dans l'espace, il se produit, dans le sens opposé à la lumière, une obscurité que l'on nomme *ombre*. Si le foyer d'où émane la lumière est plus petit que l'objet éclairé, l'ombre est renfermée entre des lignes qui vont en divergeant à mesure qu'elles s'éloignent. Si le foyer et l'objet sont d'égale dimension, l'ombre est comprise entre des lignes parallèles. Enfin, le foyer est-il plus grand que l'objet, l'ombre prend la forme d'un cône. On pourrait conclure de ce dernier principe que, le soleil étant incomparablement plus grand que les objets qu'il éclaire sur le globe terrestre, ceux-ci ont toujours une ombre conique; cependant il n'en est pas ainsi : l'énorme distance de la terre au soleil permet de considérer comme parallèles les lignes qui forment les ombres.

L'ombre d'un corps projetée sur une surface quelconque s'appelle *ombre portée*.

Les ombres portées sur une surface plane offrent la silhouette des objets qu'elles projettent; mais les surfaces qui les reçoivent n'étant pas toujours planes, il en résulte que les ombres subissent des déformations en rapport avec la forme de ces surfaces.

On nomme *pied de la lumière* l'extrémité de toute ligne perpendiculaire ou horizontale partant du foyer lumineux et aboutissant à angles droits sur les plans qu'il éclaire en tous sens. Le pied de la lumière du soleil est toujours pris sur la ligne d'horizon, au point d'intersection formé par une perpendiculaire abaissée de cet astre.

Pour trouver la projection d'une ombre portée, il faut connaître les données suivantes : le foyer; la hauteur et le plan du foyer; le pied de la lumière.

Comme le soleil décrit une demi-circonférence depuis le point de son lever jusqu'à son coucher, les ombres sont d'autant plus courtes, que cet astre est plus près de son midi, et d'autant plus longues, qu'il est plus rapproché de son lever ou de son coucher. Dans les applications qui vont suivre nous supposerons le soleil placé de manière à faire un angle de 45 degrés avec toutes les perpendiculaires élevées sur le plan horizontal.

321. *Ombre d'un cube.* — Supposons le cube ABCE (*fig.* 78) recevant les rayons du soleil sous un angle de 45 degrés, ainsi que l'indique le rapporteur. Des six faces de ce cube, la face BEGH seule portera ombre. Or, lorsqu'une ligne perpendiculaire reçoit la lumière du soleil sous un angle de 45 degrés, la longueur de l'ombre est égale à la ligne qui la porte. Si donc du point B comme centre et avec un rayon BE nous décrivons l'arc de cercle EI, la droite BI sera l'ombre portée de BE. De même HJ sera l'ombre de HG. On pourrait encore obtenir HJ d'une autre manière: en effet, toutes les lignes parallèles d'un objet restant parallèles en perspective, et EG, BH aboutissant au point de vue P, il s'ensuit que les lignes correspondantes de l'ombre y aboutiront également. Si donc, la longueur de l'ombre BI étant connue, on conduit une droite du point I au point de vue, cette droite coupera HJ au point J.

Le polyèdre ABCEFGHI (*fig.* 79) porte son ombre d'une manière analogue.

322. *Ombre portée d'un carré reposant sur un angle.* — Pour trouver l'ombre de cette figure (*fig.* 80) abaissez des perpendiculaires de tous les angles sur la ligne KH, et des points de rencontre H, E, K menez des parallèles à la ligne de terre. Puis, au moyen d'un compas, prenez KM = KL, EG = EF, et HJ = HI. Alors menant les droites EM, MG, GJ et JE, vous aurez l'ombre du carré.

323. *Ombre portée d'un bâton sur un cylindre.* — On commencera par décrire le premier cercle du cylindre, dont nous ne donnons que la moitié, en prenant un rayon FA sur la perpendiculaire AB, et l'on mènera des droites parallèles de A, F, B, au point de vue P. Ensuite, on prendra arbitrairement un point quelconque sur la ligne d'axe FP, et de ce point on abaissera une perpendiculaire de G en M sur l'arête de base AP. La ligne GM sera le rayon du second cercle qui s'étendra seulement de E en C. Pour compléter le cylindre on tracera BE et NC.

Le cylindre étant tracé, et voulant connaître la forme de l'ombre que doit y produire le bâton HI, on mènera du point H une droite horizontale jusqu'à la rencontre de la base AP, ce qui donnera un point J, que l'on joindra au point I situé dans la direction du rayon lumineux; puis on élèvera une perpendiculaire déterminant sur la ligne d'axe le point K. Il en résultera un nouveau cercle dont KJ sera le rayon, et qui servira au tracé de l'ombre bornée nécessairement par IJ au point L.

324. *Ombre portée d'un triangle sur un escalier.* — Étant donné le triangle ABC (*fig.* 8₂), on commence par projeter sur le plan l'ombre portée, comme s'il n'y avait aucun objet interposé : ce qui donne ABF ; puis on tire CF. A la première marche, on relève perpendiculairement la ligne EF en *ec*, et l'on trace les côtés *ac*, *be* d'un second triangle ; on fait la même opération à la seconde marche, et l'on obtient pour ombre un triangle brisé qui se termine en *abc* sur la seconde contre-marche.

325. *Tracer l'ombre d'un cube, le soleil étant au fond du tableau.* — Pour tracer l'ombre de ce cube (*fig.* 83), on cherche d'abord le pied de la lumière : on le trouve au point T en abaissant sur l'horizon une perpendiculaire du point S, qui représente le foyer lumineux. Le point T servira de centre aux lignes indéfinies AH, BI et KJ. Si alors du foyer S on fait passer des droites par les angles supérieurs E, F, G, ces lignes prolongées détermineront les points H, I et J. Il suffira de mener AH, HI, IJ, JK pour avoir l'ombre demandée.

326. *Tracer l'ombre d'un cube, le soleil étant supposé derrière le spectateur.* — Le soleil étant à la hauteur du point S (*fig.* 84), on commence par le ramener dans le plan du tableau, et l'on abaisse la perpendiculaire ST pour avoir en T le pied de la lumière ; puis, prenant la distance TS, on la reporte en TR. Le point R, par ce fait, représente le foyer lumineux se trouvant dans la direction du rayon tangent à la tête du spectateur. D'où il résulte que les droites menées des points accidentels R et T aux angles du cube détermineront les dimensions de l'ombre, en opérant en sens inverse des points ST de la figure précédente.

327. *Ombre portée par la lumière d'un flambeau.* — La lumière d'un flambeau diffère de celle du soleil en ce que les rayons de celui-ci sont parallèles, tandis que ceux du flambeau sont divergents. En second lieu, le soleil n'a qu'un seul pied de lumière, tandis qu'un flambeau en a autant qu'il y a de plans susceptibles de recevoir sa clarté. Du reste, le pied de la lumière d'un flambeau est toujours produit par une perpendiculaire partant du foyer lumineux et formant un angle droit avec un plan quelconque. Ainsi, le foyer lumineux étant en A, le pied de la lumière en B sur le plan horizontal, l'ombre de tous les objets situés sur ce plan sera déterminée par l'intersection de lignes rayonnantes partant de A et de B. Si l'on considère le plan vertical ST, le pied de la lumière sera en M, et les ombres OQ et KN résulteront des droites menées de A et de M. Quant aux ombres portées sur le plafond, on les obtiendra absolument de la même manière. Menant AX perpendiculaire sur TX, on aura en X le pied de la lumière. Les lignes XY et AY donneront en UY l'ombre de UV.

ÉTUDE DU LAVIS.

328. Pour avoir la représentation complète d'un objet, il ne suffit pas d'en déterminer les contours par des lignes ; il faut encore, au moyen de *teintes conventionnelles* indiquer la nature des parties qui le constituent : c'est ce que l'on appelle *laver* un dessin ou un plan.

329. *Mise au trait.* — La première opération d'un lavis, condition nécessaire d'une bonne exécution, consiste à fixer sur une planchette la feuille de papier qui doit recevoir le dessin. Pour cela, on mouille un côté du papier avec une éponge imbibée d'eau bien claire ; puis on le retourne, on l'étend sur la planchette, et on le colle par ses bords. S'il reste quelques plis, il ne faut pas s'en inquiéter, car ils disparaîtront à mesure que la feuille séchera. Le papier étant ainsi préparé, on commence la *mise au trait* du dessin, c'est-à-dire on exécute les contours et les détails des objets, avec le crayon d'abord, puis avec l'encre de Chine. Pour délayer celle-ci, on verse un peu d'eau dans un godet, et, trempant dans cette eau l'extrémité d'un pain d'encre, on frotte ce pain sur son doigt et l'on rend au godet l'encre liquide obtenue : ce moyen est préférable au frottement direct du pain d'encre sur la paroi intérieure du godet. Pour éprouver la qualité de l'encre de Chine, on en délaye une petite quantité sur l'ongle du pouce et on la laisse sécher. Si l'on passe ensuite plusieurs fois la paume de sa main sur cette encre, elle prendra une teinte d'un noir virant au bronze, quand elle est bonne ; elle deviendra terne et s'effacera, si elle est de mauvaise qualité.

La mise au trait terminée, on passe sur toute la surface du papier, de l'eau saturée d'alun, afin d'empêcher le papier de boire et pour faire disparaître toutes les dégradations qu'il peut avoir subies pendant la mise au trait.

Les pinceaux en usage dans le lavis sont emmanchés deux à deux à chaque extrémité d'une baguette en bois ou en ivoire, nommée *ente.* Ils doivent être proportionnés à l'étendue des teintes que l'on veut exécuter. L'un est constamment imbibé d'eau, et sert à rectifier les inexactitudes de coloris ; l'autre sert à poser les teintes.

330. *Des teintes.* — Les teintes sont des couleurs presque aussi liquides que l'eau et dont la transparence permet de voir parfaitement les traits sur lesquels elles ont été étendues.

Pour obtenir des teintes bien uniformes, il faut commencer par les bords du dessin et continuer vers le milieu, en ayant soin de tenir le papier suffisamment humide ; car si l'on repasse le pinceau sur une teinte un peu sèche, le ton serait doublé.

Lorsque l'on veut produire des teintes dégradées, on commence par le ton le plus fort ; on les adoucit peu à peu en trempant le pinceau dans l'eau, pour affaiblir l'intensité de la couleur.

331. *Teintes conventionnelles.* — On nomme *teintes conventionnelles*, une sorte d'enluminure que l'on est convenu d'employer pour représenter la nature des objets figurés sur les plans. La topographie, l'architecture, la mécanique et d'autres arts ont leurs teintes conventionnelles.

Les couleurs employées pour le lavis des plans sont : l'encre de Chine, le carmin, la gomme-gutte, le bleu de Prusse, la sépia, le minium ou vermillon, le vert-émeraude, le bleu de cobalt, le jaune indien. On se sert aussi d'une sorte de couleur que l'on nomme *teinte neutre.*

Les *terres labourées* se représentent par une teinte composée de carmin, d'encre de Chine et de gomme-gutte.

7.

La *pierre* reçoit une teinte rose au moyen du carmin étendu d'eau.

La *brique* et la *tuile* sont distinguées par le vermillon auquel on associe une pointe de carmin ou un peu de gomme-gutte, suivant la nuance que l'on veut produire. — On appelle *pointe* la quantité de couleur prise avec l'extrémité du pinceau.

Le *fer* et l'*acier* se reconnaissent à une teinte bleuâtre composée de bleu de Prusse et d'un peu de carmin. Pour les parties colorées on ajoute de l'encre de Chine.

Le *plomb* et les métaux analogues sont lavés avec du bleu de Prusse et de l'encre de Chine.

Le *cuivre rouge* se lave avec le carmin, la gomme-gutte et l'encre de Chine; le *cuivre jaune*, avec la gomme-gutte mélangée de carmin ou mieux encore avec du vermillon.

L'*ardoise* revêt une teinte formée par le bleu de Prusse et l'encre de Chine.

Le *bois* se lave de plusieurs manières, selon l'espèce que l'on veut représenter. Le *chêne* reçoit une teinte composée de gomme-gutte, de carmin et d'encre de Chine; le *sapin*, une teinte de gomme-gutte et d'encre de Chine; l'*acajou*, une teinte de gomme-gutte et de brun-rouge. En général, on représente le bois, sans en préciser l'espèce, par une teinte brune qui se produit avec de la terre de Sienne brûlée sans autre addition, mais étendue d'eau.

Le *cuir* doit être lavé avec une teinte brune composée de brun-rouge et d'encre de Chine.

On lave les *eaux* avec une teinte formée d'indigo et d'encre de Chine, en renforçant les bords. Sur les cartes géographiques ordinaires, on se contente de teinter les bords de la mer; sur les cartes marines, au contraire, ce sont les côtes qui se colorent, tandis que le bord des eaux reste plus clair. Du reste, la teinte est à peu près la même; on y ajoute seulement de la gomme-gutte pour produire un ton verdâtre plus analogue à celui de la mer. Si l'étendue des eaux est très-grande, on passera une couche unie sur toute la surface.

Nous ne nous étendrons pas davantage sur la composition des teintes conventionnelles; nous laissons à l'intelligence de l'élève le soin de déterminer l'intensité de chaque nuance. L'habitude du lavis et l'étude des bons modèles peuvent seules enseigner la composition de chaque teinte et en régler l'application.

Pour ajouter un nouvel intérêt à nos études linéaires et offrir aux élèves quelques applications de lavis, nous allons exposer une nouvelle série de problèmes relatifs aux points de fuite et à la disposition des teintes.

Application générale des points de fuite. Ire Étude de Lavis.
(Planche XIV.)

332. Dans les figures qui composent cette planche, destinée à l'étude du lavis, le tracé des lignes est en quelque sorte secondaire. On y trouve cependant, relativement aux points de fuite, certaines applications que nous avions réservées, notamment la marche à observer pour disposer les toitures, ainsi que le rapport de deux ombres qui viennent se superposer sur un plan horizontal et dont l'une se trouve arrêtée par un plan perpendiculaire.

333. Soit une tour carrée (*fig.* 86) dont on veut établir la toiture. Pour parvenir à ce but, on commence par construire le plan perspectif. Pour cela, on porte sur la ligne de terre, en AB, la largeur du dé ou base, et en E la différence du dé à la tour. Ces points, conduits selon la méthode ordinaire, donneront, comme dimensions perspectives, la largeur du dé en JI et la largeur de la tour en *ab*. Pour établir la toiture, il faut s'assurer du milieu de la tour : ce que l'on fera en élevant du point F, intersection des diagonales, une perpendiculaire indéfinie; puis, rapportant le plan de la tour en G, on obtiendra son sommet au point H.

334. La *fig.* 87 offre une voûte à plein cintre. Pour la construire, il suffira de trouver le centre de l'arc 1 2 : ce centre sera en *o*; quant au second arc, on l'obtiendra en conduisant au point de vue les points 1, 2 et *o*, ce qui déterminera les points 3, *o*' et 4. Le rayon du premier sera donc *o* 1, et celui du second *o*' 3.

335. La *fig.* 88 représente un comble droit construit sur un plan de fuite perpendiculaire à la base du tableau. Pour le tracer, on détermine d'abord le milieu de la façade au point *j*, que l'on obtient par l'intersection des diagonales *ei* et *gh* du carré *egih*. Maintenant si du point *j* on élève une perpendiculaire, un point quelconque *k* pris sur cette ligne servira de sommet à la toiture. Menant ensuite la ligne *fk* suivant l'inclinaison de la toiture, jusqu'à la rencontre de la verticale, on obtiendra le point accidentel P' qui servira de point de fuite pour la ligne de saillie *lm*, pour la base de la cheminée *qu* et *pr*, et pour l'extrémité droite du toit *r'r''*. On obtiendra la largeur perspective de la saillie *lf* en *u'o*, à l'aide d'une horizontale établie entre les lignes de fuite *fu'* et *lo*.

336. Afin d'exercer les élèves à résoudre par eux-mêmes quelques constructions de perspective, seul moyen de bien graver dans leur mémoire les principes que nous avons établis, nous avons dessiné les *fig.* 89, 90 et 91, dont le tracé est analogue à ceux que nous avons déjà expliqués.

337. La *fig.* 92 est la répétition de la *fig.* 86, mais l'opération est double.

338. La *fig.* 93 représente une pyramide vue d'angle et placée sur un dé carré établi dans la même direction. Le plan de cette figure est mis en perspective sur celui de la base et doit servir au tracé de la pyramide.

339. La *fig.* 94, dont la déformation résulte du rapprochement de la distance et de l'éloignement de la ligne d'horizon, présente une tour octogone, couverte d'un toit de même forme. Le plan perspectif de cette figure est en *abcd* et il est rapporté en *a'b'c'd'* suivant la direction des perpendiculaires. On trouvera le sommet de cette tour en élevant une droite indéfinie *eX* qui détermine l'axe: cet axe passe par le point *e'*, intersection des diagonales du carré circonscrit.

340. Quant aux ombres portées par les *fig.* 86 et 93, on les trouvera facilement en appliquant les principes que nous avons exposés plus haut. La première aura sa *ligne magistrale* en FM, et la seconde en SL'; mais cette dernière, étant arrêtée à son arrivée au point T, se relèvera de T en U, à son point de rencontre avec LL'. L'ombre de la pyramide commencera à S' et l'ombre du dé sur lequel elle repose finira en S''. Pour ne pas confondre ces deux ombres, nous avons terminé par un simple tracé, de Q à M, celle qui résulte de la tour.

Suite de l'*Application générale des points de fuite.*

IIe *Étude de Lavis.* (Planche XV.)

341. *Former une croix couchée sur le plan horizontal.* — On portera sur la ligne de terre les dimensions réelles de cette croix (*fig.* 95), savoir : en *c'e'* la largeur de son arbre et en *ab* la longueur de ses croisillons. Ensuite, conduisant *a* et *b* au point de vue P et déterminant la longueur de la croix, rigoureusement selon les moyens ordinaires, ou à volonté comme nous l'avons fait en fixant cette longueur au point *c*, on formera sur le plan horizontal un parallélogramme *abcd*. L'arbre de la croix étant carré, on portera la distance *c'e'* de *a* en *e* et de *b* en *f*, et l'on joindra les points *e* et *f* au point P. Alors on pourra tracer un second parallélogramme perspectivement semblable au premier, en élevant les perpendiculaires *eg* et *dh*. Par ce moyen la croix, se trouvant pour ainsi dire encaissée, sera facile à construire en fixant en *f* la distance des croisillons et en déterminant leur largeur à l'aide des points de distance sur la face supérieure.

342. *Placer une croix en fuite dans la direction du plan vertical.* — Pour construire cette croix, il faut aussi porter ses dimensions réelles sur la ligne de terre, savoir : de A en B sa épaisseur ; de B en C' la profondeur de son arbre sur le plan et la longueur d'un de ses croisillons, dont on trouvera en CB l'éloignement. Conduisant ensuite A et B au point de vue P, et C, C' au point de distance D, on obtiendra les points E et F qui serviront à mener les horizontales EF' et FG. Les points I, H et J, J' étant obtenus de la même manière au moyen du point de distance, le plan perspectif de la croix se trouvera terminé, et il ne restera plus qu'à élever des perpendiculaires et à déterminer la hauteur de la croix en O, l'élévation du croisillon en M et l'épaisseur MK égale à EF'.

343. Le tracé de la *fig.* 97 n'offre aucune particularité remarquable. Les arcs dont elle se compose ont leurs centres sur la ligne de fuite FP partant du premier diamètre, et leurs rayons JK, *jf*, *j'f'* sont déterminés par les droites CP et EP qui donnent les points J, *j*, *j'*, I, *i*, *i'*.

344. La *fig.* 99, malgré la complication des lignes, se résume en une seule opération : le tracé du cercle en perspective. Elle se compose d'une succession de demi-carrés, dans lesquels sont inscrites des demi-circonférences. Les dimensions réelles de cette figure seront portées préalablement sur la ligne de terre, de A en H, et sur le côté gauche du tableau, représentant la ligne de hauteur, aux points A, 1 et 2, que l'on reportera en A', 1, 2, et en A'', 1 et 2. Puis on construira l'édicule en commençant par sa face antérieure AB dont les courbes ont leurs centres sur la ligne CC' ; la ligne C²G est l'inclinaison de la toiture. On établira ensuite la face latérale fuyante, à l'aide du point de vue P et du point de distance D. Pour abréger l'opération, on se servira du point accidentel P', obtenu en prolongeant l'une des diagonales des demi-carrés du plan de fuite jusqu'à la rencontre de la verticale qui passe par le point P.

PERSPECTIVE AÉRIENNE.

IIIe *Étude de Lavis.* (Planche XVI.)

345. L'intensité des tons d'un objet et la vivacité de la lumière qui l'éclaire diminuent proportionnellement à leur distance. L'objet de la *perspective aérienne* est de représenter sur une surface plane, au moyen de teintes plus ou moins fortes, les distances qui séparent les diverses parties d'un tableau ou les différents plans d'un objet, et de fixer la couleur locale sur tous les plans suivant une proportion relative. On l'appelle *aérienne*, parce qu'elle résulte du nombre et de la densité des couches d'air interposées entre les objets et le spectateur.

On peut se faire une idée de la perspective aérienne en supposant une infinité de gazes d'une extrême transparence, placées verticalement et à des distances très-rapprochées entre les objets et le spectateur. Dans un tableau, on les imaginerait étagées depuis la ligne de terre jusqu'à l'horizon. On conçoit facilement que la distance et l'air atmosphérique doivent avoir pour double effet de diminuer la lumière et de modifier le ton des couleurs.

Le passage graduel de la lumière à l'ombre constitue ce que l'on appelle le *clair-obscur*. Le clair *direct* est l'effet produit par le contact immédiat du rayon lumineux ; l'ombre résulte de la privation de lumière. Entre ces deux extrèmes, il existe du clair à l'ombre une gradation que l'on nomme *demi-teinte* ; de plus, dans l'ombre même il se manifeste une sorte de clarté, qui résulte de la réverbération des plans environnants et que l'on nomme *reflet*.

Afin de compléter notre pensée d'une façon pour ainsi dire mécanique, nous avons tracé quelques figures où sont appliqués les principes de la perspective aérienne.

346. *Marquer le clair et l'ombre sur un cylindre.* — La *fig.* 100 représente un cylindre sur lequel le clair et l'ombre sont déterminés géométriquement, le soleil envoyant ses rayons sous un angle de 45 degrés. Afin de rendre plus sensible la dégradation de la lumière et la progression de l'ombre sur un corps cylindrique, on a imaginé de diviser ce corps en plusieurs zones longitudinales, que l'on obtient en élevant du plan géométral des lignes perpendiculaires sur la surface du cylindre.

347. Dans la *fig.* 101 nous avons tracé sur la surface même du cylindre le plan qui sert à déterminer les limites de l'ombre et de la lumière. La seule difficulté de ce dessin est relative à la zone où doit se reposer la lumière ; car, bien que cette lumière, partant du point F, frappe directement le cylindre au point G sous un angle de 45 degrés, elle ne conserve pas ces limites aussi mathématiquement déterminées : la forme arrondie du cylindre et la direction perpendiculaire des rayons visuels au plan vertical leur font subir une transposition, et donnent à l'angle de la lumière une amplitude proportionnée à l'angle du rayon. Pour avoir cet angle, il suffit de diviser en deux parties égales le complément de l'angle primitif, que nous appellerons *rationnel*, et de tracer un nouveau rayon de lumière HC, frappant le cylindre

au point I. Quant à l'ombre, comme elle n'est pas soumise à la même transmission, elle sera située sur le côté opposé à la lumière.

348. *Projection de l'ombre et de la lumière sur une sphère.* — Pour exécuter ce dessin (*fig.* 102), on décrira d'abord un cercle ABCD, et, pour déterminer son plan, on tracera la ligne de terre XX : de cette manière, la figure sera représentée en élévation sur le plan vertical. Par le point E, situé à 45 degrés du point A, on mène la ligne de direction du rayon lumineux au centre G, et on la prolonge jusqu'à la ligne de terre F ; puis, on coupe cette droite par la perpendiculaire HI.

Sur le prolongement du diamètre vertical DC on décrira la même sphère représentée en plan horizontal, et l'on rabattra le rayon de lumière de F en F, que l'on prolongera par le centre G' jusqu'au point E'.

On formera ensuite un plan *auxiliaire* qui, par la transposition de la ligne de terre XX en *ff'*, parallèle au rayon E'G', sera vertical comme le premier plan et perpendiculaire au rayon relativement au second.

De tout ce qui précède il résulte que, la lumière éclairant la moitié de la sphère, l'autre moitié se trouvera dans l'ombre. Or, le rayon lumineux étant reproduit en *e, g, f* sur le plan auxiliaire, la ligne *lm* perpendiculaire à ce rayon marquera la séparation de la lumière et de l'ombre. Il s'ensuit que tout point de cette ligne ramené au plan horizontal, y déterminera un point de l'ombre ; si l'on reporte alors ce point sur le plan vertical, il reprendra sa véritable position, à l'intersection des perpendiculaires menées par les divisions de la circonférence. De cette double projection résultera, pour les deux premiers plans, une ellipse représentant la section de sphère vue perspectivement ; et comme sur la moitié éclairée du plan auxiliaire le rayon lumineux est reproduit en *eg*, on transposera le point de contact de ce rayon en *y*, comme nous l'avons fait pour le cylindre ; enfin traçant de ce point une perpendiculaire sur le plan horizontal, on le reportera en *y'*, et l'on mènera *y'y"* perpendiculaire au plan vertical, où il marquera le point lumineux.

349. La *fig.* 103 est le complément de la précédente. Elle représente l'effet de la lumière et la distribution de l'ombre sur la même sphère, éclairée par un rayon tombant sous un même degré.

350. Il nous reste à parler de la dégradation des teintes due à l'éloignement successif des plans. Les *fig.* 104 et 105 en offrent deux exemples, qui font voir que des teintes différentes, quoique disposées sur des figures symétriques, peuvent produire des effets diamétralement opposés. Ainsi dans la première les teintes font avancer le centre ; dans la seconde, au contraire, elles le font reculer.

351. La *fig.* 106 représente trois cubes supposés d'égale grandeur et placés sur trois plans différents ; elle fait voir la relation intime qui existe entre le tracé linéaire et la perspective aérienne ; en effet, celle-ci donne, pour ainsi dire, un corps à ce qui n'était qu'une ébauche. Le cube A, qui semble le plus grand parce qu'il est le plus rapproché du spectateur, est le plus teinté ; le cube C, qui est le plus éloigné et le plus petit, a des teintes plus claires ; enfin le cube B, placé entre les deux autres, aura une teinte intermédiaire.

352. La *fig.* 107 démontre que l'éloignement peut produire à la fois deux effets : la diminution des teintes et la coloration des parties incolores. Le dessin que nous avons exécuté est des plus simples et des plus faciles à saisir : ce sont des dalles blanches au centre desquelles est incrusté un carreau noir. A mesure que ces dalles s'éloignent, elles perdent de leur blancheur, et les carreaux noirs prennent des tons dégradés dans la même proportion. C'est ainsi que la dalle blanche *a* est plus claire que la dalle *b* ; mais aussi le carreau *e* est plus teinté que le carreau *f*. Cet effet se continue jusqu'à la dalle *d* et au carreau *h*, et l'on conçoit facilement que si l'on prolongeait la suite de dalles, le blanc tendant à se teinter et le noir à s'évanouir, les deux parties finiraient par se confondre et revêtiraient un ton local qui serait la résultante des deux teintes combinées.

353. Nous compléterons ces notions de perspective aérienne en faisant observer que le blanc et le noir ont la propriété de rapprocher ou d'éloigner selon la manière dont on les dispose ; quelquefois même, malgré leur dissemblance, ils produisent un résultat équivalent. « Sur une muraille peinte en blanc, » dit Saint-Morien, « peignez une bande noire, on la prendra de loin pour une fente pratiquée dans le mur afin d'éclairer un cachot. Sur une muraille peinte en noir, peignez une bande blanche, on la prendra de loin pour une fente encore, à travers laquelle on imaginera voir le ciel. »

354. Nous terminerons ce Cours de Dessin par un dernier précepte : Il ne suffit pas de s'être bien pénétré des règles théoriques que nous avons développées dans cet ouvrage ; il faut y ajouter la pratique du dessin : c'est l'unique et le plus court moyen pour arriver à des résultats, sinon complets, du moins satisfaisants.

FIN DE LA QUATRIÈME ET DERNIÈRE PARTIE.

TABLE DES MATIÈRES.

FIN DE LA TABLE DES MATIÈRES.

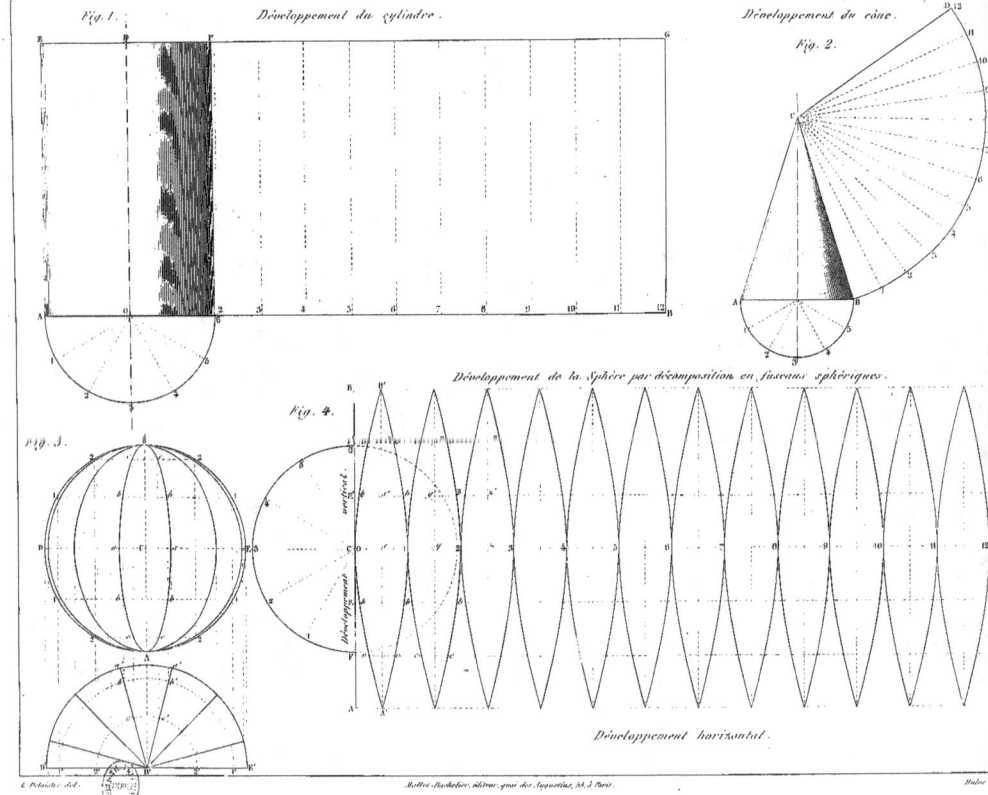

Fig. 1. Développement du cylindre.

Développement du cône. Fig. 2.

Développement de la Sphère par décomposition en fuseaux sphériques.

Fig. 3.

Fig. 4.

Développement horizontal.

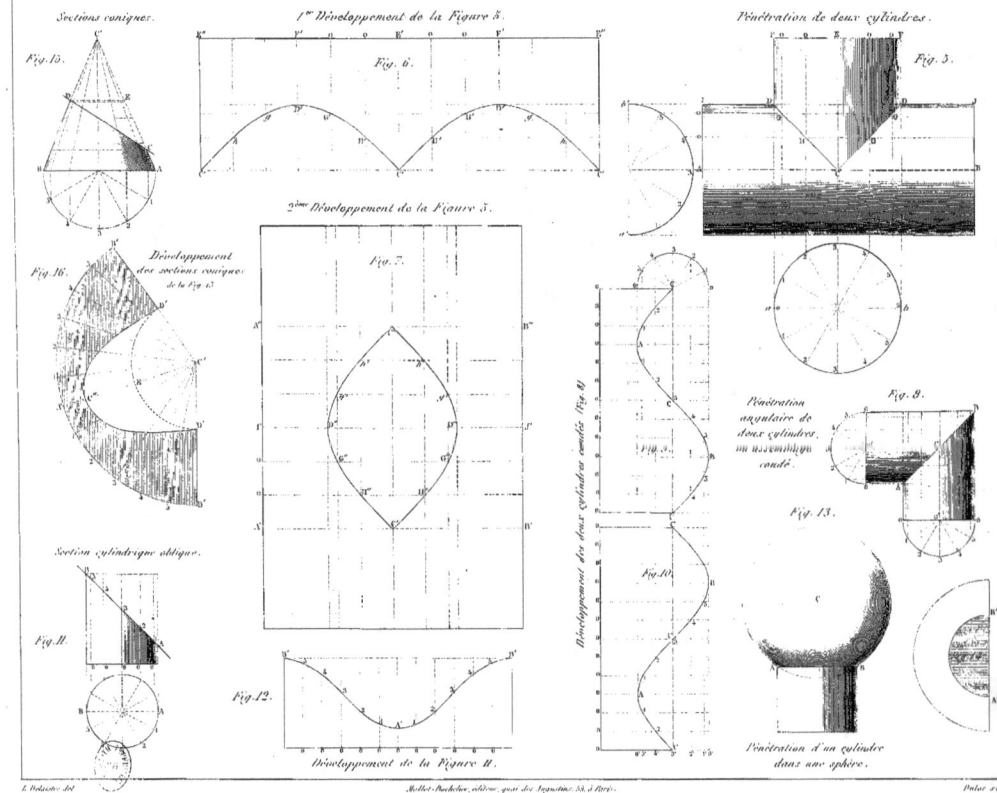

Sections coniques.

Fig. 15.

1ᵉʳ Développement de la Figure 5.

Fig. 6.

Pénétration de deux cylindres.

Fig. 3.

2ᵐᵉ Développement de la Figure 5.

Fig. 7.

Fig. 16.

Développement des sections coniques de la Fig. 15.

Section cylindrique oblique.

Fig. 14.

Développement des deux cylindres coudés (Fig. 9)

Fig. 5.

Fig. 10.

Pénétration angulaire de deux cylindres, ou assemblage coudé.

Fig. 8.

Fig. 13.

Fig. 12.

Développement de la Figure 14.

Pénétration d'un cylindre dans une sphère.

L. Delaistre del.   Mollet-Bachelier, éditeur, quai des Augustins, 55, à Paris.   Dulos sc.

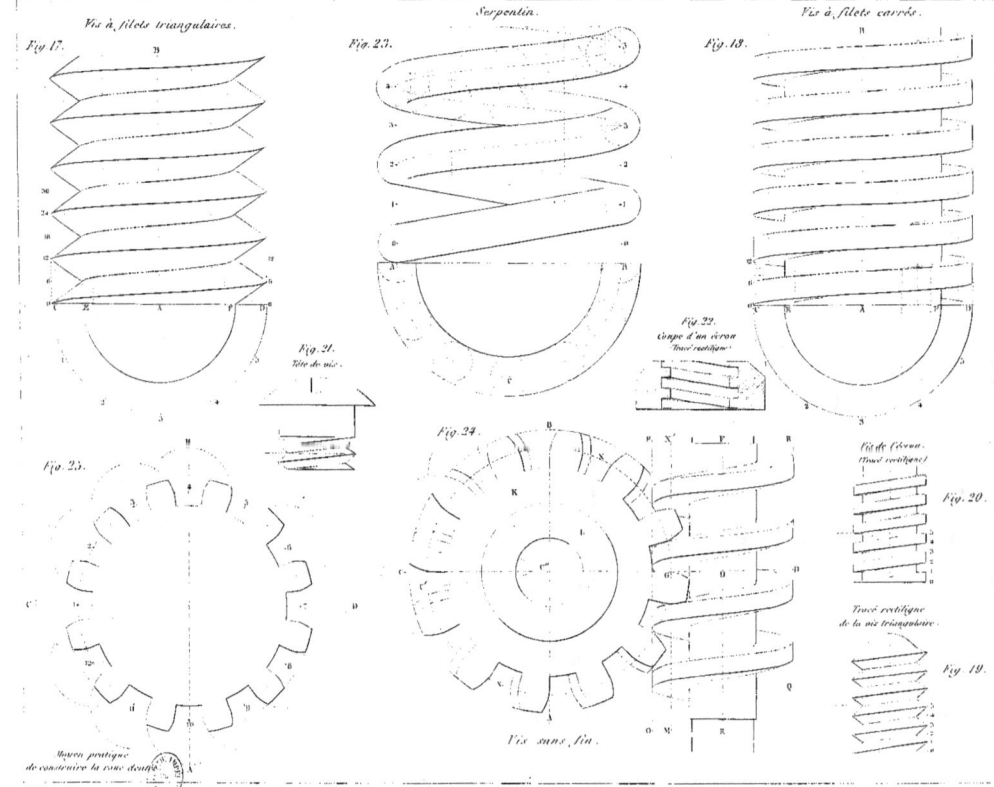

Vis à filets triangulaires.

Serpentin.

Vis à filets carrés.

Fig. 17.

Fig. 23.

Fig. 18.

Fig. 21.
Tête de vis.

Fig. 22.
Coupe d'un écrou
Tracé rectiligne.

Fig. 25.

Fig. 24.

Filet de l'écrou
(Tracé rectiligne)
Fig. 20.

Tracé rectiligne
de la vis triangulaire.
Fig. 19.

Moyen pratique
de conduire la roue dentée.

Vis sans fin.

L. Delaistre del.   Mallet-Bachelier, éditeur, quai des Augustins, 55, à Paris.   Dulos sc.

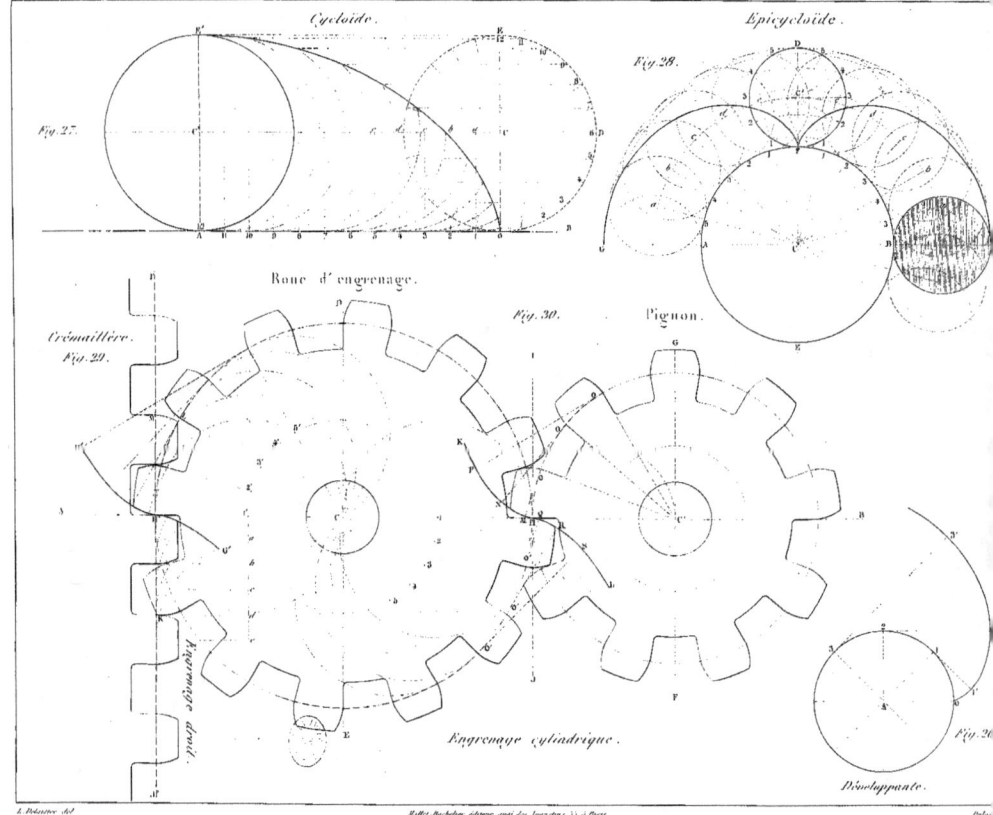

Cycloïde.

Épicycloïde.

Fig. 27.

Fig. 28.

Roue d'engrenage.

Crémaillère.
Fig. 29.

Fig. 30.

Pignon.

Engrenage cylindrique.

Développante.

Fig. 26.

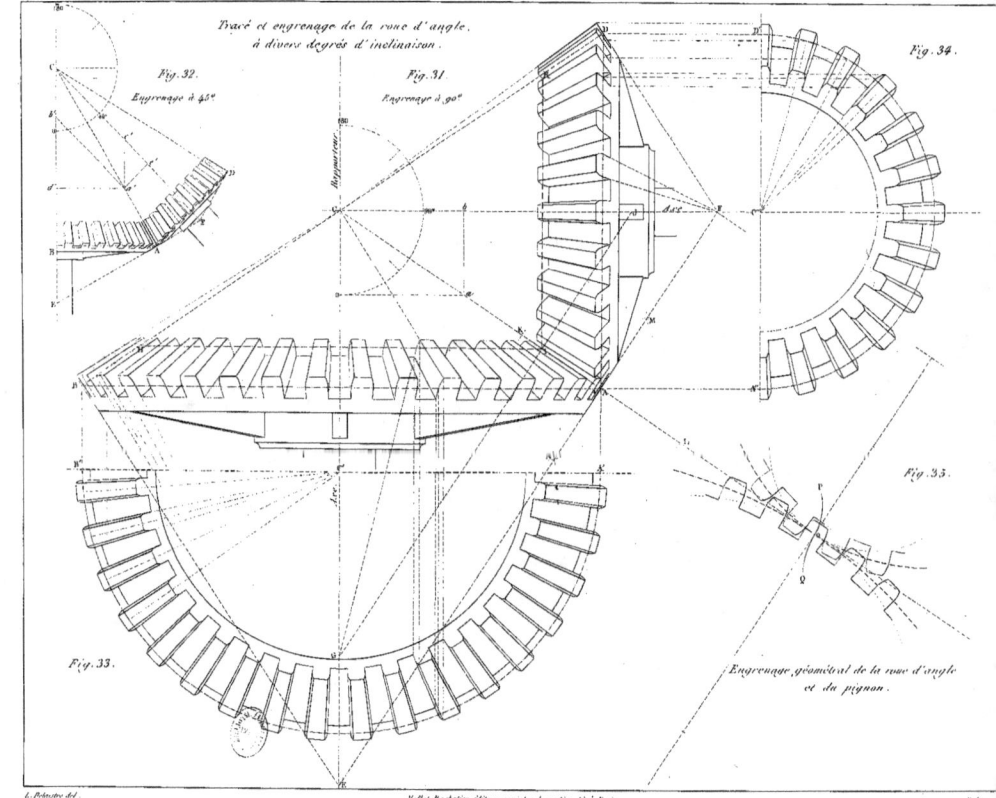

Tracé et engrenage de la roue d'angle,
à divers degrés d'inclinaison.

Fig. 32.
Engrenage à 45°

Fig. 31.
Engrenage à 90°

Fig. 34.

Fig. 33.

Fig. 33.

Engrenage géométral de la roue d'angle
et du pignon.

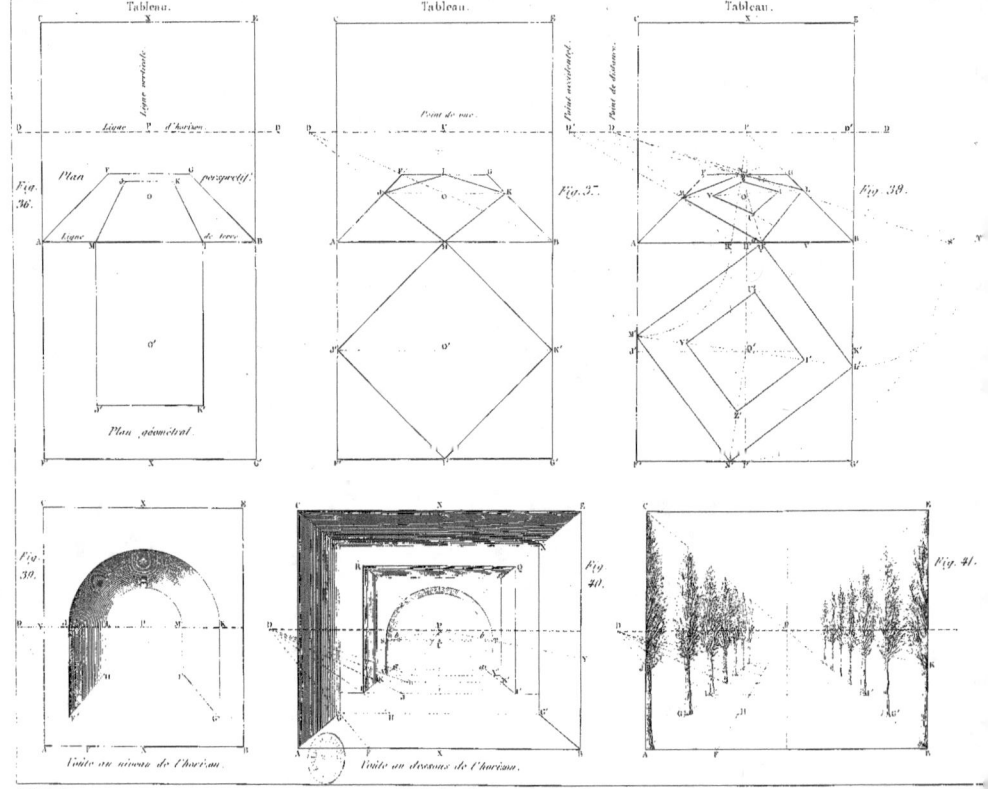

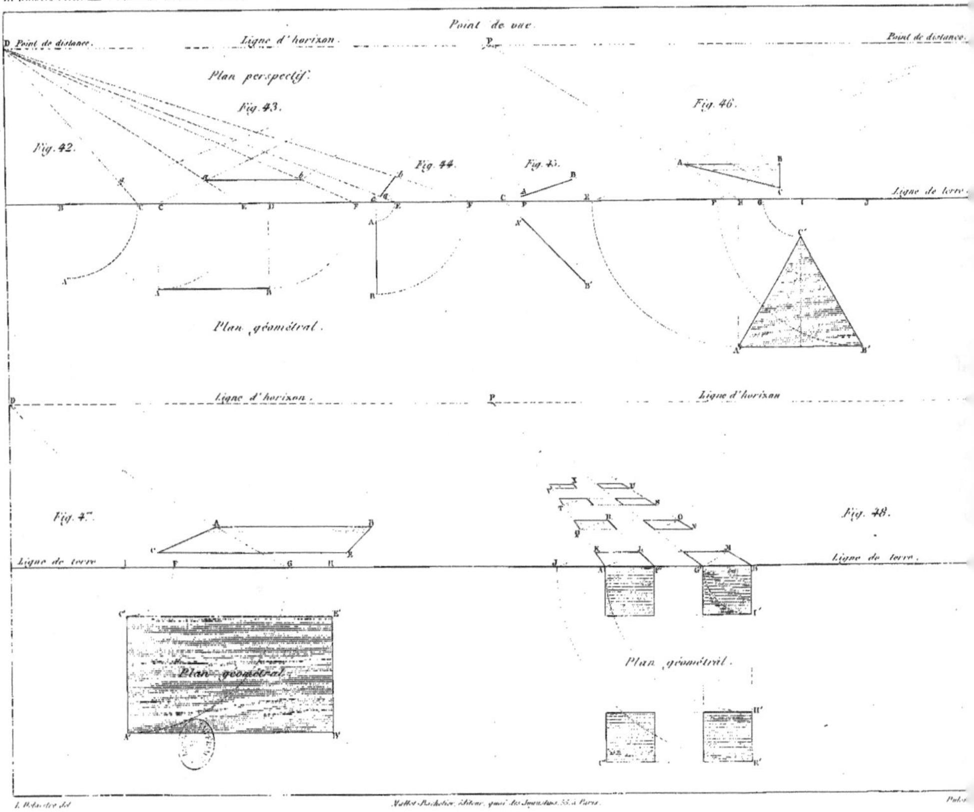

Point de vue.

Plan perspectif.

Fig. 43.   *Fig. 46.*

Fig. 42.

Fig. 44.   *Fig. 45.*

Ligne de terre.

Plan géométral.

Ligne d'horizon.   P   *Ligne d'horizon.*

Fig. 47.   *Fig. 48.*

Ligne de terre.   *Ligne de terre.*

Plan géométral.

Plan géométral.

L. Delaistre del.   Mallet-Bachelier, éditeur, quai des Augustins, 55, à Paris.   Paris.

Point de distance.   Ligne d'horizon.   Point de vue.   Ligne d'horizon.   Point de distance.

Fig. 49.

Fig. 50.   Fig. 51.

Ligne de terre.   Ligne de terre.

Moitié du plan géométral.   Moitié du plan géométral.   Moitié du plan géométral.

Ligne d'horizon.

TABLEAU   Fig. 53.   TABLEAU   Fig. 52.

Ligne d'horizon.

Ligne de terre.   Reporter le point de distance, sur le   Ligne de terre.
côté du tableau, lorsqu'il se trouve trop
éloigné pour l'étendue de l'atelier.

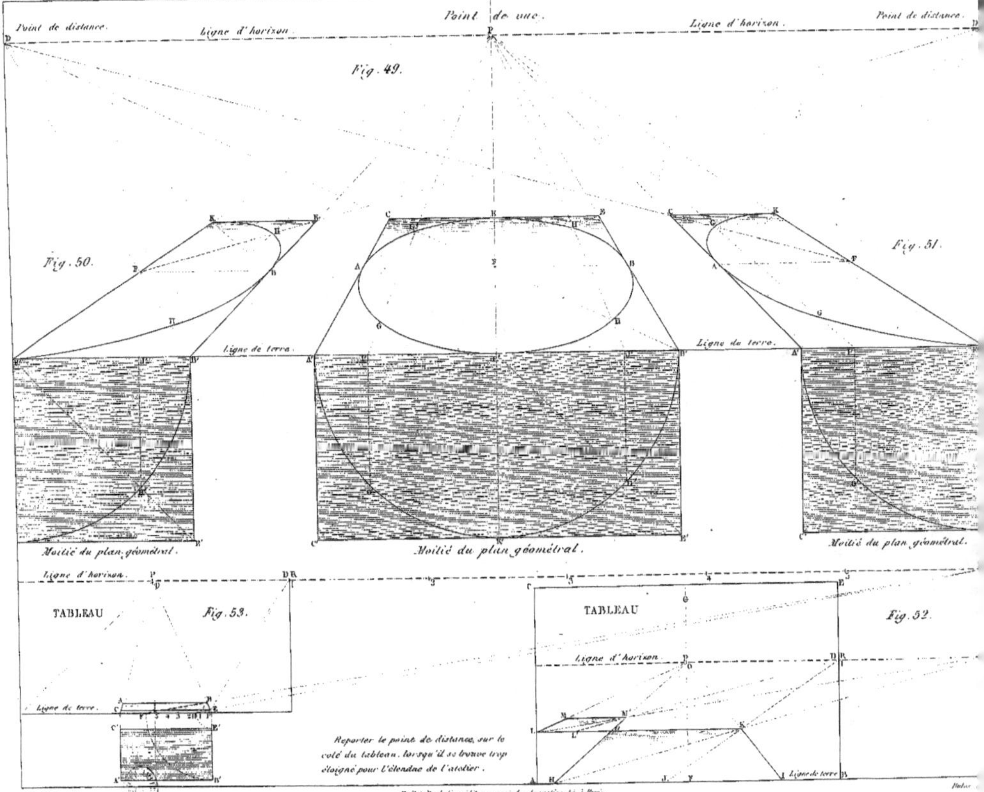

L. Delaistre, del.   Mallet-Bachelier, éditeur, quai des Augustins, 55, à Paris.

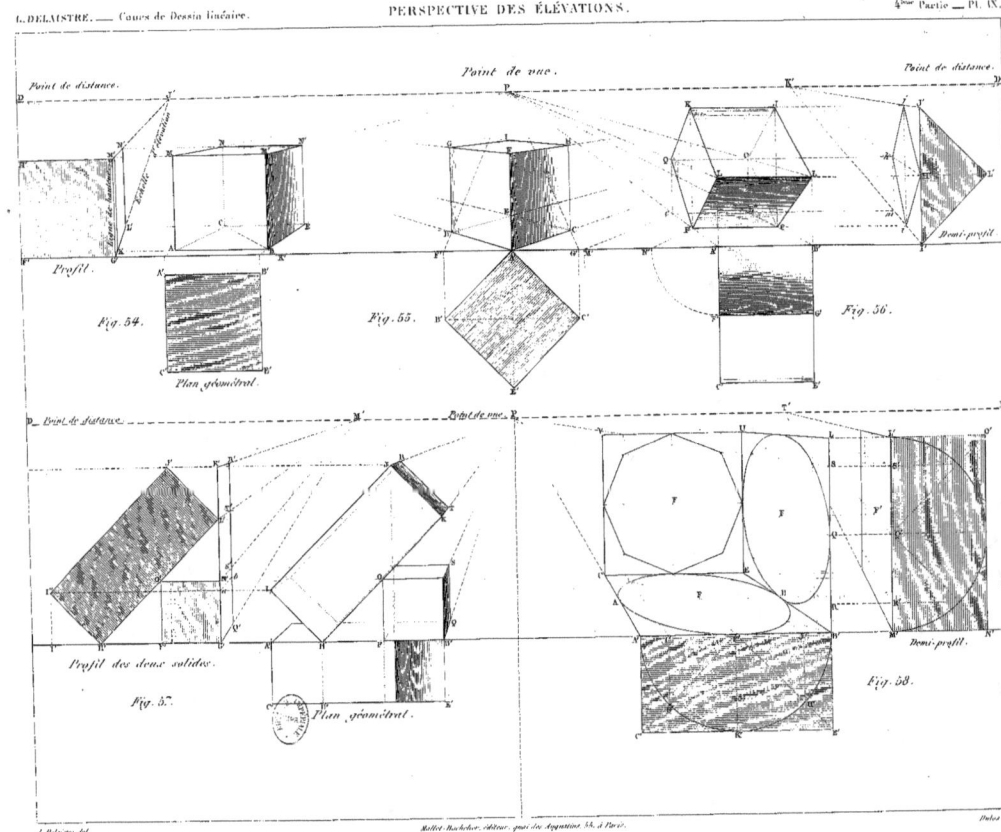

Point de distance.   Point de vue.   Point de distance.

Profil.   Demi-profil.

Fig. 54.   Fig. 55.   Fig. 56.

Plan géométral.

Point de distance.   Point de vue.   Demi-profil.

Profil des deux solides.   Fig. 58.

Fig. 57.   Plan géométral.

L. Delaistre del.   Mallet-Bachelier, éditeur, quai des Augustins, 55, à Paris.   Dulos sc.

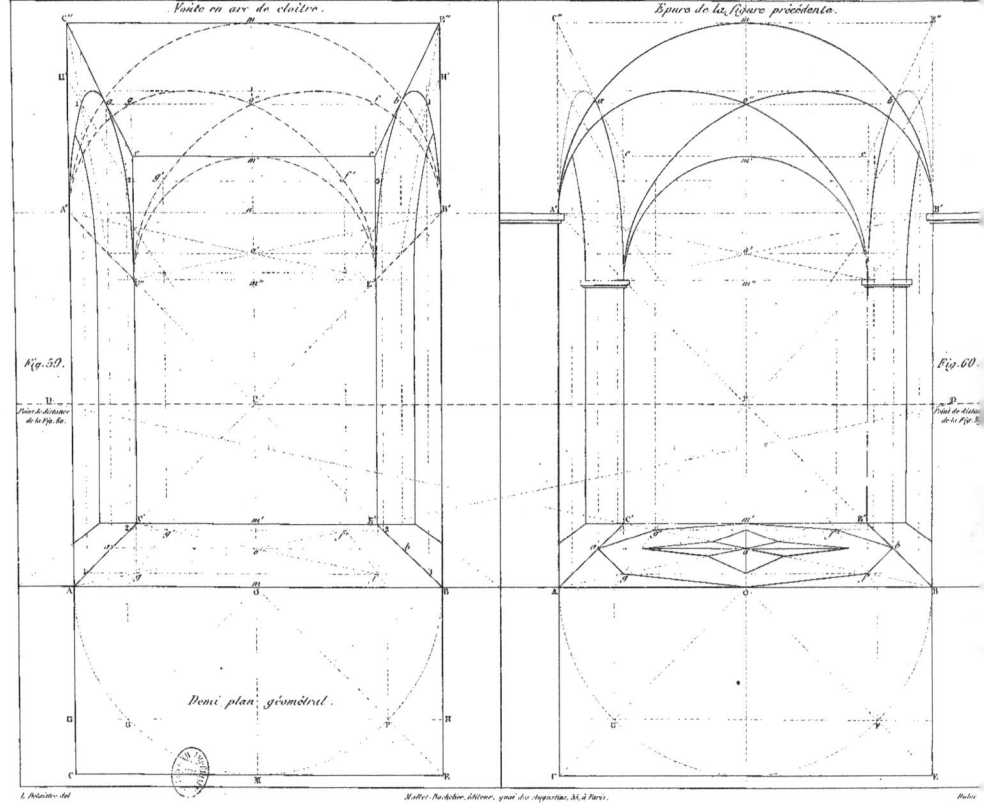

Voûte en arc de cloître.

Épure de la figure précédente.

Fig. 59.

Fig. 60.

Point de distance
de la Fig. 60.

Point de distance
de la Fig. 59.

Demi plan géométral.

L. Delaistre, del.   Mallet-Bachelier, éditeur, quai des Augustins, 55, à Paris.   Dulos

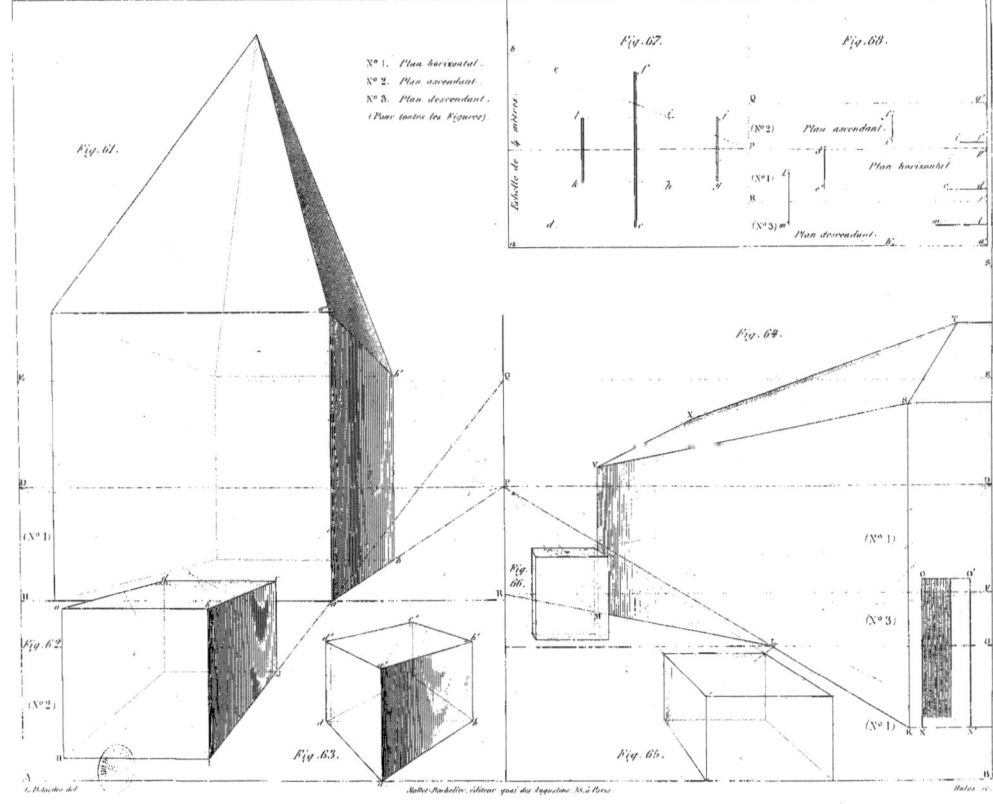

N° 1. *Plan horizontal.*
N° 2. *Plan ascendant.*
N° 3. *Plan descendant.*
(Pour toutes les Figures.)

Fig. 61.

Fig. 67.

Fig. 68.

Échelle de 4 mètres.

(N° 2) *Plan ascendant.*

(N° 1) *Plan horizontal.*

(N° 3) *Plan descendant.*

Fig. 64.

(N° 1)

(N° 1)

(N° 3)

Fig. 66.

(N° 1)

Fig. 62.

(N° 2)

Fig. 63.

Fig. 65.

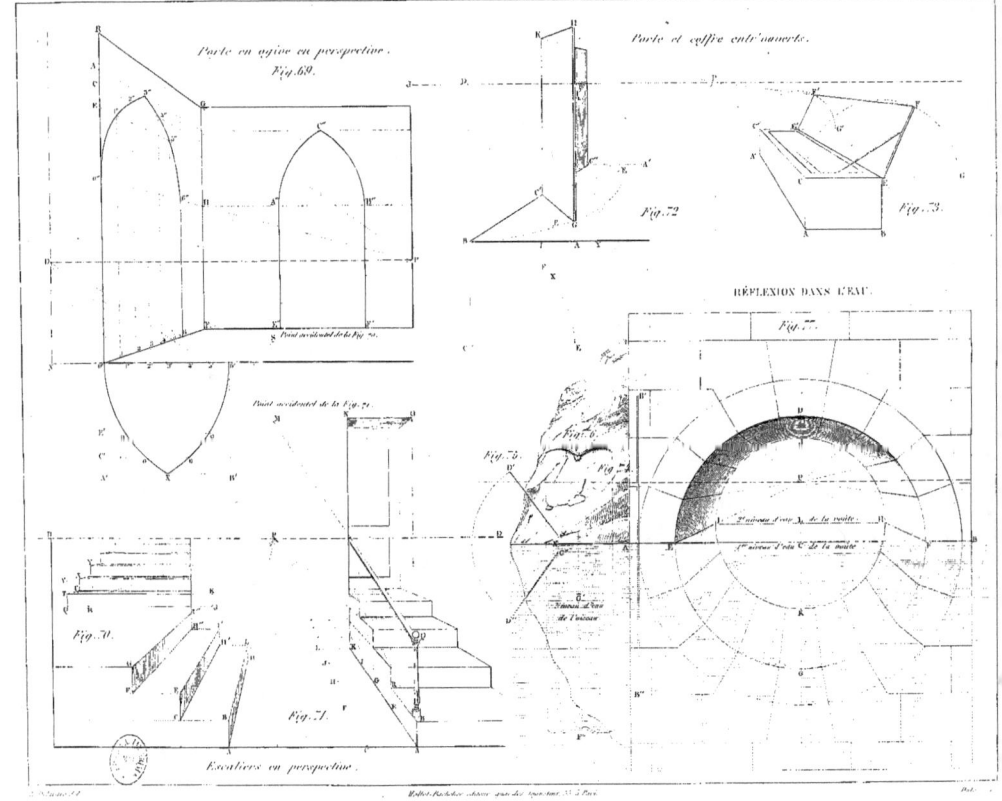

Porte en ogive en perspective.
Fig. 69.

Porte et coffre entr'ouverts.
Fig. 72.

Fig. 73.

RÉFLEXION DANS L'EAU.

Fig. 74.

Point accidentel de la Fig. 70.

Point accidentel de la Fig. 71.

Fig. 75.

Fig. 76.

Fig. 70.

Fig. 71.

Escaliers en perspective.

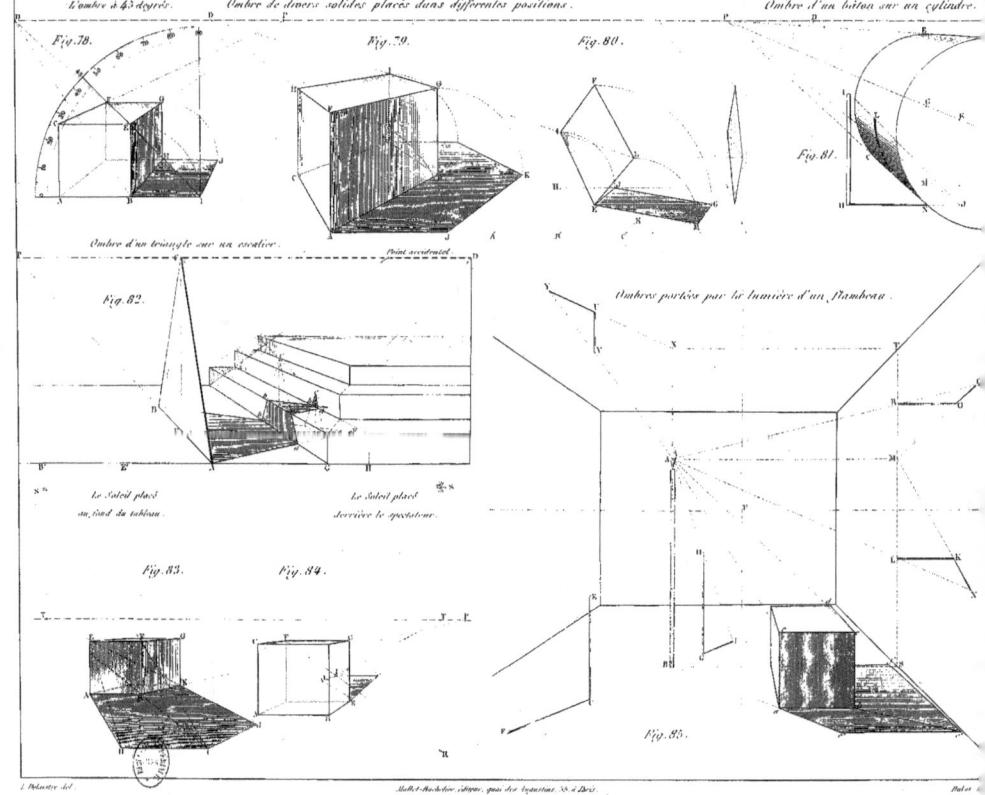

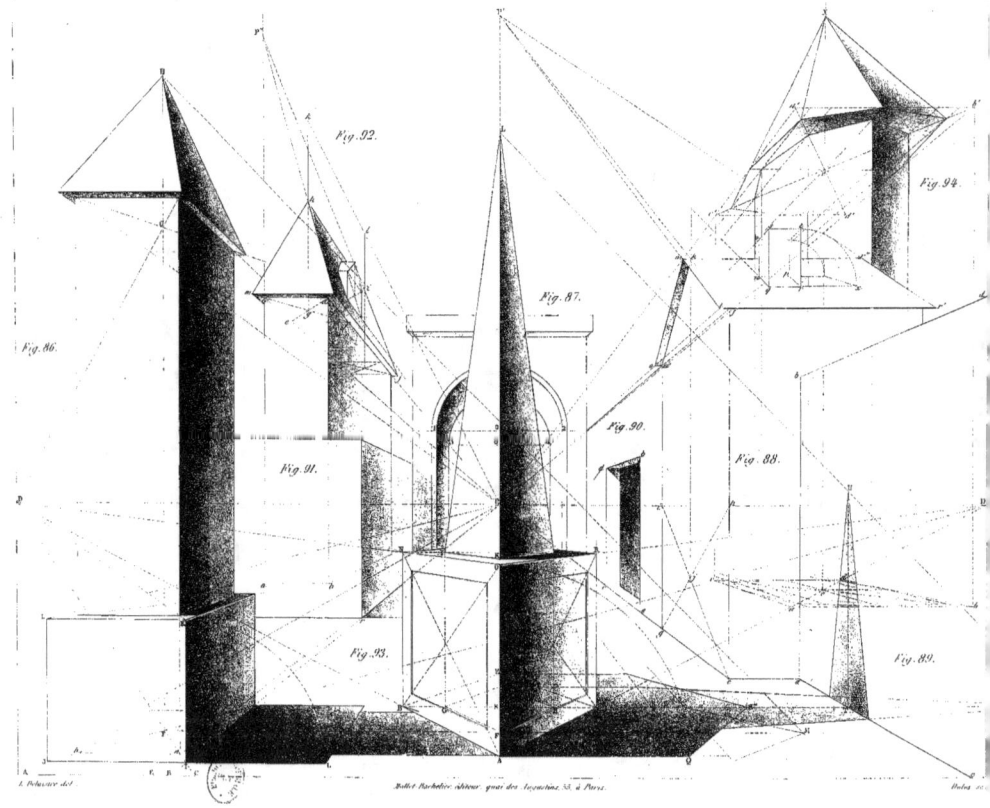

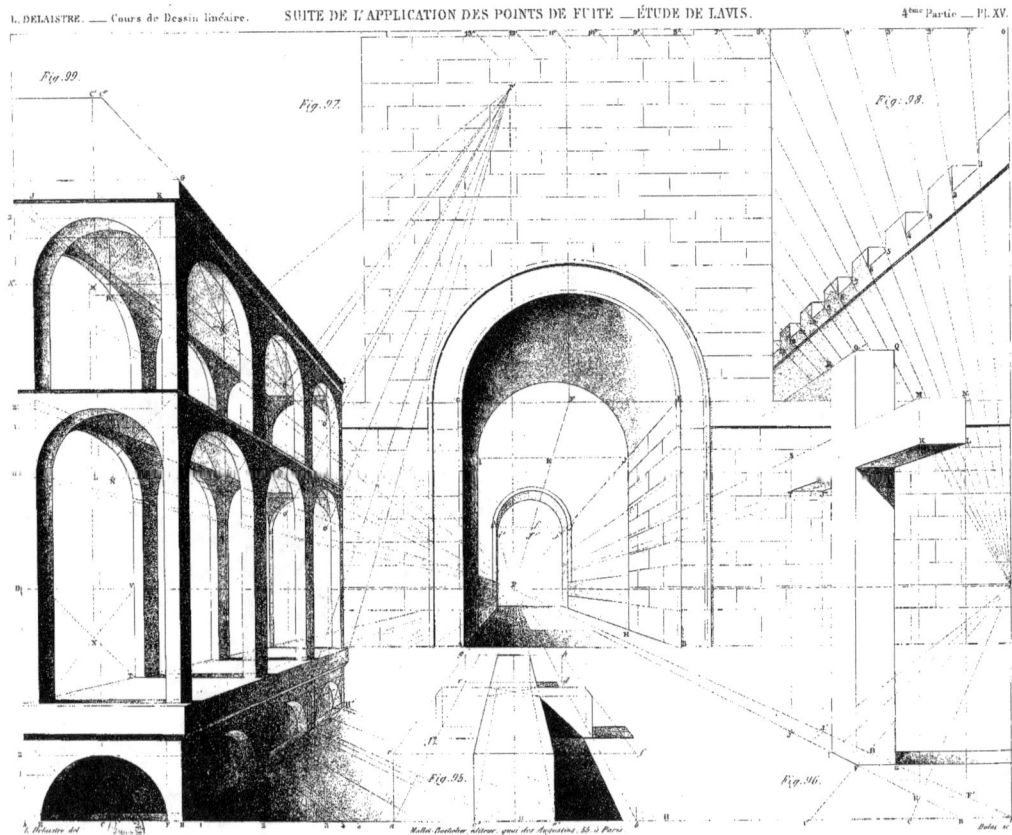

Fig. 99.

Fig. 97.

Fig. 98.

Fig. 95.

Fig. 96.

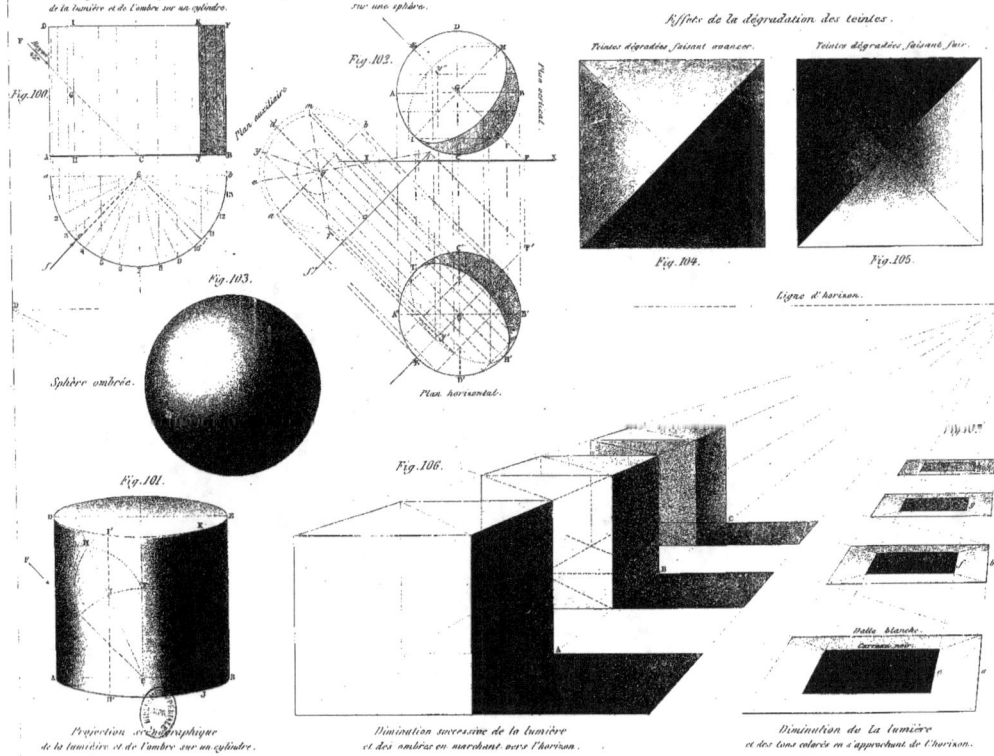

Projection orthogonale
de la lumière et de l'ombre sur un cylindre.

Projection de l'ombre et de la lumière
sur une sphère.

Effets de la dégradation des teintes.

Fig.100.

Fig.102.

Teintes dégradées faisant avancer.　　Teintes dégradées faisant fuir.

Fig.104.　　Fig.105.

Fig.103.

Ligne d'horizon.

Sphère ombrée.

Plan horizontal.

Fig.101.

Fig.106.

Projection scénographique
de la lumière et de l'ombre sur un cylindre.

Diminution successive de la lumière
et des ombres en marchant vers l'horizon.

Diminution de la lumière
et des tons colorés en s'approchant de l'horizon.

L. Delaistre del.　　Mathet-Bachelier, éditeur, quai des Augustins, 55, à Paris.　　Delas.

PLANCHES.

Ce **COURS DE DESSIN** est publié en quatre Parties. — Prix de l'ouvrage complet..... **18** francs.

Messieurs les Professeurs et les Élèves pourront se procurer les Planches *séparément* sans le texte. — Prix de chaque Planche... **25** cent.

Paris. — Imprimerie de MALLET-BACHELIER, rue du Jardinet, 12.

www.ingramcontent.com/pod-product-compliance
Lightning Source LLC
Chambersburg PA
CBHW071537220526
45469CB00003B/823